TOUT SE JOUE
À CHAQUE INSTANT

REJETE
DISCARD

DU MÊME AUTEUR

Chez le même éditeur
France Gauthier et Pierre Lessard,
Le Maître en soi, Éditions La Semaine

France Gauthier,
La vie après la mort, tome 1 et 2, Éditions La Semaine

Chez d'autres éditeurs
France Gauthier,
On ne meurt pas, Éditions Libre Expression

Pierre Lessard,
Manifester ses pouvoirs spirituels, Éditions Ariane

FRANCE GAUTHIER • PIERRE LESSARD

TOUT SE JOUE
À CHAQUE INSTANT

Entretiens avec le Maître Saint-Germain

ÉDITIONS
LASEMAINE

LES ÉDITIONS LA SEMAINE
2050, rue de Bleury, bureau 500
Montréal (Québec) H3A 2J5

Vice-président éditions secteur livres : Louis-Philippe Hébert
Directrice des éditions : Annie Tonneau
Directrice artistique : Lyne Préfontaine
Coordonnatrice aux éditions : Françoise Bouchard

Directeur des opérations : Réal Paiement
Superviseure de la production : Lisette Brodeur
Assistante-contremaître : Joanie Pellerin
Infographistes : Marylène Gingras, Marie-Josée Lessard
Scanneristes : Patrick Forgues, Éric Lépine
Réviseures-correctrices : Lily Monier, Luce Langlois
Marie Théorêt, Violaine Ducharme

Image de couverture : Shutterstock images

Photos : Massimo photographe, Nancy Lessard
Styliste : Nanette Lambert

L'Éditeur bénéficie du soutien de la Société de développement
des entreprises culturelles du Québec pour son programme d'édition.

Nous reconnaissons l'aide financière du gouvernement du Canada par
l'entremise du Fonds du livre du Canada pour nos activités d'édition.

Remerciements
Gouvernement du Québec — Programme du crédit d'impôt
pour l'édition de livres — Gestion SODEC.

© Charron Éditeur Inc.
Dépôt légal : Deuxième trimestre 2010
Bibliothèque et Archives nationales du Québec
Bibliothèque et Archives Canada
ISBN : 978-2-923771-13-7

À tous ceux qui créent, à chaque instant,
le Nouveau Monde.

Distribution : Messageries de Presse Benjamin
101, rue Henry-Bessemer
Bois-des-Fillion (Québec) J6Z 4S9
Tél. : 450 621-8167

INTRODUCTION

Une très grande proportion d'Êtres humains sait aujourd'hui que des changements majeurs sont imminents sur notre planète. Consciemment ou inconsciemment, plusieurs les pressentent, certains les espèrent même. Ce vent de changement s'est mis à souffler de plus en plus fort depuis l'élection, aux États-Unis, du premier président noir, en novembre 2008. Toute une couche de la société a senti ce jour-là non seulement que le monde devait changer, mais que désormais, il le pouvait. Évidemment, Barack Obama n'est pas un messie. Comme le dit souvent le Maître Saint-Germain à la blague : « Nous avons essayé de vous envoyer quelques messies au cours des siècles, mais cela n'a pas fonctionné ! »

Tout son enseignement est d'ailleurs basé sur le fait que chacun est « Maître et Disciple de lui-même ». Nous sommes donc tous des Maîtres, réalisés ou en devenir. Le premier livre écrit avec la collaboration du médium Pierre Lessard, *Le Maître en soi*, transmet cet enseignement précieux, abordé simplement à travers les grands thèmes qui nous préoccupent depuis la nuit des temps, comme le sens de la vie, le bonheur, l'amour, la sexualité, le karma ou encore l'origine des conflits intérieurs qui mènent nécessairement aux conflits extérieurs.

Ce nouvel ouvrage, encore sous forme questions-réponses avec le Maître Saint-Germain, jette en quelque sorte les bases pour créer un Nouveau Monde, ce monde idéal dont tant d'auteurs et de conférenciers parlent depuis des années et qui semble de plus en plus réalisable. À travers les grands cycles de la vie, de la naissance à la mort et à la réincarnation dans une autre vie, après avoir franchi les étapes de l'au-delà, nous vous convions ainsi au cœur du voyage exceptionnel de tout Être humain sur Terre. Jusqu'à la fin de la vingtaine, nous explorons ces cycles par tranche d'âge de sept années qui correspondent aux périodes charnières de la formation de l'Être durant lesquelles il apprend à se connaître et à s'exprimer en fonction de ses talents, notamment grâce à ses relations avec son environnement familial, scolaire et social. Dans la trentaine et dans la quarantaine, un regard lucide est posé sur l'humain qui continue d'explorer qui il est, se complète, pour atteindre son apogée vers l'âge de 50 ans.

Puis, alors que tout un courant de la société semble vouloir pousser les gens dans la cinquantaine vers la sortie, le Maître Saint-Germain nous rappelle qu'à cet âge la vie se déploie réellement dans toute sa magnitude et qu'il n'est pas naturel d'envisager la deuxième partie de notre existence comme une période de déclin. Enfin, la contribution des aînés est également réhabilitée de belle façon, en mettant en lumière leur rôle essentiel d'enseignants auprès des plus jeunes.

Mais, pour bien amorcer ce grand voyage, on nous enseigne d'abord l'importance de laisser émerger le principe féminin, moteur essentiel à la création de ce Nouveau Monde. Alors, tout se joue à chaque instant parce que :

On a toujours le libre arbitre de changer notre vie quand on prend conscience de notre pouvoir créateur.

On peut, de l'intérieur, se transformer soi-même pour améliorer le monde qui nous entoure.

On a tous un rôle à jouer dans l'accueil des autres, de leur naissance à leur mort, et même après.

Rien n'est prédestiné dans la vie et tout est toujours en mouvement, en constante création.

Dans cet esprit, chaque situation de vie devient un miroir qui nous renvoie à la fois l'image de notre beauté universelle, mais aussi celle de nos conflits intérieurs. Elle nous montre qu'on peut toujours faire le choix de la beauté tout en travaillant à résoudre les conflits.

En somme, on peut choisir à chaque instant de vivre dans la joie pure et le bonheur, comme le font les Maîtres, comme le ferait le Maître en chacun de nous !

Il m'a fallu plusieurs mois pour terminer la correction de ce livre, entre autres parce que j'ai été moi-même profondément bousculée face à certains de ces enseignements qui, même si j'ai l'intime conviction qu'ils incarnent le gros bon sens, nous confrontent et réveillent le malaise d'avoir souvent erré, comme sociétés modernes, en voulant faire évoluer les choses soi-disant pour le mieux. Mais nos structures sociales, politiques, éducationnelles et même familiales, établies avec toute la bonne volonté du monde, sont sclérosées, voire déshumanisées, et doivent être entièrement repensées pour bâtir ce Nouveau Monde plus équitable et plus fraternel.

Pour bien apprécier les pages qui suivent, je vous suggère donc d'aborder les enseignements du Maître Saint-Germain non pas simplement d'un point de vue intellectuel, mais aussi et surtout d'explorer ce que vous ressentez à leur lecture, afin d'en saisir toute la portée et la justesse.

Enfin, pour ceux ou celles d'entre vous qui lisent les propos du Maître Saint-Germain pour la première fois, quelques précisions s'imposent. Il faut d'abord savoir que j'ai reçu ces enseignements alors que Pierre Lessard était en état altéré de conscience. Lors de ces nombreuses rencontres, j'ai posé des questions au Maître, qui m'a répondu en s'adressant généralement au lecteur, mais parfois à moi directement, lorsque mon exemple peut servir l'ensemble ! Le « nous » auquel il fait référence pour parler de lui renvoie « aux Énergies du Maître ascensionné » et non au comte de Saint-Germain, personnage mythique ayant vécu au XVIIIe siècle. Si vous n'êtes pas familier avec le phénomène de channeling et les énergies des Êtres de lumière ou des Maîtres, je vous invite tout de même à dépasser la forme pour vous laisser simplement imprégner par le message. Par ailleurs, il est toujours possible d'assister aux entretiens publics du Maître Saint-Germain, canalisé par Pierre, pour mieux en comprendre le processus et les enseignements en général (tous les renseignements à ce sujet se trouvent sur le site www.rayonviolet.com).

Pour les lecteurs qui sont familiers avec le langage du Maître Saint-Germain, vous constaterez que nous avons pris la liberté d'en actualiser le style afin de le rendre plus contemporain et accessible au grand public.

Bonne lecture à tous.

France Gauthier

Chapitre 1

L'émergence du principe féminin

Tous les Êtres humains sur cette Terre recherchent le bonheur, l'amour et la joie pure. Tous sont mus, consciemment ou non, par l'intention de vivre dans des états de grâce. Tous veulent aimer et être aimés. C'est une pulsion de vie, du plus profond de leurs entrailles, qui les pousse à vouloir se déployer dans toute leur beauté, leurs talents et leurs qualités, afin de manifester l'amour sous toutes ses formes.

Voyez toutefois, après plusieurs millénaires d'évolution, comment les Êtres humains n'ont pas encore atteint le bonheur recherché. Ils ignorent même ce qui génère le véritable bonheur. Leurs joies sont éphémères et souvent superficielles, et plusieurs souffrent de ne pas être aimés ou de ne pas aimer comme ils le voudraient. L'Amour est trop souvent confondu avec relation affective, attachement et même dépendance. Les Êtres se sentent prisonniers de structures qui, plutôt que de les servir, les limitent et, quelquefois même, les avilissent.

Les Êtres humains vivent en collectivité non pas pour la stimulation que cela leur procure, mais pour la sécurité. Pour répondre à leur besoin naturel d'union et d'amour, ils cherchent à plaire plutôt qu'à déployer leurs talents, à s'en réjouir et à participer à l'œuvre collective. Cette recherche les mène au déni de leurs élans personnels et de leurs pulsions individuelles créatrices.

La plupart des Êtres humains de vos sociétés veulent être « normaux » pour satisfaire un proche, une famille ou la collectivité tout entière. Ce faisant, ils négligent d'écouter leurs voix intérieures et nourrissent la frustration de ne pas « être » ce qu'ils sont réellement. Ils tentent de se conformer à la norme par l'établissement de certaines façons de vivre, de règles, de lois, de structures sociales, économiques et politiques, dans l'illusion qu'ils obtiendront ainsi une reconnaissance et la paix intérieure. Mais la collectivité, malgré son apparent équilibre, est somme toute vulnérable et insatisfaite, car trop d'Êtres ont mis de côté ce qui correspondait réellement à leur essence.

Le bien-être individuel est, bien sûr, lié au bien-être collectif, et dans cette optique, il y a un véritable sens à accepter certains compromis de surface. Toutefois, lorsque l'Être est dans un compromis profond avec lui-même, c'est-à-dire une négation de ce qu'il est vraiment, le compromis ou la conformité devient une « suradaptation » qui crée nécessairement des frustrations chez l'Être et génère un réel conflit intérieur. Les frustrations individuelles nourrissent à leur tour les frustrations collectives qui résultent, elles, en critiques, colères, conflits et guerres.

L'humanité est souffrante, la Terre est souffrante, et les individus sont souffrants. Ils vivent des douleurs psychiques, mentales, émotionnelles et physiques. Et bien que la science des hommes permette de plus en plus la guérison physique et psychique, vous pouvez aussi constater que l'ampleur et l'intensité des souffrances s'accroissent, et que de nouveaux maux émergent.

C'est un portrait de la situation peu reluisant, mais juste. Comment peut-on renverser ce cercle vicieux ?

Nous invitons les hommes à être plus près de leurs sensations, c'est-à-dire à entendre leurs voix intérieures, à ressentir les pulsions de vie, les élans de l'Être véritable en eux, les inspirations à la création et au déploiement harmonieux de leurs talents. Les choix équilibrés et respectueux de leur essence se manifestent chaque fois par des sensations intérieures qui déclenchent nécessairement des ouvertures de conscience et influencent les transformations que l'Être doit apporter à sa vie sur la Terre.

Depuis trop longtemps, les hommes ont été invités, voire forcés à délaisser leurs sensations au profit de la réflexion et du raisonnement. Bien sûr, l'analyse mentale fait partie du processus créateur et permet le discernement, essentiel pour vivre en équilibre. Toutefois, négliger ses sensations signifie réellement couper les liens avec soi-même, avec les autres et avec l'environnement.

Toutes les sensations sont des signaux qui guident l'Être au cœur de lui-même. Bien entendu, l'abus des sources extérieures qui permettent de ressentir ces sensations provoque des déséquilibres chez l'Être. Il sera important que les hommes « réapprivoisent » leurs sensations pour mieux les connaître et mieux différencier celles qui naissent de leurs peurs, de leurs inscriptions mémorielles ou des blessures du passé, de celles qui émanent de l'Être vrai en eux. Les courants sociaux, religieux ou spirituels qui préconisent la « non-écoute » des sensations, par peur des abus, doivent transformer leurs enseignements.

Ainsi, pour renverser le cercle vicieux dont nous parlions, il faut d'abord que les Êtres s'autorisent à vivre et à écouter les sensations pures qu'ils ressentent.

Puis, il faudra que plusieurs Êtres transforment leurs croyances, même inconscientes, que la vie sur cette Terre est nécessairement une vie de douleurs et d'insatisfactions, que les joies sont éphémères, les satisfactions superficielles, et que, un jour, dans l'au-delà, ils seront récompensés de toute cette souffrance. Ce sont de fausses croyances, qui favorisent l'acceptation passive du déséquilibre et freinent l'évolution de l'individu et de l'humanité.

Toutefois, lorsque les Êtres sont conscients de leurs inconforts et de leurs souffrances, et qu'en même temps ils les conçoivent comme profondément non naturels, c'est à ce moment-là qu'ils cherchent avec intensité à transformer leur vie et à retrouver ce qu'ils sont.

Les souffrances, les insatisfactions et les insécurités sont actuellement si importantes dans vos sociétés que les hommes comprennent de moins en moins le sens de la vie, du moins tel qu'ils l'ont conçu jusqu'à maintenant. Ils sont donc de plus en plus disponibles à transformer leur conception des choses, leurs choix intérieurs et leurs structures de vie. Heureusement, au plus profond d'eux-mêmes se trouve une force de vie, qu'on peut aussi appeler leur Lumière, qui continue à leur transmettre l'idée que le bonheur existe. Les voilà ainsi partagés entre des croyances générées et nourries par leurs peurs et une conviction profonde, mais subtile, d'un bonheur possible. Ils sont dans une dualité.

La notion même de « bonheur à chaque instant » n'est-elle pas une utopie dans nos vies modernes ?

Le bonheur réel, c'est-à-dire la joie pure du cœur, n'est certainement pas une utopie ! Tous les hommes portent en eux la faculté de le créer et de le vivre dès maintenant. C'est ce que vit tout individu qui, en paix avec lui-même, déploie ses talents et ses dons pour sa joie propre et celle de sa collectivité.

L'utopie est plutôt de croire que l'on puisse vivre heureux sans écouter la pulsion de vie en soi, dans l'inconscience du conflit avec soi-même issu de la croyance que l'Être est séparé du Tout. L'utopie est de croire que l'on puisse vivre heureux, en harmonie, en équilibre, sans collaborer aux changements de ce monde. L'utopie est l'attente passive du bonheur dans l'illusion que des satisfactions compensatoires, pour répondre à des besoins et des désirs superficiels, le créeront.

La pulsion de vie, qui guide les hommes à continuellement rechercher l'amour et le bonheur, est réelle. C'est elle qui les incite à continuer leur vie, qui permet l'espoir et qui entraînera les Êtres à comprendre qu'il leur faut changer leurs structures de vie et leurs croyances.

Changer ses croyances signifie aussi changer les conditionnements à la base de ces croyances, c'est-à-dire les états, les attitudes et les comportements qui y sont liés. L'Être est attaché à toutes ces croyances, car elles lui apportent certaines satisfactions et certains bénéfices, bien que tout à fait éphémères et limités. Mais ce sont ces satisfactions et bénéfices à court terme qui contribuent aux déséquilibres de l'individu. Actuellement, dans l'humanité, une très grande proportion de gens ont l'impression que vivre des satisfactions limitées du quotidien tout en supportant des souffrances leur permettra un jour de connaître le bonheur. Et c'est ainsi que plusieurs Êtres occultent leurs déséquilibres et ceux de l'humanité. Alors, lorsqu'il leur est transmis qu'ils auront à se détacher de ces croyances ou « formes-pensées », qu'ils auront à les briser, à se transformer pour aller vers une autre structure de vie et créer un autre monde, ils ont des résistances.

C'est bien connu, les Êtres humains résistent au changement, même lorsqu'ils sont dans la souffrance !

La résistance au changement est tout à fait naturelle. Elle est le fruit de la peur de ne plus être, de ne plus exister, qui est la peur fondamentale de tous les Êtres humains. Et la peur de ne plus exister se transpose dans la peur de perdre les bénéfices associés à un changement qui n'apporterait pas la joie recherchée.

Par exemple, lorsque vous transmettez à des enfants que les jouets qui leur ont apporté beaucoup de joie jusqu'à maintenant doivent disparaître et céder leur place à autre chose, ils s'opposent. Observez les enfants avant l'adolescence. Ils veulent s'exprimer autrement, un élan qu'ils ressentent fortement puisqu'il répond à une pulsion intérieure, mais ils sont aussi attachés à leurs jouets, bien qu'ils en retirent moins de plaisir. Il faudra tout de même qu'ils se détachent de ces jouets, et ils le feront naturellement en se laissant guider par une véritable pulsion intérieure qui les mènera vers d'autres expressions d'eux-mêmes.

Le temps est venu pour les Êtres humains dans vos sociétés de constater que ce qu'ils ont créé en eux et autour d'eux ne leur a pas permis de vivre dans la joie, dans le bonheur et dans l'amour. Or, cette constatation (et c'est une véritable constatation, non pas notre regard sur votre situation) doit amener les Êtres à faire le choix de changer, à se détacher de tout cela. Or, le détachement est souvent douloureux. Mais lorsque les douleurs et les souffrances créées par le sabotage de l'attachement surpassent celles du détachement, l'Être cesse de résister et se prépare à se détacher.

Nous invitons donc les Êtres à prendre conscience de l'ampleur de leur douleur et à se rendre compte qu'ils n'ont pas à saccager toute leur vie pour aller vers un Nouveau Monde, mais simplement à permettre des changements qui répondent à ce qu'ils portent véritablement au fond d'eux-mêmes.

C'est ainsi que nous invitons les Êtres à être beaucoup plus dans l'intimité avec eux-mêmes (par la méditation ou la contemplation). Nous leur proposons d'être beaucoup plus dans la sensation de ce qui les fait vibrer, pour que ces transformations aient un sens, que cela les honore, réponde à ce qu'ils portent et qu'ainsi leurs résistances aux changements diminuent.

Toutefois, il faut que l'Être soit déjà disponible pour comprendre qu'il ne peut y avoir de changements sans détachement. Les Êtres ne peuvent pas créer de nouvelles structures de vie qui favorisent une meilleure santé physique, psychique, spirituelle et plus de joie sans qu'il y ait un détachement face aux anciennes structures. Il ne peut y avoir de changements... sans changement !

Évidemment, les Êtres se sentiront peut-être bousculés en constatant qu'ils se sont attachés à des structures qui n'ont pas vraiment de sens pour eux. Nous allons donc leur proposer des bifurcations, des transformations qui leur permettront de réduire leurs souffrances actuelles et aussi de réduire les souffrances du détachement. Il s'agit, à partir de l'état actuel de leurs structures et de leurs façons de faire, d'apporter des transformations progressives. Non pas simplement d'être dans l'attente du but, mais de se réjouir même des étapes de la transformation, du courant de la transformation, afin qu'ils y soient confortables.

Pour ce faire, il est important que chaque Être saisisse qu'à l'intérieur de lui, il porte une dimension masculine et une dimension féminine. Chaque expression de l'Univers porte en elle cette polarité, que nous nous plairons à appeler « polarité masculine et féminine ».

Chacune de ces deux dimensions est présente dans chacun, et a une propension et une ampleur différentes selon les Êtres. Chez certains Êtres, la dimension masculine est plus présente, et chez d'autres, la dimension féminine est plus présente.

Pouvez-vous élaborer sur ce concept ?

Les dimensions féminine et masculine sont égales, mais différentes.

Elles sont égales dans le sens que l'une n'est pas meilleure ou plus intéressante que l'autre. Deux éléments peuvent être totalement différents, mais de même valeur. L'égalité est une expression d'amour et de reconnaissance.

C'est ainsi que nous invitons les Êtres à observer que la comparaison, qu'elle soit entre hommes et femmes, ou entre deux personnes ou entre deux choses, naît d'une peur de ne pas être reconnu, peur qui, elle, fait en sorte que l'Être veut s'affirmer et créer avec intensité. Or, la comparaison transforme la recherche de l'intensité en une recherche de performance qui oppose les Êtres. Et cette opposition évolue nécessairement vers des conflits.

Mais toutes les structures dans nos sociétés modernes sont fondées sur la recherche de performance!

Il est très important de distinguer la recherche de l'ultime, de l'intensité et de la beauté céleste de celle de la performance. Souvent, nous vous transmettons: «Cessez de chercher la performance», ce qui vous offusque. Si la performance n'est pas souhaitable, il est en revanche naturel qu'un Être cherche l'intensité. Les Êtres portent en eux une telle pulsion à vivre la joie de l'union, la joie de l'amour, qu'ils veulent refléter cette même intensité dans tous les aspects de leur vie: voilà ce que signifie la «recherche de l'ultime». La recherche de l'ultime est plus naturelle que la recherche de la performance. Elle fait en sorte que les Êtres parviennent de mieux en mieux et de plus en plus à exprimer leur beauté, leur lumière, leur grandeur, leurs talents et leurs qualités avec une intensité créatrice qui leur permet d'atteindre un état de joie pure et une sensation d'union.

Or, la recherche de la performance, qui naît de la comparaison ou du besoin de pouvoir et de contrôle, divise les Êtres. Dans la division, ils ne ressentent jamais de satisfaction profonde ni de bonheur. Ils n'y trouvent que des sécurités matérielles ou affectives temporaires, ou une position de pouvoir par rapport aux autres, et ils en seront toujours profondément insatisfaits, voire malheureux. C'est à la souffrance que mène inévitablement la recherche de performance basée sur la comparaison.

D'accord, mais revenons aux dimensions masculine et féminine, si vous le voulez bien.

Certes. La dimension masculine de l'Être est celle qui est associée à l'inscription de la connaissance, de la lumière. C'est la dimension de l'Être qui vient implanter le germe, la semence ou la graine qui contient déjà tout son plan de croissance. La dimension masculine est associée à l'inspiration, à l'orientation, à la structure.

La dimension féminine de l'Être est celle qui permet la création, l'évolution, l'émergence. Dans notre analogie de la semence, la dimension féminine représente la transformation, la croissance de la graine en une plante, en une fleur, en un arbre. C'est tout son déploiement. Ainsi, la semence est implantée par la dimension masculine et, par la dimension féminine, la création a vraiment lieu.

La véritable évolution de l'humanité, une évolution dans l'Amour, relève des dimensions masculine et féminine réunies. Elle respecte à la fois le plan (le mandat d'incarnation)* et le déploiement de chaque Être (et de chaque forme de vie) selon sa nature universelle (ses connaissances pures et subtiles) et selon son essence* (ses dons et ses talents).

Si le masculin apporte l'inspiration, la structure et la logique, le féminin permet la création puissante et nuancée.

Est-ce que vous nous suivez bien ?

Oui, mais il y a sans doute des nuances d'un Être à l'autre. De façon générale, j'imagine que les hommes ont une dimension masculine plus présente et les femmes, une dimension féminine plus importante, mais est-ce que chacun porte nécessairement les deux dimensions en lui ?

Certainement. Chaque Être porte en lui les deux dimensions, qui varient d'intensité selon l'individu. Mais lorsque la société présente une dimension masculine trop importante, ses structures sont sèches. Elles sont peut-être théoriquement efficaces, mais elles ne présentent pas les nuances, la souplesse et la sensibilité essentielles pour que chacun s'y reconnaisse. Elles ne sont pas adaptées aux Êtres en fonction de leur épanouissement, et c'est le cas de votre monde actuel. L'évolution est alors illusoire, car il n'y a ni respect des Êtres humains ni respect de la nature.

Il ne peut y avoir de réelle évolution sur cette Terre sans la dimension féminine.

Pouvez-vous nous donner un exemple du rôle que jouent le féminin et le masculin au quotidien ?

Imaginez une femme qui soit à la fois ingénieure et architecte.

D'abord, de par sa dimension masculine, elle aura des inspirations. Des connaissances intellectuelles et subtiles s'uniront en elle pour qu'il y ait une vision intérieure et qu'un projet s'élabore. Elle va créer une première structure qui répond aux exigences et aux fonctions du projet. Une puissante énergie est déployée pour que le projet naisse et s'implante.

Vous nous suivez ?

Oui. Les plans, la structure. La dimension masculine.

Voilà. Puis, à partir de cette vision intérieure, qui est sa dimension masculine, elle va utiliser une autre dimension d'elle-même, féminine, pour ressentir comment cet édifice peut permettre aux Êtres qui y vivent de se sentir en harmonie avec eux-mêmes et avec leur environnement. Elle ressentira ce que devront être les caractéristiques du projet pour qu'il puisse se développer dans le respect de la vie humaine et de la nature. Par le choix des formes, des matériaux et des couleurs, l'édifice se transforme, s'humanise, pour respecter la vie dans plusieurs de ses nuances. Une puissante énergie sera déployée pour que le projet puisse aussi évoluer dans l'harmonie et l'équilibre.

La dimension féminine permet qu'il y ait, à partir de la structure de base, une véritable évolution de ces plans pour qu'ils respectent l'Être humain dans toutes ses nuances et dans ses relations avec les autres et avec l'environnement.

Dans notre exemple de l'architecte-ingénieure, le même Être présente une dimension masculine lui permettant de capter, à partir de ses connaissances et de ses inspirations, l'information qui lui sert à développer la structure. Sa dimension féminine, quant à elle, lui permet de développer tous ces plans dans toutes leurs nuances. Ainsi, la véritable création est féminine, alors que l'inspiration, la semence, l'inscription du projet relèvent de la dimension masculine.

Nous avons choisi l'exemple d'une femme ingénieure-architecte. Il aurait pu s'agir, bien sûr, d'un homme ingénieur-architecte.

... qui aurait aussi développé en lui ses deux dimensions masculine et féminine?

Nous pourrions dire: « Un Être ingénieur et architecte dont la dimension masculine l'amène à concevoir une structure de base à partir de l'inspiration, et dont l'aspect féminin l'amène à nuancer cette conception et à en permettre le véritable déploiement à partir de ses sensations. »

Il faut bien comprendre que la dimension féminine ne fait pas fi des structures et des connaissances; elle les adapte. Elle ne rejette pas ce qui est fait, au contraire, elle utilise la structure de base pour permettre un véritable déploiement.

Ainsi, sans la dimension féminine, il n'y a pas de création possible. Il n'y a pas de concrétisation, que les plans, la structure de base, l'inspiration et les normes. Tout comme lorsqu'on dépose un germe dans le corps d'une femme: s'il n'y a pas tout cet accueil intérieur, cette nourriture que la femme va lui offrir, il n'y aura pas de croissance de l'enfant.

Vous réalisez que dans votre monde, les deux dimensions sont présentes, puisqu'il y a eu des créations concrètes. Or, ce que nous pouvons y observer est que la dimension masculine a été plus utilisée et valorisée que la dimension féminine. Ce monde s'est surtout développé à partir d'une dimension masculine, c'est-à-dire de structures logiques qui répondent aux fonctions demandées, théoriquement du moins, et qui pourtant sont très souvent mal adaptées aux Êtres humains dans toutes leurs nuances. Comme nous le disions, les structures sont sèches, alors que dans la pratique, tous les Êtres sont différents et les aspects reliés à leur fluidité, harmonie et intensité ne sont pas suffisamment reconnus.

Voilà pourquoi le monde actuel, par ses structures, insatisfait les Êtres et favorise la souffrance.

Vous vivez déjà, depuis quelques décennies, un grand mouvement d'éveil féminin. Cet éveil féminin consiste en une émergence de la dimension féminine dans les Êtres. Un Nouveau Monde a commencé à se créer. Lorsque ce monde va s'ouvrir à l'importance qu'il y ait vraiment, dans toute forme de création, une dimension masculine et une autre, féminine, alors il va se transformer en un monde beaucoup mieux adapté aux Êtres humains, un monde qui répond vraiment aux besoins de tous.

Est-ce à dire que les Êtres humains, pour créer ce Nouveau Monde, doivent harmoniser la dimension féminine et masculine à l'intérieur d'eux-mêmes ?

Certainement! C'est tout le parcours d'évolution spirituelle qui invite les Êtres à rééquilibrer, à déployer et à harmoniser les dimensions masculine et féminine à l'intérieur d'eux-mêmes. Si cela est vrai pour l'humain, cela est vrai aussi pour la société. Nous l'avons dit, il est essentiel que la dimension féminine soit présente dans ce monde, aussi présente que la dimension masculine. Il est essentiel qu'elle retrouve toute sa place, soit une place fondamentale dans la création.

Le mouvement de retrouvailles des pouvoirs féminins indique que l'humanité a entrepris une bascule importante vers son équilibre. Bien sûr, la femme doit comprendre l'importance de ne pas tenter de prendre la place de l'homme, car elle ne ferait ainsi que répéter les erreurs du passé. Lorsque la femme choisit de donner toute la place à la dimension masculine en elle, elle ne fait que perpétuer les mêmes structures, même si elles sont dirigées par des femmes.

Il est très important, dans cette bascule, de constater que l'homme s'était approprié un pouvoir et qu'il l'a utilisé pour diriger le monde dans des structures qui, comme vous le voyez, sont masculines. Des structures qui, théoriquement, sont efficaces mais qui, dans la pratique, ne répondent pas aux besoins des Êtres humains, qui ne leur permettent pas d'être heureux, en équilibre et en harmonie.

Il est important aussi que les femmes orientent ce monde, non pas en faisant fi de l'homme, mais en permettant l'évolution, c'est-à-dire en tenant compte de l'inspiration et de la vision de l'homme.

L'homme apporte une vision, une dimension logique. Il apporte des structures et une orientation, et la femme dirige le mouvement.

C'est très beau, dit comme ça!

Il n'y aura pas d'évolution ni de changements possibles de ce monde sans l'affirmation de la femme dans son véritable rôle. Alors, il ne s'agit pas de créer une société patriarcale ou matriarcale, mais une société humaine. Certaines situations appellent une dimension masculine, et d'autres, une dimension féminine. L'important à retenir est que, chaque fois, l'autre dimension doit également être présente.

Chapitre 2

La naissance

Avant d'entrer dans les grands cycles de la vie d'un Être humain, il faut bien sûr parler de la première étape, soit le moment de son arrivée sur la Terre. Quelle est l'ampleur du choc que représente la naissance pour l'Être humain?

La naissance est le passage le plus important et aussi celui qui exige la plus grande intensité d'énergie que l'Être aura à déployer durant toute son existence. Qui plus est, le déploiement intense de cette énergie est en corrélation avec la présence, la disponibilité et le déploiement d'un autre Être: sa mère. L'Être peut donc déjà saisir que sa création (puisque le passage de la naissance peut être considéré comme un moment de création important) est nécessairement liée à celle d'un autre Être. Cela vous permet aussi de mieux comprendre que les Êtres doivent vivre en union sur cette Terre et qu'à l'opposé, l'indépendance ou la séparation créera des souffrances et des douleurs. Déjà, le passage le plus important vous indique que l'union est essentielle pour qu'il puisse se faire dans l'équilibre, dans l'harmonie et dans la joie.

Qu'entendez-vous concrètement par « union », à partir du moment où l'on sait que le bébé, à la naissance, vit une séparation brutale d'avec sa mère?

Il y a là une forme de paradoxe, n'est-ce pas?

Il me semble, oui.

Il y a une séparation des corps, qui permet à l'Être de se déployer dans toute son autonomie, dans toute sa lumière. Toutefois, ce déploiement, cette séparation des corps, favorisera l'union de l'Être, non seulement avec sa mère, mais avec tous les Êtres. Elle lui permettra aussi de mieux s'unir, dans l'amour, à toutes les formes de vie sur Terre. Cela vous fait comprendre d'ailleurs que, par moments, il est important de se détacher d'une forme pour pouvoir s'unir à l'ensemble!

Cette notion de détachement, de rupture, est importante. Lorsque l'Être (à la source un duo Âme-Esprit* de lumière) s'incarne, il y a non pas une rupture, mais une fusion de la lumière avec la chair. C'est une rencontre d'une très grande intensité. La lumière s'associe à la matière, ce qui provoque un éclatement, une extase ressentie par toutes les cellules du fœtus.

Cette rencontre de la lumière et de la matière a lieu pendant la grossesse, donc?

Cela se produit durant la période de gestation, lors de la conscientisation, c'est-à-dire lorsqu'il y a l'union de l'Âme, de l'Esprit et du corps. Cette intensité de la fusion de la lumière et de la matière explique pourquoi l'Être humain, qu'il en soit conscient ou non, cherchera durant toute sa vie à vivre des états de joie et même des états d'extase extrêmement intenses. Parce qu'il en a une conscience cellulaire. *(Nous y reviendrons plus en profondeur dans le dernier chapitre de ce livre.)*

À la suite de cette fusion, il y aura aussi une émergence des inscriptions de l'Être : inscriptions génétiques, bien sûr, mais aussi inscriptions mémorielles issues de l'histoire de son Esprit et de sa lignée familiale.

Laissez-moi comprendre. La lignée familiale, ce ne sont pas les inscriptions génétiques?

Les inscriptions génétiques représentent certaines caractéristiques de la lignée familiale que l'Être porte dans ses cellules.

Et les autres mémoires proviennent-elles des vies antérieures?

Les inscriptions mémorielles sont des empreintes de vos vies antérieures sur cette Terre ou ailleurs dans l'Univers.

Utilisons une analogie pour que vous saisissiez mieux. Vous vivez actuellement en toute liberté et dans un grand confort dans votre pays. Imaginons que vous choisissiez d'aller vivre dans un autre pays, très différent. Lorsque vous arrivez, vous découvrez d'abord les paysages. La différence vous enchante. Des Êtres vous accueillent et vous emmènent dans leur demeure typique du pays. Lorsque vous y êtes, vous constatez que la demeure est très étroite, très peu confortable, et vous vous rappelez que, dans votre pays à vous, il y a eu tout un parcours d'évolution avant que ses habitants n'atteignent le confort actuel. Il y a déjà eu des époques où vous étiez beaucoup moins nantis, collectivement, et où vous avez dû faire des efforts, des compromis, consentir à des renoncements. Vous vous rappelez aussi les douleurs, les moments de solitude que vous avez vécus pour en arriver à atteindre la vie de liberté que vous avez connue avant de quitter cet endroit.

Et lorsque vous entrez dans la demeure très étroite et très sobre de vos hôtes, tous ces efforts se représentent à votre mémoire. Les inscriptions sont là. Elles sont actives. Vous êtes toujours joyeux d'être dans ce nouveau pays, mais certaines peurs d'avoir à refaire tous ces efforts sont présentes.

Est-ce que vous nous suivez ?

Très bien. Ce sont les mémoires des dernières vies.

Voilà. Et là, dans cette demeure, imaginez que, dès votre arrivée, le maître de la maison vous dicte quelle sera votre chambre. Il vous l'affirme avec tant d'autorité que vous ressentez de nouveau l'autorité de votre père et de tous les hommes de votre lignée familiale, et qu'ainsi refont surface vos façons de réagir à toutes les formes d'autorité. Dans cet exemple, ce sont les mémoires familiales inscrites en vous qui sont réactivées.

C'est clair.

Il en est ainsi pour l'Être qui va s'incarner. Il provient de l'espace universel libre. Puis, soudain, il se retrouve confiné dans un corps, le sien, et dans l'espace de la mère. C'est très différent de l'espace qu'il connaissait. Il créera alors une relation fusionnelle avec la mère. Non seulement pour être nourri, bien sûr, donc pour vivre et croître, mais aussi pour se recréer un univers, se recréer un monde. L'intérieur de sa mère et la relation avec elle deviennent son nouvel univers.

Pendant toute sa croissance intra-utérine, son champ magnétique va se développer. Il va vivre aussi, à travers sa mère, certaines inscriptions en provenance de l'environnement. Et un jour viendra où il lui faudra naître pour pouvoir continuer sa croissance, car l'espace sera trop restreint. Il va déployer alors beaucoup d'énergie, puisqu'il a pu en développer dans le corps de sa mère. Bien sûr, celle-ci, encore unie à lui, va l'aider dans ce passage. S'il ne veut pas naître, ce sera difficile pour la mère. Et si la mère ne veut pas favoriser le passage, ce sera difficile pour l'enfant. Il y a à la fois une autonomie et une union des deux Êtres.

En naissant, l'enfant délaisse encore le monde dans lequel il était pour entrer dans un nouveau monde.

Donc, de l'espace universel, il s'était créé un nouvel univers en fusion avec la mère. Et maintenant, sa pulsion de vie l'entraîne encore une fois dans un autre monde dans lequel il sera appelé à croître et à créer tout en s'adaptant à la forme. Étant donné l'univers intra-utérin qu'il quitte, vous pouvez imaginer toute l'importance pour lui de se recréer rapidement un nouvel univers viable. Vous concevez alors toute l'importance de l'accueil à la naissance pour l'aider dès le départ à créer ce monde dans lequel il se sentira à l'aise et reconnu.

Il est essentiel pour l'évolution de votre humanité que vous compreniez l'importance et les enjeux réels de la naissance.

D'accord. Dans nos structures actuelles, la majorité des femmes accouchent dans un hôpital. Bien qu'on ait tenté d'humaniser le processus, en créant notamment ce qu'on appelle des « chambres de naissance », ça se passe quand même dans un hôpital avec plein d'appareils sophistiqués. Est-ce la façon idéale d'accueillir un enfant ?

Il est important, pour éviter la critique et permettre plutôt les transformations constructives, de comprendre que cette façon de faire a été développée, dans sa structure et dans ses règles, pour favoriser la vie. Avant que ces structures soient établies, les conditions de la naissance étaient souvent telles que beaucoup de bébés mouraient à l'accouchement.

Beaucoup de mères mouraient en couche également.

Les souffrances étaient souvent intenses à cause aussi des connaissances déficientes de ceux qui accompagnaient les femmes. Souvent, les sages-femmes n'étaient pas présentes, pas plus que la sagesse des femmes !

En effet.

Ainsi, les Êtres humains ont développé des structures pour assurer la vie et pour favoriser la santé physique. Ces structures sont logiques. Elles sont fonctionnelles. L'expérience montre que de moins en moins d'enfants et de femmes meurent à la naissance ou en sont affectés. Toutefois, l'expérience permet aussi de constater d'autres formes de séquelles chez l'enfant et la mère, plus difficiles à saisir, mais si importantes au niveau subtil : celles qui sont associées à une reconnaissance et à un accueil déficients de l'enfant dans ces structures.

Ainsi, même si actuellement la structure est fonctionnelle et logique, elle aurait tout avantage à se déployer dans des aspects plus proches de l'Être humain, avec plus de nuances pour répondre à ses besoins, et plus de conscience quant à l'importance de l'accueil. Nous nous entretiendrons plus loin de l'importance de la période de gestation, de la relation entre la mère et son enfant, de la relation entre l'environnement de la mère et l'enfant qu'elle porte, tout comme nous pourrons par la suite vous entretenir des mémoires qui s'inscrivent ou qui se développent chez l'enfant durant la période de gestation.

Nous pouvons observer que, chez l'Être humain, la qualité de l'accueil reçu dans l'espace intra-utérin et au moment même de la naissance est en relation directe avec la capacité de l'Être à se reconnaître au cours de sa vie adulte.

Tous les maux physiques et psychiques trouvent leur source dans cette difficulté à se reconnaître.

À l'opposé, lorsqu'il se reconnaît, l'Être est capable de créer sa vie en harmonie, en équilibre, dans la joie et le bonheur.

La vie d'un Être humain se joue donc d'abord à sa naissance. Et à chaque instant qui suit.

Si nous vous entretenons avec insistance de la naissance et de ses conditions actuelles, c'est qu'elles ont une influence majeure sur l'individu durant toute sa vie quant à l'autorisation qu'il se donne de vivre et à la qualité de la vie qu'il s'offre.

Alors, nous proposons d'abord une conscientisation de l'importance de l'aspect humain pour que le processus du passage de la naissance et l'accueil de l'enfant soient harmonieux et chaleureux. Toutes les mesures qui permettent à la femme de se sentir femme et qui participent à la célébration de la vie seront importantes. Toutes les voies qui permettent à la mère de sentir que son rôle d'accueil est primordial, c'est-à-dire qui permettent à l'enfant de sentir qu'il entre dans un nouveau monde d'harmonie, d'amour et de chaleur, seront les bienvenues.

Et bien sûr, nous invitons les Êtres à déployer ces mesures progressivement, jusqu'à ce que les structures actuelles soient totalement transformées et qu'elles proclament une célébration de la vie et une conscience totale de ce qu'est un Être humain.

Pouvez-vous nous dire à quoi ressemblerait, dans un Nouveau Monde, un lieu de naissance idéal pour accueillir un enfant?

Dans le respect de la femme, de ce qui vibre en elle, de l'enfant et de sa recherche de vie, il y a plus qu'un lieu à définir. Il y a toute une conscience de l'accompagnement à la naissance et de la vie à développer. Invitons d'abord les Hommes à choisir de transformer véritablement leur vie sur Terre.

Mais pour répondre à votre question plus spécifique, imaginons que la naissance soit une véritable célébration qui se vit dans un Hôtel de la Naissance, un véritable « temple » honorant la vie.

Comme c'est joli ! On adopte !

La création de ces lieux, de ces Hôtels de la Naissance, conçus uniquement pour célébrer la naissance dans la conscience de l'accueil d'un nouvel Être humain qui se présente sur Terre pour collaborer, avec ses talents, à l'œuvre collective de l'humanité, favorise l'évolution de la société.

Accompagnée du père, la femme choisit l'Hôtel de la Naissance, inspirée par la sensation et la complicité de l'enfant en elle. Donc, plutôt qu'un hôpital multifonction, l'établissement devient un lieu d'accueil axé uniquement sur la naissance. Et tout ce que les Êtres humains ont déjà créé, la technologie de pointe par exemple, pour favoriser la santé physique de la femme et de l'enfant à la naissance y est mis en place.

Il n'y a pas, ici, un refus de la médecine actuelle. Tout au contraire ! Ce qui a été créé grâce à l'évolution scientifique de la médecine est présent dans l'Hôtel de la Naissance, de telle sorte que les Êtres humains soient en sécurité à la naissance et qu'il n'y ait pas un retour vers les conditions difficiles du passé. Toutefois, les instruments ainsi que les mesures et les normes s'inscrivent dans la forme, la structure et le paysage d'un endroit enchanteur et harmonieux. Les salles, les chambres, les couloirs, tous les espaces sont un reflet de la vie harmonieuse par leur ambiance et leurs couleurs ainsi que les plantes et les fleurs qui s'y trouvent. Ils se situent dans des jardins qui peuvent ressembler à ce que choisissent les Êtres lorsqu'ils s'unissent, lorsque la femme s'unit à l'homme...

Ce serait donc une espèce de célébration de la naissance comme pour un mariage, par exemple?

Voilà. Une grande célébration. Ils choisissent un lieu qui les fait vibrer, avec de grands jardins. C'est joyeux, n'est-ce pas?

Certainement.

Ils célèbrent l'union – c'est extraordinaire! La naissance, c'est l'expression de la vie. Une vie qui se présente dans une trilogie: la mère, le père, l'enfant. C'est une autre forme d'union. Alors, que cette célébration soit tout aussi importante que le mariage! Et il sera très joyeux de se rendre dans cet Hôtel de la Naissance qui, pourtant, offre toutes les techniques médicales actuelles des hommes, de même que les méthodes naturelles d'accompagnement de la femme.

Cela signifie que les Êtres qui œuvrent dans ces Hôtels de la Naissance ont choisi que leur accompagnement, leur «travail», comme vous le dites, soit vraiment consacré à la naissance. Ce sont des spécialistes qui portent en eux une envie profonde et réelle, une pulsion d'œuvrer dans un Hôtel de la Naissance. Qu'ils soient médecins, infirmiers ou techniciens, ils ont tous choisi d'être dans ce lieu et d'utiliser leurs connaissances et leurs compétences en association avec l'atmosphère de la naissance. Ils accompagnent la femme. Leurs instruments sont discrets, tout en étant très présents, et, nous insistons sur ce point, tous sont dans la conscience de l'importance de l'accueil.

La femme aura tout avantage à avoir auprès d'elle une compagne. Il est si naturel pour une femme, à partir de la conception, d'avoir une autre femme qui l'accompagne, une confidente qui porte une connaissance profonde de ce qu'est le parcours de la grossesse et le parcours de la naissance. Elle peut l'accompagner humainement et physiquement tout au long de sa grossesse. Elle crée une complicité avec l'enfant et avec la mère. Elle est présente.

Voulez-vous dire une sorte de marraine de la naissance?

C'est le sens réel de « marraine », d'ailleurs. La marraine, dans vos cadres actuels ou passés, n'est-elle pas la femme qui peut aider à l'accueil, aider la femme s'il y a trop d'exigences après la naissance, et remplacer la mère, si elle a un problème de santé?

Entre autres, oui, si on met le contexte religieux de côté.

Extrapolons ce rôle ou redonnons-lui toutes ses dimensions. Plutôt que d'être une remplaçante de la mère, la marraine en est la complice. De cette façon, l'enfant sent qu'il a une mère, mais il sent aussi la complicité de la marraine, et lorsque la mère, pour une raison ou pour une autre, ne pourra pas être présente à l'enfant, la marraine le sera et l'enfant connaîtra déjà sa vibration. Si la femme vit une relation harmonieuse de complicité avec sa propre mère, et que cette dernière a non seulement envie d'être la marraine mais veut le faire en toute conscience, elle peut être une marraine fort appréciée. Bien sûr, la marraine a elle aussi choisi ce rôle. Ce peut être aussi une proche de la femme qui a les connaissances et les compétences voulues ou un Être qui s'est destiné à jouer ce rôle de marraine dans une société ouverte à cela...

Une sorte de sage-femme-marraine?

Voilà, une sage-femme du Nouveau Monde : elle a accompagné tout le parcours pendant la grossesse et elle est présente à la naissance. De plus en plus de femmes se sentiront appelées à jouer ce rôle.

Durant la naissance, la marraine est très près de la femme, et l'enfant le sait, il la sent. Il la connaît, il l'a toujours ressentie, et la marraine aussi connaît l'enfant par son ressenti. Au moment de la naissance, la situation peut être fort différente d'une femme à l'autre, voire d'un enfant à l'autre. La femme peut se trouver dans beaucoup de conscience et peu de douleurs, ou encore peu de conscience et beaucoup de douleurs, ou même beaucoup de conscience et de douleurs... La marraine l'accompagne, de telle sorte que lorsque l'enfant naît, déjà, elle peut l'accueillir. Il connaît sa vibration. S'il n'y a pas de difficultés d'ordre médical, la marraine va accueillir l'enfant pour le poser sur la mère.

Nous sommes ici dans une chambre qui est vibrante, chaleureuse, un lieu de célébration. Il pourra y avoir des instruments de support en cas de difficulté, mais masqués, voilés. Des instruments plus imposants en cas de difficultés plus importantes pendant l'accouchement sont dans une autre pièce. Tout comme dans un hôpital, il peut y avoir une salle de chirurgie dans cet Hôtel de la Naissance. Bien sûr, nous ne pouvons décrire ici toutes les situations possibles.

La mère est-elle en état de recevoir son enfant? Si elle ne l'est pas, la marraine est près de cet enfant. Si elle l'est, la marraine pose l'enfant sur la mère, et il y a vraiment un accueil très amoureux, l'extension de l'accueil qui aura été transmis à l'enfant durant toute la période de gestation. Il n'y a pas de surprise pour l'enfant. Il a déjà senti toutes ces vibrations. Il est déjà dans cette chaleur. Il retrouve sa marraine et sa mère.

Et que fait le père?

Le père est présent aussi pour accompagner la femme, puisqu'il a été présent durant toute la période de gestation. Il apportait une dimension plus extérieure, mais il était présent. Par sa vibration, il crée aussi un cocon d'accueil à la naissance. Quand il sera proposé à la mère de couper le cordon, le père sera prêt pour que l'enfant sente qu'il n'y a pas de division, qu'il est là, amoureux, complice et en accord. La marraine aussi. Tous sont unis.

Pourquoi la mère doit-elle couper elle-même le cordon?

C'est la mère elle-même qui coupe le cordon afin qu'il n'y ait pas de sensation de rejet. C'est la mère qui était son monde. En l'accueillant à la naissance, elle lui indique, par cette coupure que, bien que les corps se séparent, le cocon est toujours présent et qu'ils sont toujours unis. Et il est important que ce cocon avec la mère, le père, et la marraine en soutien, puisse perdurer pendant un certain temps. Quand l'enfant est né, qu'il se présente dans la vie extérieure, ne précipitez pas la séparation d'avec la mère. Ce moment est fort important et la complicité dans la relation de l'enfant avec la mère est en jeu !

Il y a pourtant déjà une rupture.

Il est certain que la naissance et la coupure du cordon ombilical peuvent être ressenties comme une rupture brutale. C'est justement cela qu'il faut éviter ou réduire. C'est pourquoi il est important que l'enfant reste avec sa mère. Et nous savons que les douleurs, non seulement celles de l'accouchement, mais aussi celles de tout le processus, provoquent chez la femme différents états et différentes attitudes. Il est donc tout aussi important de concevoir qu'elle doit se préparer d'une manière différente, non seulement durant la période de grossesse, mais dès l'adolescence, alors que son corps est physiquement capable de procréer. Une conscience de la procréation et une conscience du corps permettront que les accouchements soient de plus en plus faciles.

Si je comprends bien, vous suggérez aux jeunes femmes d'être très conscientes de leur corps et de leur rôle procréateur longtemps avant le cours prénatal, c'est ça ?

C'est là la préparation d'une femme qui honore ce rôle en elle et qui honore son corps. Dans les dernières décennies, la femme qui a voulu participer à l'émergence de la dimension féminine dans ce monde a dû jouer double et triple rôles durant deux générations.

C'est juste, et très essoufflant !

Dans ces double et triple rôles, la femme a été amenée à moins respecter son corps, parce que les rôles et les tâches étaient trop intenses et exigeants. En respectant moins son corps et ses cycles menstruels, en étant moins présente à son corps et à sa souplesse naturelle, la femme a involontairement favorisé une intensification des douleurs menstruelles et, pour plusieurs, des douleurs à l'ovulation. Cela a aussi contribué à rendre l'accouchement plus douloureux.

Cela ne signifie pas que, dans la conscience, l'accouchement sera sans douleur. Mais une conscience du respect de la femme envers son corps va contribuer à atténuer les douleurs. Et si le double ou triple rôle est vrai pour les deux dernières générations, il est aussi vrai qu'auparavant, la femme était confinée à des travaux très durs qui ne lui donnaient pas tout l'espace nécessaire pour respecter ses cycles naturels.

En somme, la femme a beaucoup souffert à travers les âges, et particulièrement ces deux derniers millénaires. Tant souffert que plusieurs femmes auraient souhaité naître homme. Tant souffert que certaines femmes vivaient des colères ou des détresses chaque fois que se présentait la période d'ovulation ou de menstruation. Tant souffert que des femmes ont développé la peur de l'accouchement. Cette peur et, pour certaines femmes, la négation du rôle de procréatrice s'opposent à la pulsion naturelle et à l'envie profonde de créer et de donner la vie. Et cette réalité a provoqué une négligence de toute la véritable dimension féminine !

Vous nous suivez bien ?

Alors, est-ce que les femmes portent une sorte de mémoire collective de souffrance ?

Elles portent bien entendu les mémoires collectives de rejet, d'abus et de souffrances associées à leurs rôles véritables et à leur importance. Ces blessures sont souvent ravivées dans le fonctionnement de vos sociétés actuelles.

Les sensations et les états intérieurs de la femme sont affectés par ces mémoires. Leur corps physique aussi, par des dérèglements provoqués à cause de comportements liés au problème de l'inégalité.

Par exemple, vous avez observé que les structures actuelles de la société contre lesquelles les femmes ont dû se battre pour obtenir le même statut que celui de l'homme ne leur permettaient pas d'adapter ce rythme aux besoins de leur corps durant la période de menstruation.

En effet, la femme doit performer au même niveau que les hommes, peu importe la période du mois !

Voilà. On exige qu'elle performe avec la même intensité durant sa période de menstruation. Cela n'est pas la faute de la femme, mais la responsabilité de toute l'humanité. Lorsque nous disons que « la femme n'a pas su se respecter », ce n'est pas un reproche, mais nous constatons l'inconscience de la société dans son ensemble lorsqu'il s'agit d'honorer la femme dans son rôle. Durant la période de menstruation, l'énergie de la femme aux niveaux physique et psychique est allouée différemment et invite à une variation d'intensité dans ses activités !

Nous ferons une analogie. Imaginez que vous vous nourrissez abondamment. Vous terminez un repas sain et abondant. Si vous êtes inactif, vous aurez tendance à vous endormir, n'est-ce pas ? C'est que l'énergie de votre corps se concentre sur la digestion. Si vous tentez de courir immédiatement après le repas, vous pourrez sentir un certain malaise, un certain inconfort, ou un manque de vitalité pour courir, n'est-ce pas ?

Bien sûr, il y aura une concentration d'énergie vers votre estomac. De même, pendant la période de menstruation, il y a une forte concentration d'énergie au niveau des gonades. Il est naturel que la femme éprouve des douleurs et des fatigues, particulièrement s'il n'y a pas de respect de cet état, c'est-à-dire si la femme doit continuer à offrir le même niveau d'intensité dans tous les aspects de sa vie.

Je comprends. Revenons à la naissance, maintenant. Qu'en est-il des heures qui suivent la naissance, où, dans le réseau hospitalier actuel, l'infirmière va prendre le bébé, le peser, vérifier si tout est normal? Comment les choses se passeraient-elles à l'Hôtel de la Naissance?

Toutes ces actions pourront être posées, sans toutefois être considérées comme prioritaires ou de première nécessité. En fait, ce que nous voulons vous transmettre est que la pesée du bébé n'est peut-être pas de première urgence pour la vie équilibrée d'un Être. Toutefois, il peut être intéressant, à l'Hôtel de la Naissance, que cette pesée s'effectue par la mère ou la marraine, assistée du personnel plus technique, dans les heures qui suivent la naissance. L'une ou l'autre, selon l'état de la mère, devrait être présente pour qu'il y ait toujours cette proximité avec l'enfant. Et tout le personnel de soutien est également là, complice, dans la même atmosphère.

En serait-il de même pour laver le bébé, si la mère en est capable physiquement?

Si la mère en est capable et qu'elle en a envie, elle peut donner les soins au bébé, toujours assistée du personnel de soutien. Il se peut en effet qu'elle en soit capable, mais qu'elle n'en ait pas envie. Rappelons-nous que la mère est quelquefois en état de choc. Souvent, elle n'en a plus la force, mais le soin peut quand même être donné tout près d'elle, encore une fois par la marraine assistée du personnel. Tout se déroule dans la même atmosphère d'accueil puisque tous ont choisi ce rôle. Ces Êtres sont dédiés à l'Hôtel de la Naissance. Ils ne sont pas que des techniciens de passage. Ils ont choisi ce rôle, cette tâche, cette carrière. C'est leur œuvre, leur mission de vie.

Quel est le rôle actif du père, dans cet accueil?

Le père représente une assise importante. Il est là, présent. Son état est important parce qu'il permet, énergétiquement, de faire le lien entre ce cocon d'intimité et la vie à l'extérieur. Ce lien avec l'enfant, au début, il le fait vibratoirement. Il aide d'abord sa partenaire par sa présence, sa compassion, sa respiration, son amour. Il lui rappelle ce qu'elle sait déjà, mais que, souvent, la souffrance du moment lui fait oublier. Sa présence est importante pour l'enfant, qui va sentir que son père est là et qu'il est un accompagnant. Car durant les premières années, si le rôle de la mère est très important, la présence rassurante du père permet le rapport avec l'extérieur sans coupure pour l'enfant.

Certains pères pourraient penser que leur rôle est passif, et pourtant, c'est un rôle très, très actif. Il est passif si l'Être n'est ni préparé, ni conscient des enjeux de la naissance. Il est actif lorsqu'il émane de son cœur des vibrations d'amour vers le cœur de la mère et de l'enfant. Il collabore vraiment à l'atmosphère par son amour, son équilibre, sa force physique et psychique.

Combien de temps pourrait durer cette période d'accueil à l'Hôtel de la Naissance ?

Il n'y a pas de temps défini. La période passée à cet Hôtel peut commencer lorsque la femme ressent, non pas les contractions, mais l'appel intérieur. Elle se sentirait plus à l'aise à l'Hôtel de la Naissance ? Elle se sent prête ? Elle s'y sentirait plus en sécurité ? Elle a la sensation que son enfant l'y invite ? Il y a plusieurs éléments possibles.

Je sens qu'on va avoir des objections d'ordre financier, ici !

Nous savons que cela bouscule vos normes de productivité dans la gestion de l'espace et du temps. Mais rappelez-vous que nous sommes dans un contexte idéal où la naissance est considérée par les Êtres humains comme un moment, non seulement de célébration de la vie, mais comme un événement prioritaire pour la communauté humaine.

Comme si c'était le moment le plus important de toute une vie pour un Être humain ?

Bien sûr, car l'accueil de cet Être va l'influencer dans toute son évolution et dans sa sensation de faire partie de la communauté, plutôt que celle d'avoir à se « suradapter » pour respecter des normes qu'on lui impose. Donc, il va s'imprégner dans la communauté, plutôt que d'y entrer par une forme d'obligation, même inconsciente. C'est ainsi que, selon son état physique, émotionnel et mental, la mère choisira le moment de se présenter à l'Hôtel de la Naissance.

Après la naissance, elle va aussi choisir le moment pour retrouver sa demeure, lorsqu'elle s'en sent physiquement et émotionnellement prête.

Lorsque nous utilisons ces termes, nous savons que certains Êtres pourraient s'objecter, en particulier ceux qui sont dans une vision d'efficacité. Nous comprenons que dans votre contexte actuel de vie, certains craignent l'abus. Ils anticipent la venue de certaines femmes des mois à l'avance et leur départ reporté longuement afin de profiter des grâces de l'Hôtel de la Naissance.

Vous lisez dans mes pensées. C'est exactement ce que j'allais dire!

Cela est naturel que vous ayez ces pensées, puisque vous imaginez l'Hôtel de la Naissance dans votre contexte actuel. Il faut que vous le voyiez inscrit dans tout un ensemble de structures sociales et communautaires complètement différentes, humaines et équitables, et qui font en sorte que la femme ne se rend pas à l'Hôtel de la Naissance par caprice, puisque dans un monde idéal, l'ensemble de la vie est équilibré. Ainsi, dans sa propre demeure, dans les autres lieux et au cœur de vos sociétés, il y aurait aussi les aspects humanistes et les adaptations équivalentes qui respectent l'Être humain. Si nous isolons la naissance et que nous inscrivons cette naissance idéale dans des structures qui ne sont pas transformées, bien sûr que cela serait difficile à intégrer. Et rappelez-vous aussi que vos considérations économiques, ou autres, n'ont pas réussi à rendre les Êtres humains heureux et en santé!

Je comprends. Et j'imagine que toute la préparation de la femme, de l'homme et de la marraine permet aussi à la femme de mieux ressentir à quel moment il est juste de se présenter à l'Hôtel de la Naissance?

Vous avez raison. Tous sont préparés, et la femme, qui peut souvent vivre des douleurs et des confusions, est accompagnée par la marraine et par son conjoint. Ses compagnons sont aussi des interlocuteurs pour l'aider à clarifier ses sensations.

Quel serait le rôle des membres de la famille plus élargie, comme les grands frères, les grandes sœurs, les grands-parents, les tantes et les oncles de l'enfant ?

Nous invitons tous les membres de la famille et les amis à être dans le même état et la même conscience que tous ceux qui participent directement à la naissance, et cela depuis le tout début de la période de grossesse. Si cela est possible, après la naissance, l'idéal serait qu'ils soient présents dans les jardins de l'Hôtel de la Naissance pour simplement célébrer ensemble, en étant vibratoirement unis à l'enfant, à la mère, à la marraine et au père, en apportant leur amour.

Nous disons « être dans la même conscience », parce qu'il est important de ne pas précipiter la rencontre physique de la famille et des amis avec l'enfant nouveau-né. Prendre l'enfant dans leurs bras et se trouve à proximité de la mère n'est pas une priorité dans les premières heures, lorsque la mère est accompagnée comme nous l'avons dit. Il faut que ce contact se produise d'abord vibratoirement. L'enfant vit en même temps une rencontre, des retrouvailles et une adaptation à la mère, au père et à la marraine. Il est déjà magnifique que pendant ce moment, il puisse capter la présence vibratoire joyeuse de la famille en célébration. Il arrive quelquefois que les membres de la famille et les amis, tout dépendant de leur état, ne soient pas les présences les plus favorables à l'enfant, qui doit s'adapter si rapidement à tous les stimuli de sa nouvelle vie.

Dès que la mère se sent disponible pour se retrouver en présence d'autres Êtres que son enfant, les grands-parents ou les personnes les plus près d'elle sont invités à venir rencontrer l'enfant pour un court moment de tendresse.

Ils éviteront bien sûr les discussions sociales ou les interrogations qui ne sont pas relatives à l'accueil, du type : « Est-ce que ce fut douloureux ? » Au contraire, ils sont vraiment, là, dans un état de joie pour saluer la mère et l'enfant de leur cœur. De même, les frères et sœurs de l'enfant se présentent pour saluer le bébé. Ils ont été préparés en ce sens. C'est tout simplement une présence communiante. Ainsi, progressivement, d'autres Êtres pourront prendre l'enfant dans leurs bras. Au départ, ce sera la mère, le père ou la marraine, puis, selon la proximité vibratoire, les grands-parents, les frères et sœurs.

Lorsque nous disons « proximité vibratoire », cela signifie que si des personnes sont absorbées par les tracas du quotidien, si elles ne sont pas entrées vibratoirement dans l'atmosphère de la naissance et du vécu de la mère, il est inutile qu'elles prennent l'enfant dans leurs bras. L'enfant n'est pas un jouet. Prendre l'enfant pour qu'il sente tout l'amour, mais non pas toutes les peurs, toutes les appréhensions, toutes les anxiétés de l'Être ou de l'extérieur. Quant à ce dernier éclairage, nous voilà dans une position plus ferme, n'est-ce pas ?

Oui, mais je comprends pourquoi vous l'êtes, dans la perspective de ne pas transmettre ces vibrations plus lourdes à l'enfant.

Nous sommes entrés dans le sujet très vaste de la naissance en transmettant que les conditions actuelles peuvent s'expliquer. Les hôpitaux, actuellement, sont créés dans un monde d'hommes. Les structures sont logiques, en apparence ou théoriquement efficaces. Mais les difficultés de fonctionnement sont nombreuses, parce que ces structures ne se sont pas adaptées à l'Être humain en évolution. Elles ont au contraire collaboré à ce qu'il soit dépendant d'elles, et même sous leur joug ! La relation entre les différents départements n'existe qu'en théorie, car elle n'a pas été créée par la dimension féminine de l'Être. Dans vos hôpitaux, et ce, partout dans ce monde, on envoie un Être dans une salle parce qu'il a mal au genou, par exemple, puis dans une autre parce qu'il a mal à la tête. Il n'y a pas de relation entre les deux. Cela est très masculin.

C'est compartimenté. Très masculin, en effet!

Tout est organisé logiquement, mais les Êtres ne se sentent pas accueillis et entendus dans leurs particularités et dans leur histoire. Et ils ont raison, puisque, par exemple, la douleur au genou peut être la source de la douleur à la tête. À cause du mal de genou, un Être compensera possiblement au niveau des hanches en se tenant sur l'autre jambe. En compensant, il créera une déviation de la colonne vertébrale qui se répercutera dans la nuque. Comme l'énergie circule moins bien, il aura mal à la tête!

L'un donne, ici, des médicaments pour le genou, l'autre pour la tête. Or, la difficulté au genou vient du fait que l'Être est trop sédentaire. Alors, ce ne sont pas de médicaments dont il a besoin, ce sont de promenades et de certains massages. En faisant cela, le mal de tête disparaîtra! La première « décompartimentation » proposée est donc celle de la création de l'Hôtel de la Naissance.

Cette transformation vous concerne tous, même ceux et celles d'entre vous qui n'êtes pas en relation directe avec des femmes enceintes. Elle vous concerne en ce sens qu'elle amorce une nouvelle conscience sociale, elle proclame l'importance de l'Être humain, elle favorise la santé à tout âge et elle invite tous les Êtres humains à accueillir la vie. En contribuant à la transformation de cette réalité, vous contribuerez aussi à transformer la vôtre.

Chapitre 3

La petite enfance
(0-7 ans)

La période de la petite enfance correspond aux sept premières
années de la vie sur Terre et influence profondément l'Être
humain dans sa relation avec lui-même et avec les autres.
Après sa naissance, l'enfant continuera sa croissance à un
rythme élevé. Durant ses premiers mois, ses programmations
se compléteront, c'est-à-dire que les influences de son environnement qui conditionnent sa vie seront déjà inscrites
en lui presque en totalité quelques mois après sa naissance. Il
transformera progressivement sa relation symbiotique avec sa
mère pour retrouver et ressentir son individualité. Cette
individualité sera favorisée par la reconnaissance maternelle
de ses dons naturels et de ses talents. Dans ce premier cycle
de sept ans, les corps subtils* de l'enfant se forment autour de
son corps physique en croissance. Tous ses sens physiques et
subtils seront sollicités. Il les découvrira et les utilisera de
mieux en mieux, d'ailleurs, s'il est guidé et inspiré en ce sens,
plutôt que d'être encadré pour répondre à la « normalité ».

L'Être humain est beaucoup plus sensitif et perceptif dans
l'enfance qu'il ne peut le constater à l'âge adulte. À la puberté,
vers l'âge de 14 ans, ses capacités de réception vibratoire,
quoique déjà limitées ou voilées par les inscriptions
mémorielles et génétiques, sont encore assez importantes. Ce
sont les influences de l'environnement, particulièrement dans

les premières années de la vie terrestre, qui voileront ou fermeront certains canaux de réception.

Lorsque l'enfant se présente sur cette Terre, après avoir créé une complicité si importante avec la mère durant toute la période de gestation, il a de grandes capacités de réception et d'émission vibratoires. D'autant plus qu'à la naissance, de par cette complicité avec la mère, il s'est aussi ouvert à une complicité avec les autres Êtres humains.

Durant cette même période, il a déjà pu avoir fait siennes les appréhensions et les résistances de sa mère, puisque celle-ci lui aura transmis ses peurs et insécurités de même que ses propres sensations en relation avec l'environnement pendant la grossesse. Malgré toute cette influence, durant les premières années de sa vie, l'enfant est ouvert à son environnement et à tout ce que celui-ci peut lui offrir. C'est aussi en raison de cette ouverture qu'il sera si facilement, et de façon importante, influencé par son environnement.

Qu'entendez-vous par « influence de son environnement » ?

Nous entendons celle de la famille, de l'école, de la religion, de la société ainsi que des structures économiques et politiques.

Nous vous avons transmis comment et jusqu'à quel point l'Être humain tentait de se conformer à son environnement. Or, ce même environnement exige aussi, d'une façon subtile ou plus directe, qu'il se conforme aux normes sur le plan de sa réceptivité. Donnons un exemple, pour que vous saisissiez bien notre propos : l'enfant nouveau-né voit avec ses yeux non seulement les corps, les objets, leurs formes et leurs couleurs, mais aussi des mouvements vibratoires ou des ondes qui les entourent et qui émanent d'eux... Ces énergies sont quelque chose de naturel pour lui, puisqu'il les a ressenties pendant toute la période de gestation et qu'il les voit maintenant. Il constate simplement qu'il y a des mouvements, des formes lumineuses autour de sa mère, comme autour de tout Être humain, et même autour de certains objets desquels émane une forte intensité de vie.

Voulez-vous dire que les enfants voient les auras ?

Les auras sont des émanations de lumière qui représentent un champ d'énergie, dont les couleurs expriment les états de l'Être. Les enfants voient non seulement les auras, mais aussi les mouvements vibratoires, ou des ondes. Ils voient les corps de lumière qui sont indépendants des auras et qui entourent votre corps physique, vos doigts, vos mains, par exemple. Bien sûr, l'acuité visuelle varie d'un enfant à l'autre, tout comme votre propre acuité visuelle diffère de celle de votre partenaire, par exemple.

Lorsque ses yeux s'ouvrent sur la réalité extérieure, l'enfant nouveau-né capte les lumières et les formes. S'il n'est pas encore tout à fait capable de focaliser, il a tout de même la capacité de voir les mouvements. À mesure qu'il va croître, il pourra plus facilement focaliser et voir nettement les auras, comme il peut voir les ondes émaner des Êtres.

Toutefois, lors de sa croissance, il sera en relation avec sa famille et des individus dont les facultés visuelles se seront réduites avec les années. Ses facultés à lui se réduiront aussi, parce que ce qu'il capte n'aura pas été renforcé par son entourage. Bien au contraire, même.

Pour lui, par exemple, voir des mains ou des doigts de lumière est une réalité qu'il n'a pas à nommer, puisqu'elle est naturelle. Mais le renforcement – qualifions-le de « négatif » –, avant même d'être verbal, est créé par la non-attention que les Êtres portent à ce que l'enfant voit. L'enfant se rend compte que son entourage fait fi de ce qu'il voit, lui. Peu à peu, il va en faire fi lui aussi. Il va réaliser, dans la guidance qu'il reçoit, que ceux qui l'entourent ne tiennent compte que d'une partie seulement de ce qu'il voit. Alors, peu à peu, il va lui-même se concentrer sur cette partie qui semble être la réalité des Êtres qui l'entourent. Il va donc refermer son champ visuel !

Oui, mais c'est quand même un processus parfaitement inconscient de la part des parents, puisque les parents ne voient pas ce que l'enfant voit ?

Certainement. Il ne s'agit pas de juger les parents, mais de constater un phénomène qui se produit pendant l'enfance et qui modifie l'ensemble des relations qu'entretient l'enfant avec la vie qui l'entoure.

L'enfant peut, par exemple, spontanément énoncer vers l'âge de 3 ou 4 ans qu'il voit « une dame arborant un magnifique manteau de lumière rouge et des Êtres qui l'entourent ». Ses parents ou d'autres adultes pourraient lui dire qu'il a l'imagination très fertile, mais qu'il vaut mieux ne pas dire ces choses devant d'autres gens, ou qu'il faut cesser cela !

Je voulais justement vous poser une question à ce sujet. Tous les médiums que j'ai interviewés, qui étaient déjà très perceptifs dans leur jeunesse, voyaient des Êtres de lumière, des personnes décédées ou des guides. Systématiquement, ils se faisaient dire par leurs parents que c'étaient des amis imaginaires, qu'ils étaient un peu trop « créatifs ». Mais à la lumière de vos propos, la question est plutôt « Est-ce que tous les enfants viennent au monde médiums ? »

Oui, tous les enfants sont des médiums... comme leurs parents d'ailleurs ! Tous les Êtres humains ont une multitude de facultés, nuancées d'un individu à l'autre. C'est ainsi que certaines facultés sont plus vives chez certains enfants que chez d'autres et, certes, l'influence de l'environnement sur ces facultés varie d'un enfant à l'autre.

De façon générale, tous les enfants sont capables de percevoir la réalité subtile, quoique ces facultés se développent différemment. Chez certains d'entre eux, les facultés sont très développées dès la naissance, en raison d'une histoire antérieure à leur naissance. Elles peuvent être associées aussi à leur essence et à leur mandat de vie. Tout comme vous, chère Âme, avez des dons tout à fait naturels, qui n'ont apparemment aucun rapport avec les influences de vos parents, quant à vos capacités d'animation ou de communication, par exemple. Certains enfants apprennent à parler rapidement. Dès leur jeune âge, ils sont très loquaces, très articulés, alors que d'autres sont plus timides et développent plus lentement cette faculté.

Alors, tout comme certaines facultés dites « normales » dans votre société existent à divers degrés, les facultés dites « paranormales » – que nous disons être par ailleurs tout à fait naturelles – existent chez tous les enfants. Ainsi, certains enfants ont des facultés naturelles beaucoup plus fines, beaucoup plus pointues que d'autres. Certains enfants verront des Êtres de lumière ou des Êtres invisibles. D'autres les entendront intérieurement ou sentiront leur présence. Beaucoup d'enfants entrent en relation avec ces présences soit en leur parlant extérieurement ou intérieurement, soit par une mimique ou une gestuelle.

Que voulez-vous dire par « des Êtres invisibles » ? Des Êtres désincarnés ou des Êtres décédés ?

Il y a les Esprits des Êtres qui ont quitté ce monde qui se présentent quelquefois vibratoirement. Ces Esprits sont souvent des Êtres chers à votre famille ou qui ont vécu dans les lieux où vous habitez. Ou... ce peut être des Guides de lumière.

Il y a aussi de petits Êtres vivant sur la Terre, dans votre dimension, mais qui ne sont pas visibles, du moins pour la majorité des Êtres humains. Toutefois, certains enfants les verront, tout comme ils voient des mouvements. Certains animaux voient aussi ces mouvements, ajouterons-nous.

Observez votre chat. Vous voyez bien que son acuité visuelle est très fine. Il voit dans la noirceur et, par moments, vous voyez son regard suivre quelque chose alors qu'il n'y a rien, insecte ou autre, dans son champ de vision. Il capte simplement une forme lumineuse qui circule. Ce peut être une présence, un Esprit. Les animaux sont très sensibles aux présences subtiles: ils tendent l'oreille, cherchent du regard, deviennent plus excités. La très grande majorité des jeunes enfants captent aussi ces présences subtiles.

Or, leur environnement a une influence primordiale. (Nous faisons ici une parenthèse pour vous dire que nous appelons leur famille « leur environnement » et que si nous utilisons le terme « environnement » plutôt que « la mère et le père », c'est pour qu'il n'y ait pas de projection de culpabilité sur la mère et le père, qui se sont eux aussi intégrés à cette société et qui s'y sont normalisés.) Alors, l'environnement familial et social, bref les Êtres humains en général, par leur influence, vont amener l'enfant à prêter de moins en moins attention à ce qu'il capte grâce à ses facultés, à sa sensibilité, pour se concentrer davantage sur ce que tous les autres autour de lui semblent l'autoriser à percevoir. Ainsi, l'enfant apprendra à délaisser sa relation avec le monde invisible ou subtil, et plusieurs de ses sens se refermeront. Ses facultés naturelles – que la société nomme « paranormales » – diminueront, car il les utilisera de moins en moins. En raison des influences extérieures, il les mettra aussi en doute.

Quand vous parlez « d'Êtres invisibles », c'est quand même mystérieux pour le lecteur. De quoi parle-t-on au juste ?

Comme nous l'avons mentionné, au début tous les enfants voient des formes lumineuses autour des Êtres humains. Ces formes lumineuses peuvent tout aussi bien représenter les émanations énergétiques des Êtres dans leur environnement que celles d'Esprits non incarnés. Chaque Être humain crée autour de lui un champ d'énergie, appelé aussi son aura. Sa structure énergétique comporte par ailleurs plusieurs corps invisibles autour du corps physique.

Alors, presque tous les enfants verront les mains de lumière, les doigts de lumière et le corps de lumière des Êtres qui les entourent. Certains enfants verront aussi des couleurs autour des Êtres humains, comme nous vous l'avons mentionné. D'autres enfants verront des formes lumineuses que peuvent créer des Esprits, ou encore ils ressentiront leur présence. D'autres verront ce que vous nommez des « lutins », soit des petits Êtres invisibles. Vous constaterez que les enfants très jeunes parlent seuls dans leur chambre, et vous croirez qu'ils ont créé un monde et des personnages imaginaires. Si, pour vous, « monde imaginaire » signifie « autre réalité », alors vous avez raison ! Leur perception ne se limite pas à une seule réalité concrète, d'une part, et d'autre part, leur réalité concrète est déjà beaucoup plus vaste que la réalité concrète des adultes qui, eux, l'ont involontairement réduite. De plus, en bas âge, ils sont « disponibles » à d'autres réalités, c'est-à-dire qu'ils ont moins de résistances et de croyances. Comme nous l'avons dit, non seulement ils peuvent voir, mais ils peuvent entendre des sons, capter des parfums, sentir qu'on les touche, avoir la sensation, l'impression d'une présence. Enfin, tous les sens intérieurs et extérieurs sont animés, vivants, jusqu'à ce qu'ils se referment progressivement. Cette réceptivité subtile que plusieurs adultes aujourd'hui cherchent tant à développer était réelle pour les jeunes enfants qu'ils étaient.

Il est important de vous conscientiser à ce qui est en jeu durant cette période sur le plan de la communication avec le monde et ses multiples réalités. Tant d'Êtres humains se sentent confinés ou emprisonnés dans leur vie. Ils ont souvent l'impression d'être victimes d'un monde limité et de perspectives réduites. Cela génère à la fois des impressions de limitations à leur déploiement et des frustrations. Ils ont aussi souvent la croyance qu'ils sont seuls au monde, que le ciel ou que l'univers n'est pas avec eux. Ces sensations et ces impressions sont non seulement le fruit de leurs blessures antérieures, mais aussi de leur fermeture au monde invisible.

Maintenant, il est important que tous les adultes rouvrent leurs canaux de réceptivité pour redécouvrir leur univers, son immensité et les multiples opportunités qui s'offrent à eux.

Il est important aussi qu'ils accompagnent tous les enfants à reconnaître les autres réalités qu'ils côtoient.

Vous nous suivez bien?

Très bien. Maintenant, s'ils continuent à se faire dire que ce sont des amis imaginaires, vers quel âge les enfants vont-ils commencer à se fermer à ces autres réalités?

De façon générale, il y aura une fermeture plus significative entre 3 et 5 ans. Il peut aussi arriver que certaines situations créent vraiment une peur importante, un choc, faisant en sorte que l'enfant fermera son canal de réceptivité subitement. Cette fermeture sera parfois provoquée par l'ampleur des présences et de leurs mouvements, ce qui génère des images intérieures effrayantes. Ce choc peut aussi être créé par la véhémence des parents ou d'un autre adulte dans l'environnement. Exaspérés, par exemple, par l'insistance de l'enfant, ils pourraient affirmer avec force que tout cela est le fruit de son imagination et exiger de façon presque violente que cela cesse. Dans de tels cas, l'enfant pourrait vraiment fermer le canal pour acquiescer à la demande – ou à l'ordre, même! – qu'il a reçue, par peur des conséquences, dont celle de ne plus être aimé. Rappelez-vous : le besoin d'être aimé, le besoin d'être reconnu, est plus fort que tout et fera en sorte que l'enfant acceptera de se conformer.

Certains enfants vont se refermer rapidement, d'autres moins. Certains ne se refermeront jamais. De façon générale, à partir de l'instant où l'enfant est plus articulé verbalement et qu'il peut commencer à exprimer ses sensations, il va aussi recevoir une réplique des adultes qui l'invitera plus ou moins intensément à occulter ce qui est pour lui sa réalité, à en faire fi.

Les enfants de cet âge (3 ou 4 ans) parlent quelquefois de leurs amis ou de situations que vous savez ne pas exister dans leur vie. À d'autres moments, ils leur parlent, même, à voix basse. Par exemple, un enfant pourrait vous parler de son copain à la peau noire qui a choisi de ne pas l'accompagner ou de son chien qui s'est enfui avant son départ. Bien attentifs à de telles paroles, vous pourriez constater qu'il s'agit d'événements ou d'indications concernant des vies antérieures.

De leurs vies antérieures à eux ?

Voilà. Mais ils ne tiennent pas ce langage, évidemment. Ils ne disent pas « dans cette vie-ci » ou « dans mes vies antérieures », car pour eux, c'est un continuum. Leur ami à la peau noire n'est simplement pas venu, il ne l'a pas suivi. Par moments, ce sont leurs intérêts qui vous donnent une indication de souvenirs de vies antérieures. L'enfant de 3 ans qui, par exemple, a un intérêt plus marqué que d'autres enfants de son âge pour certains objets, qu'il voit quelquefois chez les marchands, vous dira peut-être : « Tiens, j'avais moi aussi une chaise comme celle-là. » Et vous vous rendez compte qu'il s'agit d'une chaise fort ancienne qui vient d'un autre pays.

Les enfants transmettent des indices de ce qu'ils captent intérieurement de leurs vies antérieures. C'est pourquoi nous disons que lorsque l'enfant s'exprime avec plus de fluidité, vers les âges de 3 et 4 ans particulièrement, il relate non seulement des éléments de ce qu'il capte du subtil, mais aussi de ce qui appartient au passé.

Justement, le fils d'une amie a dit à sa mère, quand il a été capable de parler : « Maman, tu te souviens, quand je suis venu près de toi avant ma naissance pour te dire que j'allais m'appeler Emeric ? » Il le raconte encore aujourd'hui d'ailleurs, à 8 ans. Selon vos propos, ce serait donc possible ?

Bien sûr ! Vous savez, l'enfant est avant tout un duo Âme-Esprit. C'est un Être énergétique, un Être de lumière qui projette sa vibration sur la Terre. Lorsque le fœtus vit la conscientisation (que nous expliquerons au dernier chapitre), lorsqu'il prépare l'entrée dans la matière, souvent, il transmettra son nom à sa mère par sa vibration. Ce nom sera une sonorité céleste adaptée à l'environnement terrestre. Tous les duos Âme-Esprit se manifesteront ainsi à la mère avant même la conception.

Nous pourrions nous entretenir pendant des heures, des jours et même des vies sur tous ces exemples où des duos Âme-Esprit se présentent à la mère et au père avant la conception, durant la conception, après la conception, bref à différents moments. Ils transmettent ainsi un message quant à ce qu'ils veulent venir faire sur cette Terre, pourquoi ils ont choisi leurs parents actuels, leur nom, ou même expliquer leur expérience passée, par exemple. Mais ce que vous pouvez reconnaître de tout cela, c'est que des Êtres humains sont aussi en relation avec des Êtres qui ne sont pas encore incarnés et que les enfants en portent souvent des mémoires très vivantes. Lorsqu'ils transmettent leur expérience à leur mère, comme l'exemple que vous relatez, la mère peut alors se rappeler clairement l'avoir entendu.

Elle a cru que c'était une inspiration, une intuition, une sensation. Mais lorsque l'enfant relate ce fait, elle comprend qu'elle avait réellement entendu une voix intérieure.

C'est très intéressant. On pourra y revenir plus en profondeur à la fin de ce livre, dans le chapitre sur la gestation. Maintenant, cette période de 0-7 ans est cruciale pour tous les enfants. Quel est d'abord le rôle de la mère pendant les sept premières années de ce grand cycle de vie ?

Le rôle de la mère est d'abord d'accueillir l'enfant, dans le sens pur du terme « accueillir ». Créer pour l'enfant un nid, une demeure dans laquelle il sent à la fois qu'il a de l'espace pour croître, et aussi qu'il est dans une sécurité amoureuse et affective, un espace où il peut être reconnu. L'accueil signifie aussi la reconnaissance de ce qu'il est, soit la reconnaissance d'un Être qui porte déjà en lui tout un bagage, tout un ensemble de dons, de qualités et de talents.

Lorsque nous utilisons ces termes, il faut bien comprendre que nous ne parlons pas d'habiletés à démontrer. Quand nous disons « qualités », nous parlons de la propension à aimer une activité en particulier, une expression de lui-même. Par exemple, lorsque nous vous disons qu'un Être a un talent pour la musique, cela ne signifie pas que son expression musicale sera performante selon les critères des hommes. Bien que cela puisse aussi être le cas, le terme « talent » signifie ici qu'il a plutôt une propension à reconnaître la musique, à aimer la musique, à comprendre la musique et peut-être à jouer de la musique. Cela ne signifie pas qu'il sera un prodige. Cela ne signifie pas qu'il n'aura pas à apprendre comme les autres. Cela ne signifie pas non plus qu'il sera plus performant qu'un autre. Cela signifie qu'il a une propension à vibrer avec la musique et à s'en réjouir, à aimer la musique, à aimer la créer et l'entendre.

Pour un autre, ce sera un autre thème. Il peut s'agir des cultures, des plantes, des matériaux, des constructions. Une qualité ou un talent est en soi la propension d'un Être à vibrer en relation avec ce thème qu'il porte.

Alors, quel est le rôle de la mère, quand elle s'en rend compte ou qu'elle le découvre avec l'enfant?

D'abord, la mère est amenée à reconnaître que l'enfant a nécessairement des qualités, et que ces qualités pourraient être différentes des habiletés qu'il développera pour répondre à la « demande ». En reconnaissant cela avec amour, la mère permet à l'enfant de croître et d'oser progressivement se séparer d'elle, car cette reconnaissance permet de nourrir son individualité. Tant que la mère ne permet pas cette reconnaissance, l'enfant a de la difficulté à se séparer d'elle.

Lorsqu'elle reconnaît les qualités de son enfant, elle le stimule à se reconnaître lui-même comme un individu à part entière. Il peut se sentir uni avec tous les autres enfants et tous les autres Êtres humains: il se sent exister sans avoir à prouver sa valeur ou à s'écarter de lui-même pour être aimé. Il ressentira aussi qu'il contribuera à l'ensemble en étant lui-même.

C'est-à-dire à travers ses qualités, ses talents et ses dons individuels?

Ses qualités individuelles sont sa façon d'apporter sa contribution au Tout (ou à l'ensemble), alors même qu'il fait déjà partie de ce Tout. Comme si nous vous disions : « Nous allons faire une peinture collective, et vous apportez le rouge. »

Si je comprends bien votre exemple, c'est mon essence individuelle qui serait rouge ?

Voilà. Vous savez que le rouge existe déjà dans le collectif, mais vous apportez une teinte particulière de rouge qui vous représente, qui est votre création à vous. Non pas pour comparer votre couleur avec celle des autres et vous en différencier ; au contraire, simplement parce que vous voulez vous unir aux autres couleurs et à l'œuvre tout entière.

C'est la même chose pour l'enfant. La mère lui permet de sentir qu'il a une individualité propre, tout en étant uni avec le Tout. Cela permet à l'enfant de mieux se dégager de l'individualité de la mère, tout en étant uni au niveau amoureux, au niveau vibratoire.

Voilà encore un enjeu majeur. Lorsqu'un Être est reconnu pour ce qu'il est, cela favorise son évolution équilibrée et harmonieuse. Tant d'Êtres humains souffrent aujourd'hui parce qu'ils n'ont pas été guidés à se reconnaître. Ils doutent d'eux-mêmes, ils ne se sentent pas à la hauteur, ils ne savent pas quels sont leurs véritables talents ou même ce qui, en eux, les réjouit. Une quantité incroyable de personnes ont des activités ou un travail qui font appel à des habiletés apprises plutôt qu'à ce qu'ils aiment profondément. Et cela, parce que dès l'enfance ils n'ont pas été amenés à se reconnaître. Ils sont même inconsciemment encore en attente de la reconnaissance de leur mère.

Mais comment peut-on guider et accompagner nos enfants à stimuler et à développer ces dons et ces talents sans entrer dans la notion de performance ?

Ce qui est important, c'est que la mère puisse créer un environnement stimulant où l'enfant est en relation progressive avec le plus grand nombre possible d'éléments de son environnement familial. Il faut beaucoup d'écoute et beaucoup de créativité de la part de la mère pour amener l'enfant à d'abord développer ses sens sans pour autant l'entraîner vers la performance.

Pourquoi, par exemple, un enfant devrait-il savoir parfaitement compter à l'âge de 2 ans?

Aucune raison, sinon pour impressionner l'entourage, je présume!

La mère peut très bien mettre son enfant en relation avec les chiffres. Elle peut le mettre en relation avec les lettres aussi. Elle peut le mettre en relation avec le pain, avec les semences... Elle met l'enfant en relation avec un très grand nombre d'éléments qui font partie de l'univers familial, mais elle ne doit pas précipiter l'enfant ni l'évaluer selon le résultat de sa création précoce.

Votre question est fascinante parce que la mère, avec toutes les intentions amoureuses qu'elle peut porter, veut souvent découvrir les talents réels de son enfant pour pouvoir stimuler ceux-ci rapidement. Cependant, derrière ces bonnes intentions, il y a tout un conditionnement de votre société pour la performance.

Pourquoi ne pas le guider simplement à rencontrer les aspects de la vie? Même si vous savez qu'il a une propension à vibrer davantage avec la musique, ou même si vous imaginez qu'il a une propension vers autre chose, laissez-le découvrir son environnement! De façon stimulée, toutefois, pas de façon latente.

S'il est vrai que l'enfant qui naît a une existence propre, il n'a toutefois pas encore l'expérience de cet environnement terrestre. Alors, il faut l'y guider et le stimuler. C'est une stimulation à la découverte d'un monde, qui se fait dans un premier temps dans l'environnement familial.

Est-ce que vous voulez dire qu'il serait préférable que les mères restent à la maison plutôt que d'envoyer leurs enfants à la garderie, par exemple?

Durant la petite enfance, il est souhaitable que le milieu de vie de l'enfant soit maternant, c'est-à-dire que son milieu favorise la découverte de lui-même d'abord, et ensuite une découverte d'autres enfants dans un contexte social qui s'ouvre progressivement.

L'environnement familial signifie aussi un contact avec les amis, les voisins, la collectivité fréquentée par la famille. Mais l'enfant a besoin de sentir la présence maternelle qui le guide, le stimule dans ses découvertes. Il développe ainsi des habiletés qui sont naturelles à tous les enfants. Il ne s'agit pas de développer simplement ses talents individuels, mais aussi sa capacité de manipuler un objet, d'articuler quelque chose, d'entendre, de courir, de marcher. Donc, la mère va stimuler l'enfant dans sa croissance, dans l'utilisation de ses membres, dans l'utilisation des facultés naturelles d'un Être humain.

Toujours dans un monde idéal, pendant combien de temps la mère devrait-elle servir de guide à l'enfant, à temps plein j'entends, pendant cette période de 0-7 ans ? Parce qu'on sait que dans nos sociétés, on a tendance à envoyer les enfants à la garderie à partir de l'âge de 1 an pour permettre aux mères de retourner au travail.

Dans un monde idéal où l'accompagnement des enfants par la mère est reconnu comme important, essentiel pour l'équilibre, l'harmonie et la santé de la société, la mère, ou l'ensemble des mères d'une cellule communautaire, accompagne l'enfant pendant environ sept années. Durant ces sept années, la rencontre des autres enfants est essentielle, toujours dans un environnement qui stimule sa découverte de lui-même et de l'autre sans concurrence et sans recherche de résultat, et encore moins de performance.

Ce n'est pas tout à fait ce qui se passe présentement !

Malgré les apparences, l'écart entre votre réalité et celle répondant aux besoins réels des enfants pour former un monde heureux et en santé physique et psychique ne doit pas être surévalué. Il est essentiel que les mères restent aussi les femmes créatrices qu'elles étaient avant l'accouchement. De même, il est tout aussi essentiel que les mères qui accompagnent les enfants soient reconnues à part entière comme des collaboratrices dans la société. Leur apport, en étant guides d'enfants, doit être reconnu comme étant au centre de la création de la société de demain. Leurs enfants seront les adultes équilibrés qui permettront un monde de paix et de joie. Le rôle de guide qu'ont les mères est certainement de première importance. Il doit être reconnu comme un rôle de création réel qu'elle a choisi. S'il n'est pas reconnu, la femme sentira qu'elle doit nécessairement jouer d'autres rôles pour exister aux yeux des autres. Cela produit de la tension chez les mères, et toujours du surmenage.

Par ailleurs, les femmes peuvent aussi, parallèlement, souhaiter développer ou exprimer leurs talents, leurs qualités. Elles ont besoin de temps et d'espace pour s'y déployer. Elles peuvent alors créer une collectivité dans laquelle leurs enfants côtoient d'autres mamans. Les enfants retrouvent leur mère (biologique) à différents moments du jour, mais elle n'est pas nécessairement toujours à leurs côtés. Il y a un collectif de mamans qui existe pour guider ces enfants, les stimuler à utiliser toutes leurs facultés.

C'est donc dire que le système actuel de garderie, par exemple, qu'elle soit familiale ou plus institutionnalisée, n'est pas tout à fait idéal. C'est ça qu'il faut en comprendre?

Cela ne correspond pas vraiment aux besoins d'un Être humain en croissance pour demeurer en équilibre et en harmonie. Vous pouvez observer que les enfants avec différents types de carences, tels des dépendances affectives, des peurs, des insécurités ou tout un ensemble de blessures qui existaient peut-être même avant leur incarnation, voient aussi leurs inscriptions mémorielles ravivées par l'environnement dans lequel ils sont séparés de la maman.

Mais vous avez également compris l'importance de ne pas limiter la femme à un rôle de maman aux côtés de son enfant pendant sept années. La présence à l'enfant est d'abord une présence vibratoire. Si la présence physique est importante, c'est celle d'une maman épanouie dont il a besoin. Or, le collectif de mamans permet à la jeune mère, pendant quelques mois ou pendant quelques années, de contribuer à son environnement et de s'épanouir dans d'autres projets. Elle s'assurera en même temps que ses enfants demeurent dans un environnement maternel.

Est-ce que cela doit se faire avec des figures connues et stables pour l'enfant ?

Le collectif de mamans peut comprendre des figures connues de l'enfant ou qu'il découvre progressivement, qu'il apprivoise au début en compagnie de sa mère. Bien sûr, le collectif de mamans peut faire appel, lorsque nécessaire, à des intervenants qui savent stimuler un aspect ou un autre de l'enfant. Ces intervenants, comme ceux de l'Hôtel de la Naissance, ont choisi leur rôle auprès des mamans et des enfants parce qu'il les inspirait, et ils sont conscients des enjeux.

Comment présenter tout cela pour que le lecteur ou la lectrice n'ait pas l'impression de faire un grand pas en arrière, en ayant le sentiment de mettre une croix sur les droits que les femmes sont allées chercher pour se réaliser ?

Faisons-le par un exemple vivant !

Vous êtes une communicatrice. Vous êtes mue par une pulsion de vulgariser, d'animer et de communiquer. Telle est votre création, n'est-ce pas ?

Oui.

Imaginons que vous ameniez un enfant à la vie. Vos élans de communicatrice sont toujours présents, mais en même temps, vous reconnaissez que vous avez une forte pulsion pour stimuler votre enfant, n'est-ce pas ?

Ça a d'ailleurs été un déchirement pour moi de laisser mes enfants à la garderie les premières années.

Évidemment, comme presque toutes les mamans de vos sociétés sont déchirées lorsqu'elles ont à le faire.

Imaginez que vous puissiez vivre votre rôle de maman sans interruption et que, par moment, la femme en vous puisse se consacrer à une autre création (puisque stimuler et guider un enfant, c'est une création!), pendant que votre enfant se trouve dans un environnement propice, un environnement de mamans inspirées à prendre ce rôle. Elles seront auprès de votre enfant durant vos activités pendant peut-être un an, deux ans ou trois ans. Ce sont des mamans avec lesquelles vous avez développé une relation d'amitié. Elles-mêmes sont accompagnées d'intervenantes qui ont les qualités et les connaissances voulues pour favoriser la croissance des enfants. Elles vous communiquent ce que votre enfant, chaque jour, a pu redécouvrir, à quoi il s'est révélé.

Ce ne sont pas des régressions. Ce sont des réaménagements de ce que plusieurs ont déjà nommé des « Jardins d'enfants ».

Les « Jardins d'enfants » remplaceraient les garderies?

Vos garderies ont à modifier leurs structures. Qu'elles deviennent des garderies de mamans avec lesquelles vous êtes vraiment en relation. Que ce ne soit pas, ici, une relation professionnelle, que ce ne soit pas une personne à qui vous donnez un certain montant d'argent pour qu'elle garde votre enfant. Que ce soit plutôt un jardin d'enfants où il y a des mamans, et vous êtes en relation humaine plus intime avec ces mamans parce qu'elles guident votre enfant quand vous allez dans votre création extérieure.

Mais pour que certaines puissent aller dans des créations extérieures, il faut que d'autres acceptent d'être là à temps plein pendant plusieurs années. Est-ce que l'équilibre se créerait naturellement?

Bien sûr, puisqu'une proportion importante des mères apprécieraient d'avoir la possibilité d'y participer. Si on vous demandait, par exemple : « Durant ces sept années, auriez-vous envie de consacrer deux années pour vraiment accompagner votre enfant et les enfants d'autres femmes d'une même collectivité qui deviennent vos amies ? »

Oui. J'aurais aimé ce genre d'arrangement, dans un contexte idéal de retour progressif au travail.

Tout comme la majorité des femmes serait fort aise de le faire et se sentirait dans un mouvement beaucoup plus naturel. Votre difficulté est la peur de perdre des acquis. Des acquis qui vous déchirent, des acquis qui vous détruisent, n'est-ce pas ?

C'est un fait.

Une quantité incroyable de mamans qui « travaillent » à l'extérieur, comme vous le dites, tentent par la suite de jouer le rôle de mère en quelques minutes ou en quelques heures et elles se sentent déchirées. Elles ressentent une culpabilité et une fatigue extrêmement importantes. Elles ont parfois des impatiences, des colères, des attitudes très sévères auprès de leurs enfants, des comportements qui les hantent pendant des années par la suite. Quelques-unes auront même des accès de violence envers leur enfant parce qu'elles sont submergées. C'est ainsi qu'une femme pourra porter en elle durant des décennies un sentiment de culpabilité, né du jugement qu'elle porte sur elle-même de ne pas avoir été présente ou encore de la qualité de sa présence. Combien d'enfants sont devenus des adultes qui, pendant toute une vie, attendent la présence ou la reconnaissance d'une femme, ou les deux ? Combien d'adultes ont l'impression durant toute leur vie qu'ils sont un poids pour les autres ? Combien d'enfants devenus adultes subissent encore aujourd'hui l'influence des colères ou même des réactions violentes de leur mère ? Il ne faut pas juger les mères, mais plutôt modifier les structures pour qu'elles soient reconnues, et que des choix de vie leur soient offerts par la collectivité.

Comprenez bien les enjeux de cette période sur tous les Êtres de votre société. Peut-être les mères sentiront-elles que cela est plus naturel d'être dans un environnement qui leur permet de jouer un rôle de maman à temps plein pendant une année ou deux. Ensuite, durant toutes les autres années, elles auront toujours un rôle de maman tout en étant en communication beaucoup plus intime non seulement avec leur enfant, mais aussi avec les mamans qui s'occupent de leurs enfants.

Alors, si je résume, le Jardin d'enfants serait donc une communauté de mamans et d'enfants qui se regroupent par intérêt ou parce qu'ils habitent dans le même secteur, dans le même quartier?

De façon idéale, nous suggérerions à une maman d'être auprès de son enfant pendant les trois premières années de façon continue, puis, à la troisième année, de l'amener dans un Jardin d'enfants quelques heures par jour, jusqu'à ce qu'il ait 7 ans. À partir de cet âge, il sera prêt pour une forme d'apprentissage différent, davantage tourné vers l'extérieur.

Le rôle de maman n'est pas un rôle de surprotection affective, c'est un rôle d'accompagnement à la découverte. Par exemple, vous savez bien quand vous êtes mère que votre enfant va passer d'une chose à l'autre en quelques secondes. Il ne s'intéressera pas à un jeu pendant trois heures, n'est-ce pas?

Oh, non!

Vous l'amenez progressivement à y accorder quelques minutes, plutôt que de passer d'un jeu à l'autre en quelques secondes, et ce, simplement pour qu'il puisse être plus stimulé. Donc, dans un Jardin d'enfants réel, il y a tout cet accompagnement à l'éveil avec de multiples sujets, tout comme si l'enfant était à la maison avec la maman.

Ce que vous dites soulève aussi la question de l'école. Les enfants, en général, commencent l'école à 5 ans, ici, en Amérique du Nord, plus tôt encore en Europe et dans d'autres sociétés. Est-ce que tout cela est remis en cause également, dans cette société idéale ?

Effectivement, c'est ce que nous vous proposons en éclairant les enjeux réels de cette période, soit ses influences sur l'enfant, sur l'adulte qu'il deviendra et sur ses parents.

Êtes-vous profondément heureux dans votre vie ? Êtes-vous vraiment en santé physique, psychique et spirituelle dans votre société et les structures qu'elle vous offre ?

[rire] Pas toujours, non !

Lorsque vous portez une chaussure qui vous blesse le pied, allez-vous continuer à la porter ? Faut-il attendre d'être blessé jusqu'au sang pour choisir de changer de chaussures ? Si vos chaussures ne sont pas confortables, vous les changez, n'est-ce pas ?

Évidemment.

Eh bien, lorsque les structures de la société ne permettent pas aux Êtres d'être heureux, changez-les, chères Âmes ! Les structures sociales sont créées pour permettre aux Êtres de mettre en commun leurs connaissances, leurs inspirations et pour favoriser la joie de vivre. Elles sont créées par l'homme pour faciliter son évolution et assurer sa santé et son bonheur. Alors, lorsqu'elles ne permettent pas cela, il faut les changer. Tout simplement !

Bien entendu, ce ne sont pas que les structures éducationnelles qu'il faut transformer, mais toutes celles qui, en interrelations, doivent contribuer au bonheur collectif et individuel. Nous voici maintenant avec les Hôtels de la Naissance et les Jardins d'enfants.

Est-ce que cela nous ramène au même principe masculin-féminin, soit que les structures ont été bâties par des hommes, à la recherche de sécurité et de performance, mais qu'elles sont sèches, là aussi ?

Les structures éducationnelles sont très bien conçues, elles sont logiques, fonctionnelles, claires et simples. Toutefois, est-ce qu'elles permettent réellement une relation organique avec la vie et les enfants ? Bien sûr, intellectuellement, les Êtres sont très structurés. Mais pour les enfants du Nouveau Monde, ces structures sont remises en question par les jeunes eux-mêmes. Ils ne veulent plus suivre ces structures qui ne répondent pas à leur nature et à leurs élans de vie.

Le rôle de la mère est bien entendu de reconnaître son enfant comme un Être lumineux qui porte des connaissances universelles et qui est mû par une essence qui lui est propre, soit ses dons, ses qualités, ses talents. Elle sait que tout cela est en lui et elle stimulera son enfant à croître, à développer ses facultés naturelles, consciente que, pendant le parcours, elle reconnaîtra son essence. Plus elle reconnaîtra ses talents réels, plus elle pourra aussi les stimuler, jusqu'à ce que l'enfant cesse de s'identifier à la mère, pour exister par lui-même.

Pour que chacun puisse comprendre, peut-on définir le terme « essence » ?

Ce sont les dons, les qualités, les talents naturels, ce qui peut faire vibrer particulièrement l'Être. Chaque Être humain est de même nature universelle, mais chacun a aussi une essence qui lui est propre, qui est son individualité.

Son essence individuelle.

Voilà. Par analogie, nous pourrions dire sa teinte, sa couleur, son parfum. Vous nous suivez bien ?

Parfaitement. Parlons du père, maintenant, pendant la période de 0-7 ans. Est-ce qu'il a un rôle plus secondaire ou un rôle tout aussi actif ?

Durant les premières années, le rôle du père est d'accompagner le duo mère-enfant. Bien entendu, le père équilibré et amoureux de son enfant ose aussi exprimer la dimension maternelle, par son accueil et sa capacité à le reconnaître. Il apporte de son côté l'inspiration, soit la dimension céleste, et les assises concrètes, soit la dimension terrestre. Le père crée un environnement sécurisant et stimulant qui permet à l'enfant, guidé par sa mère, de développer ses facultés. Il crée un terrain physique ainsi qu'un terrain subtil, énergétique et spirituel propices à la croissance de l'enfant et des parents.

Est-ce que les pères pourraient avoir envie de participer à ces Jardins d'enfants?

D'abord, précisons que le rôle du père existe à la fois dans la femme et dans l'homme, tout comme le rôle de la mère existe à la fois dans l'homme et dans la femme. Le rôle peut même être perçu comme étant indépendant du sexe. Il y a des hommes qui ont vraiment une propension à être aussi une maman et qui jouent très bien ce rôle. Toutefois, il faut reconnaître que c'est de la maman que l'enfant devra se détacher progressivement.

C'est biologique, entre autres.

C'est biologique et énergétique. Ce n'est pas une question de définition des rôles. Ce n'est ni un choix intellectuel ni émotif! L'enfant a créé une symbiose avec sa mère. Il a pu ressentir déjà la présence amoureuse du père, protectrice, stimulante. Il va honorer son père. Il va l'aimer profondément, mais c'est tout de même avec la maman qu'il a connu la symbiose.

Est-ce que le rôle du père prend plus de place à mesure que l'enfant grandit?

Au-delà de sa présence affirmée, accompagnante, stimulante, encourageante, le rôle du père se définit de plus en plus à partir du moment où l'enfant a 8 ou 9 ans.

Nous y reviendrons, alors. Qu'en est-il des autres membres de la famille? Quel rôle jouent la lignée familiale, les grands-parents, les frères, les sœurs, dans un monde idéal?

Ils participent progressivement à la stimulation de l'enfant, qui les découvre peu à peu. Ils permettent peu à peu à l'enfant de se «désidentifier» de la mère, sans pourtant aller vers ce qui lui est totalement étranger. Tout en reconnaissant en eux les vibrations familiales, l'enfant en ressent les distinctions. Les membres de la famille et les amis de la famille, parce qu'ils sont différents de la mère, lui permettent de découvrir de nouvelles sensations. Ils permettent à l'enfant une appréciation différente des choses, sous de nouveaux angles, ce qui favorise le détachement d'avec la mère.

Dans les Jardins d'enfants, le contact avec les autres enfants et les frères et sœurs est-il important?

En ne précipitant pas l'enfant vers le Jardin d'enfants, celui-ci peut davantage développer sa relation avec ses frères et sœurs et aussi ses grands-parents. Il est très sain que les grands-parents soient près de l'enfant. Sans exagération, toutefois. Sans jouer son rôle, ils peuvent aider et accompagner la maman.

Pour structurer les Jardins d'enfants, il faut un environnement physique. Quel serait le lieu idéal qui permettrait le développement des enfants dans leur essence?

Il est important que les enfants puissent d'abord, et dès leur naissance, vivre dans un lieu physique reconnu comme l'endroit où ils dorment, où ils sont nourris, où ils sont particulièrement guidés. Une demeure, donc, qui soit harmonieuse, même si elle est très simple, très humble. L'harmonie des couleurs et des formes, ainsi que la propreté, sont importantes, car pour faciliter la « désidentification » d'avec la mère, il est important que les enfants aient des assises et des repères concrets. Dans la demeure même, la chambre des enfants respecte leur évolution par ses couleurs, ses formes et ses ambiances.

Il est aussi essentiel pour leur équilibre que les enfants puissent marcher, courir, gambader dans la nature. Au début, durant les premiers mois, c'est la maman qui porte l'enfant dans ses bras, sur sa poitrine, sur son dos, et qui marche dans la nature. L'enfant développe ainsi progressivement une relation avec la nature.

Puis, lorsqu'il commence à marcher, l'enfant peut, sans s'éloigner de sa mère, découvrir lui aussi la nature, à sa façon. Progressivement, le périmètre dans lequel il va jouer et découvrir la vie va s'élargir. Il est très important qu'il puisse aussi, vers l'âge de 5 ou 6 ans, s'éloigner de la maman pour s'aventurer dans la nature et y respirer un air nouveau.

De même, il est essentiel qu'il joue avec d'autres enfants. Présentement, dans vos sociétés actuelles, les enfants ne jouent plus à l'extérieur sans surveillance immédiate. Il est essentiel pour leur équilibre qu'ils découvrent de plus grands espaces pour se sentir exister, pour sentir la légèreté d'être, c'est-à-dire sans porter en eux la peur ou les appréhensions des parents. Réalisez jusqu'à quel point les sensations d'emprisonnement des adultes et leurs difficultés d'apprécier la nature et de la respecter sont nées du fait qu'ils n'ont jamais pu vivre une relation libre avec elle. Les Jardins d'enfants ont à privilégier les lieux où la nature est présente.

Nos sociétés sont surtout organisées autour de grandes villes. Comment repenser le concept urbain pour permettre un accès plus facile à la nature?

Tant pour les enfants que pour les adultes, les grandes cités auront avantage à revoir leur configuration. Par exemple, vous pourriez créer, dans une même ville, des collectivités de treize demeures érigées en cercle autour d'un immense jardin d'arbres, de plantes et de fleurs où les enfants peuvent jouer librement et en sécurité. Vous pourriez créer maintes configurations. L'important est que les collectivités retrouvent une taille humaine et que les enfants puissent marcher cent pas, plutôt que des kilomètres, pour accéder à un champ de fleurs ou à une forêt. Il s'agit donc de redéfinir les cités, de redéfinir les lieux de vie, pour que l'enfant ait un accès réel et simple à la nature. Il vous faudra aussi recréer un monde de paix, pour éliminer la crainte que les enfants soient l'objet de violence.

Nous pourrions également nous entretenir longuement de l'importance de la lumière, de la musique et des ambiances pour les jeunes enfants afin d'assurer l'équilibre des adultes qu'ils seront. Rappelons-nous simplement que tout se joue aussi durant cette période de la petite enfance.

Chapitre 4

L'enfance
(7-14 ans)

Durant les premières années de sa vie, l'enfant recherche la présence de sa mère. Au cours des sept ans, environ, qui sont nécessaires pour retrouver son individualité, l'enfant va progressivement ressentir et retrouver en lui ce qui le distingue de sa mère. Au départ, il faisait un avec sa mère, puisqu'il était en symbiose avec elle pendant la période de gestation. Et malgré la naissance, qui est une séparation des corps physiques, la fusion existait toujours. L'expérience de la vie, la découverte du monde extérieur, la guidance de la mère et la rencontre de la famille font en sorte que, peu à peu, l'enfant va prendre conscience qu'il existe. D'ailleurs, vous pouvez observer que, pendant un long moment, un grand nombre d'enfants continuent d'utiliser leur prénom à la troisième personne. Puis, vient un moment où ils font la transition au « je » et commencent à ressentir qu'ils existent séparément de la mère. Et pendant que le corps physique manifestait une croissance importante, les corps subtils de l'enfant ont pu croître aussi et se développer jusqu'à leur autonomie.

J'aimerais faire une parenthèse tout de suite pour que les lecteurs comprennent bien. Pouvez-vous expliquer la notion de corps subtils?

Un Être humain a un corps physique, fait de chair et de matière dense. Toutefois, il est aussi un Être de lumière. Cela signifie qu'il existe et qu'il s'exprime à partir d'émanations subtiles de lumière. Le corps physique est accompagné d'autres corps dits « invisibles » ou « subtils ». L'un d'eux, nommé le corps éthérique, est une représentation énergétique du corps physique. Il est relativement dense, et souvent perceptible par l'œil humain. Puis, il existe d'autres corps, dont ceux qui permettent la circulation des émotions et des sensations, et d'autres encore, celle des connaissances et des croyances. De plus en plus subtils, ces corps assurent la relation de l'Être incarné avec sa dimension lumineuse universelle. En tout, l'Être humain est constitué de sept corps de base.

Pour comprendre de quoi il s'agit, rappelez-vous simplement que l'Être est avant toute chose une Âme et un Esprit. L'Âme et l'Esprit sont subtils, invisibles. Ils sont énergie, vibration. C'est ce que nous entendons par lumière. Cette lumière s'inscrit dans la matière et, de ce fait, la conscientise. C'est cette même lumière qui émane de l'Être.

Quels sont les grands défis de la période de 7 à 14 ans ?

Quand l'enfant a retrouvé son individualité et que ses corps subtils sont structurés, une nouvelle période de sa vie débute, celle de la découverte plus approfondie du monde extérieur. Le moment est alors propice pour l'intensification du rôle du père et le début de son instruction. Les structures éducationnelles et sociales-communautaires sont appelées à collaborer, avec la mère, le père et la structure familiale, à la guidance de l'enfant en proposant une approche qui favorise la relation de l'enfant avec lui-même, avec le monde qui l'entoure et avec la vie telle qu'elle se présente actuellement dans la société à cette étape de son évolution.

Évidemment, les structures et les modes de vie diffèrent selon les époques, et l'humanité a vraiment beaucoup évolué quant à ses connaissances et ses expériences. L'Être doit donc « actualiser » les inscriptions mémorielles qu'il porte déjà en lui (rappelez-vous qu'il est imprégné de connaissances de l'Univers et de connaissances de divers passages précédents sur cette Terre). Malgré ses inscriptions cellulaires, il doit être guidé pour deux choses : d'abord pour se reconnaître lui-même, c'est-à-dire reconnaître son essence et ses pouvoirs (les Êtres humains ont naturellement des pouvoirs, l'autoguérison par exemple), et ensuite pour son déploiement équilibré dans sa vie terrestre à l'époque où il vit.

Les parents, qui n'ont pas toujours actualisé toutes leurs propres connaissances et qui n'ont pas nécessairement vécu eux-mêmes toutes les expériences, ont besoin de soutien pour guider l'enfant dans sa propre reconnaissance. C'est là que l'école, telle que vous la nommez, devient une extension de cette guidance. Et son objectif ultime doit être compris de tous les Êtres humains : elle doit offrir à l'enfant des possibilités diverses de ressentir, de reconnaître ce qu'il est. Reconnaître ses facultés et ses pouvoirs d'une part, et d'autre part, elle doit faire en sorte qu'il puisse reconnaître et ressentir ce qu'est le monde actuel et ce qu'il peut lui offrir comme éventail d'expériences pour se déployer, pour aller vers sa création et son union au Tout, bref, pour aller vers son bonheur.

D'accord, mais c'est un peu large... Pouvez-vous élaborer en donnant un exemple de ce que serait une école idéale ?

Nous vous proposons ici d'utiliser le terme « jardin ».

On a déjà parlé du Jardin d'enfants pour nommer les structures qui supportent la petite enfance. Quelle différence y a-t-il entre les deux ?

Le Jardin d'enfants ouvre les portes d'un jardin de plus en plus représentatif des Êtres humains et de leur monde. Dans un jardin, un Être vient « semer » à partir de ce qu'il porte comme « germes », selon sa vibration, son essence, son amour, ses connaissances. Puis, il revient « récolter ». Dans un Jardin d'enfants, l'Être est stimulé à découvrir son essence, soit ses talents profonds, et à les offrir (voilà sa « semence ») sans recherche de résultat et sans concurrence. Sa récolte est d'abord et avant tout la pure joie d'utiliser ses talents.

Voilà un changement d'orientation majeur qui, pour être vécu par les enfants, doit l'être avant tout par leurs professeurs, leurs parents et aussi par la société dans laquelle ils vivent.

Il est important que tous ressentent que leur bien-être se trouve dans la création plutôt que dans le résultat de leur mouvement créateur. Et c'est dans la période de 7 à 14 ans que l'enfant doit intégrer cette notion. Toute sa vie en sera influencée, ainsi que celle de tous ceux qui l'entourent.

Les Êtres peuvent se rendre compte, bien sûr, qu'après la joie de la semence, certaines récoltes leur procurent aussi une joie réelle. Ils peuvent l'apprécier, s'en réjouir pour son utilité, l'équilibre et l'harmonie auxquels ils collaborent, sans toutefois que leur état soit dépendant du résultat.

Le Jardin, ou l'école d'un Nouveau Monde, accompagne les parents et la société afin que les connaissances et les expériences vécues permettent cette intégration chez l'enfant. Le Jardin (l'école) propose donc, dans cette orientation, sans égocentrisme, une fraternité qui favorise vraiment la rencontre, la compréhension et le développement des facultés de chacun. Cela signifie que les possibilités d'expériences sont multiples, et non pas limitées à l'aspect intellectuel.

De cette façon, les enfants sont guidés à expérimenter dans la joie et sans concurrence toutes leurs facultés intellectuelles, sensorielles et physiques.

Il est aussi intéressant que les enfants soient mis en relation avec tout ce qui leur permet d'être autonomes, tant sur les plans physique, psychique qu'énergétique.

C'est ainsi que l'apprentissage des mathématiques côtoie celui de l'alimentation saine, celui du fonctionnement du corps humain et de ses facultés extrasensorielles. L'apprentissage de la science est associé à celui du respect de la nature et de la relation avec elle. Une précision, cependant : nous ne voulons pas, dans ce propos, expliquer un système éducationnel complet et équilibré en décrivant toutes les matières nécessaires. Nous voulons plutôt vous transmettre certains paramètres essentiels pour retrouver des connaissances et des facultés bien réelles d'un Être humain. Ces facultés de guérison et de création, par exemple, tout comme celles de communication, doivent être mises en lumière et faire l'objet d'expériences concrètes durant cette période de la vie, afin que l'individu puisse être en équilibre.

Comprendre le fonctionnement et le rôle des sensations, des émotions, des intuitions est tout aussi important dans la vie que de comprendre les mathématiques ou de connaître la géographie. Savoir reconnaître les signaux de déséquilibres de son corps ou encore savoir préparer ses aliments pour se nourrir sainement fait aussi partie des connaissances à redécouvrir. Et apprendre à découvrir ses liens avec la nature ou le monde invisible est aussi important qu'entretenir des rapports avec les autres.

Quelle période fascinante de découvertes de la vie et de stimulation de l'intelligence comme de la perceptivité et de la sensitivité !

Comment, justement, distinguer clairement la perceptivité de la sensitivité ?

La perceptivité se manifeste par des impressions, et la sensitivité, par des sensations. L'une comme l'autre sont des facultés de réceptivité subtile qui sont présentes chez tous les Êtres. Les enfants, même très jeunes, savent percevoir si quelque chose est juste ou moins juste. Ils ont parfois des impressions, comme celle, par exemple, lorsque vous assemblez différents morceaux d'un casse-tête, qu'un morceau doit se placer sous un angle bien précis. Les impressions pourront certes être vérifiées, analysées, corroborées ou infirmées, mais il est intéressant qu'elles soient d'abord accueillies et revalorisées chez l'enfant, puisque ces impressions lui viennent naturellement, comme chez tous les Êtres humains.

De la même façon, l'enfant éprouve des sensations. Lorsque, à l'école par exemple, on lui présente comment des Êtres souffrent dans ce monde, il n'a pas toujours les données qui lui permettent d'analyser les raisons et l'ampleur de ces souffrances. Quelquefois, pourtant, il aura la sensation que l'abondance n'est pas répartie de façon équitable sur la Terre. Il sentira dans son corps un malaise ou un inconfort provoqué par cette iniquité. Il est important, dans un système éducationnel, qu'il puisse non seulement l'exprimer, mais aussi être reconnu dans sa sensation. Que l'on reconnaisse que cette sensation existe réellement et qu'elle peut être juste. Non pas qu'on lui transmette simplement : « Dans ce pays d'Afrique, il y a tel niveau de vie, tel produit intérieur brut, tel nombre d'habitants et telles difficultés... » Non. Il est important qu'on puisse plutôt accueillir sa sensation et que l'enfant sache que sa sensation peut être juste ou encore, par moments, biaisée par ses propres peurs.

De la même façon, lorsqu'un jour l'enfant se présente au Jardin avec des sensations d'inconfort provoquées par la situation familiale et que, pour cette raison, il est moins disponible à apprendre, il est important qu'il puisse être accueilli.

Vous voulez dire quand il vit des difficultés personnelles à la maison, par exemple ?

Il est possible qu'il ressente simplement une préoccupation que vit sa mère ou son père, sans lui-même vivre une difficulté. Par exemple, chez les jeunes enfants, vous pouvez reconnaître que lorsque la maman et le papa se querellent, l'enfant se présente à l'école dans un malaise. Il ressent la charge, le poids, la lourdeur de la querelle. Rappelez-vous que l'enfant, de par sa nature, cherche à être aimé, et s'il cherche à être aimé, c'est parce qu'il cherche, de par son Âme et de par son Esprit, à s'unir au Tout. Son père et sa mère sont les premiers Êtres auxquels il veut s'unir, de qui il veut être aimé. Et souvent, quand il ressent ce type de malaise, il se sent responsable des difficultés que vivent ses parents.

Alors, guider les Êtres à comprendre leurs sensations ne signifie pas leur donner un enseignement universitaire sur les sources, les symptômes, les effets de ceci ou de cela, mais simplement les éclairer sur ce qui est en jeu. Pourquoi ? Parce que cela existe.

Et quoi dire à ceux qui ne croient pas à l'énergie ou aux facultés psychiques ?

Les individus croient à l'énergie et aux facultés psychiques en général, mais ne leur accordent pas leur véritable importance. Il faut présenter aux Êtres qui résistent des exemples concrets et récurrents de sensations et de perceptions qui se transforment en inspirations ou en compréhensions réelles, et cela, au quotidien. Puis, invitez-les à observer leur propre vie. N'est-ce pas une approche scientifique que de créer une hypothèse à la suite de certaines observations et, à partir de cette hypothèse, d'observer et de créer un protocole de recherche ?

Même un Être très rationnel peut, dans certaines situations, avoir de la difficulté à continuer son parcours intellectuel parce qu'il est submergé par ses sensations.

Il ne s'agit ici ni d'étudier les émotions de façon psychologique ou spirituelle ni de comprendre des phénomènes énergétiques naturels jugés « paranormaux », mais simplement d'intégrer dans l'apprentissage d'un Être les différentes sources d'informations, puisqu'elles existent et qu'elles influencent ses choix, qu'il en soit conscient ou non.

Alors, utilisez une approche rationnelle pour démontrer aux Êtres sceptiques que les sensations existent et qu'elles leur transmettent quantité d'informations justes.

Mais les sensations ne sont pas reconnues « comme un mode d'apprentissage » dans nos écoles.

Si cela n'est pas bien reconnu dans les écoles, il n'en demeure pas moins que les sensations, durant la vie d'un

Être humain, vont influencer et orienter ses états, ses attitudes, ses comportements, ses choix de façon beaucoup plus importante que ses analyses. Alors, il ne s'agit pas, ici, de renverser totalement la structure pour valoriser les sensations aux dépens des informations d'ordre intellectuel. Il s'agit seulement d'élargir le registre de telle sorte que l'enfant soit guidé à reconnaître tous ses sens, toutes ses facultés de réception, qui lui permettent d'accueillir aussi bien la connaissance intellectuelle que la connaissance subtile.

D'accord, mais comment intégrer concrètement cet enseignement à l'école?

Reprenons l'exemple d'un enfant qui éprouve une sensation d'iniquité lorsqu'on lui parle d'un pays d'Afrique. Même si vous ne lui transmettez que des données intellectuelles, ces sensations existent en lui. Si le système ne lui permet pas de reconnaître que, par moments, ses sensations sont justes et que, à d'autres moments, elles sont le résultat de ses propres peurs, le malaise persistera. Si cela n'est pas reconnu, ou bien il doutera de lui-même, ou bien il doutera de l'école ou de l'enseignant. Dans un cas comme dans l'autre, l'effet est néfaste. La négation de cette réalité est l'expression de la peur qu'ont certains adultes de reconnaître le monde et l'univers tel qu'il est.

Donc, il est important que la découverte du monde, à l'école, se fasse selon une vision beaucoup plus étendue. De la même façon que l'école lui permet de comprendre qui il est, quels sont ses outils, quelles sont ses véritables facultés, dont font partie ses sensations et ses sens. Maintenant, à partir de ces facultés, l'Être sera stimulé quelquefois différemment d'un autre Être.

L'école se doit d'accompagner aussi les parents dans l'émergence de l'individualité de leur enfant, et cela, dès le début, pour qu'il n'y ait pas qu'une transmission de connaissances intellectuelles, suivie du choix d'un métier ou d'une carrière sur ces bases uniquement. Il faut évidemment que l'enfant puisse explorer une multitude de sujets. On ne vous dit pas que le système éducationnel actuel ne fait pas cela déjà, à des degrés divers. Nous vous disons toutefois qu'il aura avantage à reconnaître cet aspect, et à l'amplifier.

J'aimerais tout de même que vous parliez de notre système actuel parce que, dans la période 7-14 ans, les enfants vont à l'école pour apprendre des matières. On leur enseigne le français, les mathématiques, une langue seconde, les arts et un peu d'éducation physique. Sans entrer dans les détails, pouvez-vous nous donner quelques exemples de nouvelles matières qu'on pourrait enseigner dans ces écoles du Nouveau Monde?

D'abord, nous vous proposons d'intégrer une pensée philosophique, qui existe sur cette Terre depuis des millénaires, à savoir «un esprit sain dans un corps sain». Le corps est l'outil de l'Esprit et de l'Âme; il a donc une grande importance. Dès le jeune âge, il est intéressant de favoriser chez l'enfant une meilleure connaissance du corps. Comment le corps est-il construit? Quelles sont ses fonctions? Bien sûr, en tenant compte de la progression de l'enfant! Ces connaissances pourront se préciser au fur et à mesure qu'il grandit. Mais au départ, il est important que l'enfant puisse connaître l'outil qui est le sien sur cette Terre, et ce qui lui permet de bien fonctionner dans ce corps. Donc, la connaissance du fonctionnement et des véritables carburants du corps, soit ce qui permet au corps de bien remplir sa fonction. Vous savez fort bien que si l'enfant vit des malaises physiques – de fortes migraines, des maux de ventre ou de dos, par exemple –, il sera beaucoup moins disponible à apprendre des notions mathématiques, n'est-ce pas?

Évidemment.

Vous le savez, mais il est intéressant que l'enfant le sache aussi, afin qu'il puisse prêter attention à son corps. Prêter attention, cela signifie que cette connaissance progressive du corps lui permet de mieux se nourrir à tous les niveaux. Se nourrir de la lumière, et se nourrir de l'air, par sa respiration, donc mieux respirer. Tout cela lui permet aussi de mieux se nourrir de façon physique, à travers ses aliments. Donc, ici, une conscience de l'alimentation. La « matière », comme vous dites, qu'on pourrait nommer « alimentation saine », ne sera pas une matière indépendante des autres. Vous aurez déjà transmis à l'enfant l'importance du corps, son fonctionnement, et il comprendra comment la nourriture permet ce bon fonctionnement.

De la même façon, lorsque vous aborderez des matières où l'enfant est appelé à comprendre l'importance de la posture, l'importance de l'exercice, vous pourrez créer avec lui des jeux... car cela n'a pas à être pénible, n'est-ce pas ?

Surtout pas !

L'Être humain ne vient pas peiner sur cette Terre, et l'école d'un Nouveau Monde sait cela. Alors, pourquoi l'enfant, quel que soit son âge, ne serait-il pas guidé par le jeu dans le déploiement de son corps physique ? Et pourquoi pas le jeu pour l'aspect intellectuel ? Sur le plan physique, que l'enfant puisse vraiment entrer dans un jeu, par exemple, qu'il sache favoriser sa croissance et le bon fonctionnement de son corps. Il apprend ainsi comment s'asseoir, comment se tenir debout. Il l'apprend progressivement, parce qu'il y a des liens entre les « matières ». Ce ne sont pas des ordres, ce ne sont pas des théories qui disent : « Tu dois faire ceci ou cela. » Ces « matières » sont amenées progressivement.

Par ailleurs, si l'enfant est amené vers une alimentation saine, bien sûr cela ouvre les portes à plus d'autonomie. Dès le jeune âge, il peut apprendre à préparer quelques mets qui sont sains pour lui. Nous voilà ici dans la cuisine. Allons maintenant planter des semences pour qu'il comprenne bien que la Terre offre l'abondance à partir de ces semences, et que la nourriture n'arrive pas comme par magie. Bien sûr, la croissance d'une plante est une merveille de l'Univers. Alors, qu'il puisse faire des liens entre la croissance d'une plante et sa propre croissance tout en acquérant une certaine autonomie. L'établissement et le respect d'une relation juste avec la nature sont aussi pour l'enfant une formation essentielle, et elle s'inscrit simplement dans le parcours que nous décrivons, en lui permettant de mieux comprendre ce qu'est l'équilibre sur la planète. De même que la connaissance des fleurs pourrait favoriser la compréhension de l'harmonie dans la vie.

Que voulez-vous dire au juste?

Qu'est-ce qui favorise l'harmonie? L'art et la beauté, sans être associés à une mode. En somme, tout ce qui est créé par l'Être humain et la nature. L'harmonie, c'est la rencontre des formes, des couleurs et des sons qui crée un bien-être chez l'Être. Alors, l'enfant aura tout avantage à être initié très jeune à l'harmonie ainsi qu'à ses propres facultés qui lui permettent de participer à l'harmonisation de son environnement.

Voyez comme tout cela est un enseignement très concret. Non seulement l'enfant est-il amené vers le respect de la nature qui, d'une part, favorise la beauté de ce monde, et d'autre part, lui offre une nourriture abondante et saine, mais aussi, en étudiant la nature et l'alimentation, l'enfant se rend compte que les arbres, les plantes participent à la transformation de l'air en oxygène. Il apprend donc à apprécier non seulement la beauté de ces plantes, mais aussi leur utilité. Il apprend comment lui aussi peut participer à la culture des plantes. Il apprend qu'on peut utiliser un arbre pour construire une maison, pour des Êtres humains, ou peut-être pour des animaux, mais que ce même arbre est vivant et qu'il peut créer une complicité avec cet arbre. L'arbre est aussi sur Terre pour l'aider, lui, à être vivant.

J'ai l'impression que vous êtes en train de nous parler de l'école d'antan, ou même de l'école des Amérindiens, qui était peut-être plus proche de la nature. Faut-il trouver une façon d'y revenir?

Il faut bien sûr réinventer les grandes écoles de sagesse naturelle, dans lesquelles l'enfant apprend aussi à écouter ses voix intérieures. Elles sont les voix de l'intelligence cellulaire. Chacune de ses cellules sait quelle nourriture physique, mentale et spirituelle est appropriée pour lui à chaque instant. Elles lui permettent de faire des choix équilibrés.

Si vous voulez qu'un enfant apprenne à faire des choix justes et cohérents, guidez-le à écouter ses propres cellules et son cœur plutôt que de le laisser dans l'ambiguïté que provoque le conflit qui oppose l'émotion et la raison.

Certes, nous vous proposons que l'école puisse réintégrer vraiment sa fonction, qui est celle d'amener l'enfant dans une relation vivante, équilibrée, lumineuse avec tout son environnement. Et, au risque de nous répéter, tout cela pour qu'il puisse aussi ressentir en lui ce qui l'anime, ce qui le stimule, en explorant tous ces éléments sans besoin de les maîtriser. Ainsi, certains enfants seront plus stimulés par l'art, et d'autres, par les mathématiques. Il est intéressant toutefois que, malgré cette stimulation, il n'y ait pas trop rapidement, en jeune âge, une surconcentration pour en faire des spécialistes d'un sujet ou d'un autre. Nous vous proposons qu'ils soient des spécialistes de la vie sur Terre!

Ce ne sont que des exemples de matières, et certes, l'art est très important. Nous parlons de l'art qui permet à l'Être non seulement de s'exprimer, mais de collaborer à l'harmonie, donc au bien-être de cette Terre. Et l'école est invitée à ne pas limiter l'enfant par des normes de performance. Que le dessin d'un enfant, par exemple, ne soit pas évalué en fonction de celui des autres enfants ou de normes qui sont à la mode. Que cette forme d'art soit simplement ressentie pour ce qu'elle est. Il est important de ne pas évaluer ou guider les enfants en fonction de la performance, afin que ceux apparemment moins habiles puissent tout de même ressentir en eux l'appel de l'art, ressentir la joie de créer à travers l'art. En d'autres termes, un enfant peut, selon les normes des hommes, ne pas avoir beaucoup d'habiletés naturelles pour le dessin, mais se sentir attiré et vraiment bien stimulé par cet art. On croit trop souvent que, parce qu'un enfant a une habileté quelconque, on doit le diriger en ce sens. Que l'enfant soit habile à quelque chose ne signifie pas que c'est cela qui le fait le plus vibrer, qui le stimule davantage qu'autre chose.

Alors, si les Êtres relâchent la notion de performance, et cela signifierait que toutes les structures de votre monde se transforment, cet enfant sera invité à dessiner seulement parce qu'il aime cela, que cela le fait vibrer. Et s'il y est invité, c'est parce que les Êtres auront reconnu que c'est en aimant cela, en vibrant, que cet enfant est joyeux. Il est sain, il aime son environnement et il partage davantage ce qu'il peut faire. Donc, il se réjouit de sa vie et il est utile à son environnement. Pour un autre enfant, bien qu'il soit habile en dessin, ce seront les mathématiques qui le feront vibrer, même si, selon vos critères, il y est moins performant.

Cette logique de non-performance s'applique à toutes les matières, non pas seulement à l'art, n'est-ce pas ?

Tout à fait. Vous nous avez compris, chère Âme. L'idée de performance, qui est inculquée très tôt aux enfants, est l'expression d'un inconfort chez les Êtres humains. Il faut bien comprendre que la recherche de performance, ici, est une recherche de résultats supérieurs fondée sur la comparaison. La joie de créer et l'union que cette joie favorise doivent pourtant être vos véritables critères de recherche.

Ce que vous préconisez au fond, par la performance, est une recherche de l'ultime.

Qu'entendez-vous par « l'ultime » ?

Cette recherche est celle d'une joie profonde dans l'Être, qu'il ressent de par son déploiement, sa création, son implication, sa collaboration. Alors, en utilisant plutôt ce qui le fait vibrer, il est beaucoup plus détendu, il collabore bien davantage. Il est aussi beaucoup plus utile à son environnement.

Ça remet en cause tout le fonctionnement de nos sociétés modernes !

Bien sûr. En un court énoncé, comme celui-ci, vous l'avez compris, nous remettons en question toutes les bases de vos sociétés. Et certes, cela signifie non seulement des changements dans le système d'éducation, mais des changements des façons d'être, d'exister et de vivre dans une fraternité humaine. Or, il y aura bien sûr une période de transition. Nous le disons maintenant, afin de répondre tout de suite aux objections de ceux pour qui la recherche de la performance permet une intensité, intensité qui fait en sorte de réduire l'insouciance, le laxisme, la lassitude, l'abandon, la non-création...

La performance, dans nos standards, permet de stimuler les jeunes, et les moins jeunes aussi.

Ne craignez pas que les Êtres soient apathiques ou paresseux s'ils ne sont pas évalués sur leur performance. Il y a en fait plus d'Êtres qui dévient parce qu'ils ne sont pas reconnus dans votre système actuel de performance.

Il faut reconnaître que la recherche de l'intensité est naturelle. Cette intensité est une vibration dans l'Être ; elle n'est pas créée par une récompense associée aux résultats ou au fait qu'il soit meilleur qu'un autre, mais plutôt parce qu'il reçoit son fruit dans la sensation de se déployer et d'exister. Pour permettre la transition entre une structure de performance et une structure de création joyeuse, il faut comprendre cette notion d'intensité.

Tout cela s'apprend et s'intègre dans la période de 7 à 14 ans et transforme toute la vie de l'enfant.

D'accord. J'aimerais maintenant qu'on parle du rôle du père. Quelle est l'importance du père dans cette période charnière ? Parce que la mère est très, très présente dans la petite enfance, et on sait que le rôle du père prend plus d'importance quand l'enfant atteint l'âge de 7 ou 8 ans.

Rappelons-nous d'abord que, pour éviter les jugements, les deux rôles sont présents dans la mère comme dans le père.

Ainsi, le père représente pour l'enfant le rapport à l'extérieur. C'est le principe masculin qui transporte la connaissance, qui est associé à la conscience. Il ne faut pas, ici, sauter trop rapidement aux conclusions. On ne vous dit pas que la femme n'a aucun rapport avec la conscience ou la connaissance. On vous dit que c'est la partie masculine en elle qui est en relation avec la conscience et la connaissance.

Par sa capacité d'accueil et son amour, la mère favorise de façon générale chez l'enfant une reconnaissance de lui-même, un bien-être au sein de son environnement. Le père, lui, favorise chez l'enfant une reconnaissance de lui-même dans sa relation avec l'extérieur. Le rôle du père se manifeste surtout par son énergie et sa présence, que l'enfant ressentira à travers ses paroles et ses activités, qui le fascinent maintenant (soit entre 7 et 14 ans). Le père apporte, dans le noyau familial, par tout ce qu'il est, les fruits des expériences extérieures qu'il vit. Il éveille progressivement chez l'enfant l'envie de connaître et d'expérimenter, par des activités multiples et diversifiées. Pourquoi ? Parce que c'est ainsi que l'enfant redécouvre le monde à l'extérieur du cocon familial et du cocon éducationnel. Pour l'enfant, le père crée les expériences nouvelles.

Nous parlons toujours du principe masculin, quand on dit « le père ». Ça peut donc être la mère qui joue parfois le rôle de père, et vice-versa, n'est-ce pas ?

Certes, les rôles peuvent s'intervertir. Mais chacun d'entre vous a pu se rendre compte que si l'homme et la femme sont égaux, ils sont bel et bien différents.

Même si on a voulu aplanir ces différences !

Effectivement. Toutefois, leur différence est bénéfique pour l'enfant, puisque vous avez bien compris que la guidance d'un enfant doit le mener à la découverte de son monde à la fois intérieur et extérieur, donc sous deux angles différents. Ainsi, vous vous êtes rendu compte qu'il est souvent plus harmonieux qu'un homme et une femme guident ensemble cet enfant, bien que leur influence sera plus négative que créatrice si ce couple est dysfonctionnel. En outre, deux femmes ou deux hommes peuvent aussi guider un enfant. Ou une femme seule, ou un homme seul. Dans ces cas, il faut qu'ils s'autorisent à retrouver en eux leurs deux dimensions, masculine et féminine.

Le piège est qu'un père guide seul un enfant sans laisser émerger en lui la dimension féminine et maternelle. En somme, il serait avantageux qu'il invite une femme à l'accompagner comme guide de ses enfants.

Est-ce que vous nous suivez bien ?

C'est clair.

Il y a plusieurs pères et plusieurs mères qui sont seuls pour guider leurs enfants dans votre société actuelle. Alors, lorsqu'une femme est seule pour guider son enfant, il faut qu'elle soit consciente que certains rôles relèvent de la mère, d'autres du père, et qu'elle peut jouer les deux. Toutefois, le choix de guider ainsi un enfant ne doit pas se faire sur le plan émotionnel ou intellectuel. Elle doit vraiment reconnaître, comprendre profondément et sentir ce qu'est le rôle de la mère et celui du père. Et si cela n'est pas clair pour elle, ou si cela n'est pas si simple, elle aura avantage à permettre la proximité d'un ami masculin, d'un père ou d'un frère, pour que l'enfant puisse bénéficier d'une dimension masculine.

Et c'est ainsi qu'il est intéressant aussi que, dans un milieu éducationnel, il y ait des hommes et des femmes.

Ce n'est malheureusement pas le cas dans nos sociétés occidentales où l'école primaire est une affaire de femmes.

Au Jardin d'enfants avant l'âge de 7 ans, il y a une plus grande présence de la dimension féminine, puisque l'enfant est toujours uni à la mère. Par la suite, durant les premières années du Jardin scolaire, les femmes sont aussi un peu plus nombreuses que les hommes et, progressivement, les guides-enseignants masculins apparaissent.

Ce serait formidable, pour nos garçons en particulier. J'aimerais aussi qu'on parle des troubles d'apprentissage qui semblent avoir décuplé. Que faire pour que ces enfants soient reconnus et le moins possible pris en charge sur le plan médical et pharmaceutique?

Les difficultés d'apprentissage ont toujours existé. Voyons quelques aspects importants qui les provoquent.

L'évolution du cadre éducationnel et les recherches menées par les hommes sur la psychologie ont fait en sorte que les Êtres sont maintenant plus conscients des troubles d'apprentissage, des difficultés intellectuelles, cognitives ou autres. On accompagne et on observe davantage les enfants d'aujourd'hui, qu'il s'agisse des adultes de leur entourage ou des différents spécialistes, et cela, pour mieux les guider. Il y a dès lors une meilleure identification des troubles d'apprentissage.

Est-ce la seule raison pour laquelle il y a plus d'enfants hyperactifs?

Non. Plus une humanité évolue, plus elle ouvre sa conscience et plus elle s'ouvre à la connaissance subtile. Cela permet à de plus en plus d'Êtres avec des prédispositions pour capter, pour recevoir cette connaissance, de s'incarner. Ainsi, parce que votre humanité vit actuellement un grand parcours de conscientisation, il y a de plus en plus d'Âmes qui s'incarnent, donc des enfants qui naissent, en démontrant des facultés extrasensorielles. Les enfants du Nouveau Monde sont plus sensitifs, plus perceptifs et aussi plus sensibles. Plus les enfants sont réceptifs, plus ce qu'ils reçoivent les influence.

Expliquez-moi ce que vous voulez dire par «plus ils reçoivent». Ils reçoivent quoi au juste?

Ils captent les connaissances intellectuelles et subtiles présentes partout dans toutes les formes de vie et dans tout ce qui vous entoure. Ils captent les ondes, les vibrations, les atmosphères, tant des lieux que des personnes qu'ils rencontrent. Ils captent les présences subtiles, c'est-à-dire les formes de vie invisibles. Ils captent les vibrations de l'atmosphère terrestre, comme ils captent les pensées et les émotions de ceux qui les entourent. Ils ressentent davantage les états et les attitudes de leurs parents, de leurs enseignants et de leurs amis... Voilà ce qu'ils reçoivent.

Les influences de ce qu'ils reçoivent peuvent être lumineuses et positives, mais aussi plus lourdes et dérangeantes par moments, ce qui crée de la turbulence. D'une manière ou d'une autre, cela provoque chez certains enfants une plus grande vivacité intellectuelle, alors que d'autres seront plus distraits par tout ce qu'ils captent et qui influence leurs pensées ou leurs sensations. Plusieurs enfants seront aussi plus attirés vers des mondes subtils.

La réceptivité accrue favorise l'hyperactivité. Ces enfants saisissent très vite ce que vous leur transmettez pour ensuite rapidement s'en désintéresser. Cela change leur relation à la vie et oblige aussi les adultes à le faire. Ils provoquent une évolution!

Encore une fois, vous êtes amenés à constater ici que les voies de réception sont nombreuses, subtiles, et que ce que vous appelez «difficultés d'apprentissage» pourraient être nommé «autres façons d'apprendre, autres façons d'entrer en relation avec la connaissance». Ces autres façons peuvent guider aussi les adultes. Pourquoi? Parce que, par leurs difficultés d'apprentissage, elles vous amènent à réévaluer vos modes d'enseignement.

Pourrait-on imaginer, ainsi, qu'une partie de leurs difficultés soit provoquée par la difficulté des adultes à s'adapter à des Êtres plus éveillés et plus réceptifs auxquels vos anciens schémas et anciennes structures ne conviennent plus ?

Donc, c'est à nous de changer les structures ?

Bien sûr. Non seulement les méthodes, mais aussi les matières. Est-ce que ces enfants sont mésadaptés ou est-ce vos structures qui sont mésadaptées à eux ?

Bien que certains s'opposeront en s'écriant : « On ne peut pas s'adapter à tous ! », les adaptations souhaitables sont pourtant majeures et nécessaires, parce que votre monde est en difficulté et souffrant. Ce ne sont pas les difficultés d'apprentissage qui n'ont plus de sens, mais les difficultés d'intégration à ce monde. Il faudra inévitablement une transformation majeure des structures pour que l'on puisse être davantage à l'écoute de ces enfants.

Est-ce cette génération qu'on appelle les « enfants indigo » ?

Oui, ce sont les enfants indigo, les enfants d'un Nouveau Monde. Imaginons, pour que vous compreniez mieux, que nous soyons en train de vous expliquer un concept mathématique. Pendant l'explication, un de vos copains reçoit d'autres stimuli en même temps : il entend une voix intérieure, perçoit une pensée en provenance de son grand-père décédé, ressent l'angoisse d'un copain et détecte une présence vibratoire dans la salle. Tout cela capte son attention et l'éloigne de l'explication mathématique. Il ne la comprendra donc pas, ce qui l'amènera à être turbulent. Vous, de votre côté, comprenez si bien et si rapidement l'explication que vous vous en désintéressez et devenez turbulente. Vous vous intéressez à d'autres choses et vous créez des stimuli pour les autres.

J'ai justement été comme ça toute ma jeunesse !

Et si, au contraire, vous n'avez pas compris parce que la façon dont on vous transmet la matière ne vous convient pas, vous vous mettez aussi à vous intéresser à d'autres choses.

C'est juste.

Ainsi, il faut que l'accompagnement et la stimulation des enfants, comme la transmission de connaissances, puissent se faire en tenant compte des différentes facultés sensorielles des enfants. C'est aussi une façon de reconnaître l'enfant pour ce qu'il est.

Il faut reconnaître maintenant dans vos sociétés qu'au-delà de la connaissance intellectuelle, il existe aussi une connaissance subtile, un monde invisible à découvrir. Tant et aussi longtemps que vous ne reconnaîtrez pas cela, vous aurez de la difficulté à guider tous ces enfants différents. Un enfant qui voit des présences subtiles, un enfant qui sent un autre monde ou une autre dimension sera certes, selon vos termes, distrait ou non présent dans un cadre éducationnel. Totalement non fonctionnel, même. Est-ce que cela signifie qu'il est vraiment déséquilibré ? Selon vos normes, oui. Et si nous vous disons que ce sont vos normes qui sont déséquilibrées ?

[rire] L'enfant retrouve soudainement son équilibre !

Si de nouveaux enfants s'incarnaient sans yeux, vous modifieriez vos méthodes, n'est-ce pas ? Alors, si nous vous disions que présentement, des enfants naissent avec des yeux partout autour de la tête et aussi des yeux intérieurs, vous modifieriez vos méthodes aussi, n'est-ce pas ?

On mettrait des tableaux partout dans la classe !

Actuellement, ce que vous faites est de leur mettre des œillères ou de leur donner des médicaments pour les calmer, car ils sont extrêmement perceptifs et sensibles, et qu'ils ne veulent pas s'adapter aux méthodes d'un monde souffrant et malheureux.

Ce sont donc ces enfants qui vont nous enseigner comment changer nos structures, d'une certaine façon ?

Bien sûr. Ce sont ces enfants qui, par leur marginalité, vont continuellement frapper à vos portes pour qu'il y ait une meilleure compréhension de leur façon d'apprendre et des changements qu'il faut apporter aux structures. Et s'ils n'ont pas une conscience intellectuelle de ce rôle, leur Âme, elle, en est consciente. Les enfants indigo, ce sont les enfants qui favorisent la transformation de ce monde et des structures. Vous constaterez aussi que de plus en plus d'Êtres s'intéressent à ces enfants, n'est-ce pas ? C'est parce qu'ils sont de plus en plus nombreux.

Est-ce qu'il existe présentement, dans nos sociétés occidentales, un modèle qui tend vers cet idéal-là dont vous nous parlez ?

De plus en plus d'Êtres sont de plus en plus conscients de ce que nous transmettons, et certes, des écoles parallèles, « alternatives » selon vos termes, émergent. Dans ces écoles, il y a une réduction, voire une élimination de la recherche de performance, et on y fait une plus grande place aux arts ou à l'activité physique, par exemple. Il y a certes un modèle que nous avons accompagné, basé sur ces visions, qui est celui de l'éducation Waldorf, mais qui a aujourd'hui cent ans et qui aurait tout avantage à s'actualiser, bien sûr, puisque les Êtres continuent d'évoluer.

Il y a tant de sujets dont nous n'avons pas parlé, puisque nous ne sommes pas ici pour vous livrer un traité sur l'éducation. Tout de même, il y a, par exemple, l'importance d'une langue seconde. La langue seconde favorise une ouverture de l'Être ainsi que de ses structures intellectuelles. Par l'apprentissage d'une autre langue, l'enfant s'ouvre à d'autres cultures. Ainsi la structure familiale, éducationnelle, sociale, qui l'aide à évoluer, n'est plus ni un cocon ni une prison, mais plutôt un propulseur qui lui permet de mieux comprendre les autres Êtres humains.

Cette compréhension globale favorisera l'équilibre de l'enfant dans ses relations, alors que celles-ci vont prendre une place de plus en plus importante dans la période de l'adolescence.

Chapitre 5

L'adolescence (14-17 ans)

L'adolescence est une période fascinante, étonnante, mais aussi provocante, puisque l'Être y est amené à vivre des passages majeurs de son existence.

Les passages de l'adolescence sont en soi des passages de libération des inscriptions mémorielles et des influences lointaines ou récentes qui ont marqué l'enfant. Lorsque cela n'est pas compris, mais occulté ou banalisé, la blessure de l'Être s'approfondit et sa relation avec ses guides (dont ses parents) en est altérée.

Dans cette période, l'adolescent est accompagné par des parents qui auront eux aussi à vivre le même passage, quoique sous un angle différent, évidemment. Ce passage est celui de la rupture d'un cordon ombilical subtil sur le plan émotionnel, qui correspond à l'émergence du jeune Être et à l'expression de son autonomie. Cette étape correspond aussi à la transformation du rapport de la mère face à son enfant. L'enfant se transforme pour vivre le passage de l'enfance vers le jeune adulte. Ici, la période est en effet si importante que le terme de « jeunes gens, jeunes hommes, jeunes femmes » semble déjà plus adéquat « qu'adulte », puisqu'il permet une transition un peu plus douce.

Il est essentiel de bien comprendre ce que signifie « autonomie de l'Être », puisque plusieurs d'entre vous pourriez réagir à la proposition qui veut que l'enfant, vers l'âge de 14 ou 15 ans, soit autonome. Dans vos sociétés actuelles, le jeune homme ou la jeune femme n'est certainement pas autonome sur le plan social, économique ou politique. Il n'a pas été guidé ou éduqué pour être complètement autonome à cet âge, et il n'a pas non plus vécu les expériences qui lui permettraient de l'être. Toutefois, sur le plan énergétique et dans une perspective spirituelle, l'Être est en soi complet. C'est sous cet angle que nous vous parlons d'autonomie.

D'accord, mais ça peut être long, l'adolescence! Parle-t-on plutôt ici de la période de la puberté?

Oui. Le début de l'adolescence est la période durant laquelle l'enfant entre beaucoup plus en relation avec lui-même. Il commence à mieux sentir son existence en rapport avec son environnement. Vous pouvez constater qu'il vit de grandes poussées de croissance physique, mais aussi de fortes pulsions émotionnelles. D'abord, vous observez une inhabileté, souvent, à utiliser le corps. L'enfant comprend mal son corps, qui se développe rapidement. Il est souvent inadéquat, en déséquilibre avec son corps. Il en est de même avec la psyché. Ses émotions, ses paroles et sa capacité d'accueillir l'information présentent des déséquilibres et des disharmonies. Il vit une transformation si importante qu'il doit réapprendre à se ressentir. Il entre aussi, et de façon de plus en plus intense, en rapport avec l'environnement social. Il doit apprendre à interpréter ses sensations provoquées par des sources qui sont maintenant multiples. À partir de cette interprétation, il cherchera à s'exprimer de façon cohérente, harmonieuse, équilibrée par rapport à lui-même, d'abord par un dialogue intérieur, puis par un dialogue extérieur avec les autres. Autant il est parfois maladroit physiquement parce qu'il ne connaît plus tout à fait son corps, autant il est parfois malhabile à bouger avec une idée, une pensée, et est ainsi malhabile pour s'exprimer clairement. Il faut bien comprendre cela, afin de guider ces Êtres, de les éclairer, sans poser des exigences de performance qui les amèneront, déjà à ce jeune âge, dans un jugement d'eux-mêmes.

La période de la puberté comporte évidemment de grands changements sur le plan corporel. Le corps de l'enfant se transforme et, bien qu'il ne soit pas encore tout à fait le jeune adulte qu'il deviendra, sa capacité de procréation est déjà développée.

L'équilibre et la puissance du système reproducteur vous indiquent que l'enfant n'est plus un enfant et qu'il se situe au cœur du passage vers le jeune adulte. Sa capacité de reproduction signifie aussi une capacité créatrice très réelle.

Au temps des sociétés plus agraires, dont les structures sociales étaient quasi absentes et où l'éducation était assurée par les parents, cette période de la puberté correspondait à l'autonomie totale. Dès leur jeune âge, les enfants jouaient autour des parents dans les champs, alors que les parents semaient, entretenaient les champs et faisaient les récoltes. En jouant, ils apprenaient ainsi progressivement et entraient en relation avec la vie. Lorsqu'ils atteignaient l'âge de l'autonomie, déterminé par la maturité du système reproducteur, ils avaient reçu la guidance, les éclairages, l'éducation nécessaires à une véritable autonomie. Sur le plan social, ils pouvaient construire leur demeure, assurer la recherche de leur nourriture et créer une famille.

Dans vos sociétés actuelles, évidemment, le déploiement des structures sociales, éducationnelles et économiques font en sorte que les jeunes gens acquièrent de plus en plus de connaissances qui leur permettront d'être en équilibre dans leur relation avec l'environnement en général. Pour bien « fonctionner » avec leur environnement, le processus est plus long. En somme, ni leur formation ni leur éducation ne sont terminées à la puberté. Pourtant, physiquement et énergétiquement, la puissance et l'autonomie de l'adolescent font en sorte qu'il est prêt à créer (dans le sens de prendre son envol à titre de co-créateur de cet Univers), et ce, même si le processus de croissance n'est pas terminé. Selon vos structures modernes, il n'est pas prêt à créer (ou « travailler », selon vos termes) parce qu'il n'a pas acquis toute la connaissance ni l'expérience pour créer de façon équilibrée. Mais énergétiquement, il est prêt, comme il l'a toujours été à travers les âges.

Est-ce cela, selon vous, qui provoque la fameuse crise d'ado-lescence ?

Certes. Cette "crise", en soi, nous pouvons la comprendre très simplement. L'adolescent est suffisamment développé pour créer avec puissance. Son énergie est puissante. Il a la pulsion de voler de ses propres ailes. Toutefois, la guidance qu'il a reçue ne lui permet pas encore d'assurer son équilibre et son harmonie dans vos structures actuelles. En d'autres mots, son énergie et son corps sont prêts mais émotionnellement, intellectuellement et mentalement, il ne l'est pas.

Faisons ici une analogie. Vous vous sentez physiquement puissant, souple, fort, disposé et disponible pour la récolte. Au même moment, vous avez l'impression que, dans la nature, les fruits sont mûrs pour être cueillis. Il ne vous reste plus qu'à écouter la pulsion intérieure pour aller les cueillir. Toutefois, il se trouve que vous n'avez pas appris à faire la cueillette de ces fruits. Vous n'avez pas le panier qu'il faut pour les mettre et vous ne savez pas encore comment les cueillir sans les abîmer ou détruire l'arbre. Bref, vous n'avez pas acquis toutes les connaissances. Mais les fruits et l'Être sont apparemment mûrs.

L'écart entre la nature et les exigences de la vie sociale provoque une frustration. D'ailleurs, cette frustration ne s'exprime pas toujours de façon élégante. Et quand elle reste prisonnière de l'Être, cela entraîne chez lui des difficultés psychiques, et quelquefois même des difficultés physiques.

Ainsi, chez l'adolescent, l'écart entre la sensation de sa puissance physique et sa maturité sociale crée une frustration qui dégénère en une forte crise intérieure. Et les effets sont aussi extérieurs. En exprimant extérieurement sa frustration, il génère des déséquilibres relationnels avec sa famille, ses amis ou la société. En ne l'exprimant pas, il crée en lui des déséquilibres psychiques (émotivité intense, réactions colériques, apathie, perte de sens de sa vie...) et physiques (difficultés de digestion, déséquilibre sanguin, réaction cutanée...).

Bien sûr, cet écart appartient à l'adolescent. Toutefois, il vit en relation avec ses parents. Sa difficulté d'exprimer qui il est, de créer selon ses talents, se retrouve projetée vers ses parents, vers sa famille et vers la société tout entière. En fait, sa difficulté devient une difficulté d'être en relation avec les autres. Si les personnes qui l'entourent ne saisissent pas ce qui est véritablement en jeu, alors elles pourront avoir des exigences qui ne feront qu'intensifier le malaise.

De tout cela, il faut retenir que naturellement, le jeune adolescent, vers l'âge de 14 ans, 15 ans, 16 ans, est prêt à créer et que, selon la société et ses structures, il ne sera prêt à le faire réellement qu'à l'âge de 18, 20 ou 22 ans. Que se passe-t-il entre ce moment, disons 15 ans, jusqu'à 18 ans ? Est-ce lui, ses parents ou son environnement qui sont en crise ? Est-ce l'adolescent ou sa mère qui est en crise ?

C'est en réalité une crise sociale, et il est important de le comprendre ainsi pour alléger l'adolescent du poids de cette crise. Ce n'est pas uniquement sa faute. Ce n'est pas non plus la faute des parents. Ce n'est pas la faute d'une société, qui est anonyme en soi. C'est une situation créée par l'évolution sociale et qui nous présente de façon éloquente l'importance des transformations à mettre en place. Des transformations pour que l'évolution puisse avoir du sens et permettre à tous de vivre dans un bien-être, plutôt que dans un mal-être. Car si les adolescents sont dans un mal-être, intérieurement ou extérieurement, ceux qui les entourent, tant les parents que l'environnement, le sont aussi. Il est donc capital, ici, de délaisser toute notion de faute et de responsabilité des uns et des autres afin de comprendre les enjeux réels de cette période de vie.

L'adolescent a besoin d'un espace de création pour exprimer son autonomie. De par sa nature (d'enfant du Nouveau Monde), il ne peut plus être aujourd'hui contrôlé ou guidé dans des couloirs aussi balisés que par le passé. Comprenez aussi que sa puissance énergétique et sexuelle est élevée. Le moment pour la procréation n'est pas encore venu, parce qu'il n'est pas encore prêt selon l'organisation de vos sociétés actuelles, mais l'adolescent en ressent tout de même la puissance et la pulsion. Cette pulsion est aussi la pulsion de vie et la pulsion de création, une puissante énergie de vie qui doit être canalisée et guidée dans des créations concrètes afin qu'elle ne soit pas destructrice.

Dans cette optique, comment la mère doit-elle aborder cette période?

La mère vit, elle aussi, un passage dans la transformation de son rôle. Elle devient une amie, un éclaireur. L'amie la plus chère, puisqu'il y a un amour maternel réel, inscrit dans un rôle d'accueil et de reconnaissance. L'amie la plus chère aussi parce que la mieux placée pour éclairer l'enfant dans la continuation de son parcours vers non seulement la découverte de ses dons, mais aussi de son expression, c'est-à-dire ce qui l'amènera éventuellement à choisir son œuvre de vie.

Et si la mère est un éclaireur, quel est le rôle du père?

Le père, bien sûr, a aussi une contribution majeure à apporter, puisque son rôle de favoriser la relation de l'enfant avec l'environnement ne fait que s'accroître d'année en année. Ainsi, durant cette période de l'adolescence, la puissance que l'enfant a en lui, et qui s'oppose aux structures, fait en sorte qu'il a de la difficulté à se situer, à savoir comment agir. Le père, jusqu'à maintenant, l'a mis en relation avec son environnement. Dorénavant, l'adolescent devra agir et créer par lui-même, s'exprimer en relation avec l'environnement social dans son ensemble, mais il ne sait pas comment être ni comment faire. La guidance va donc s'accentuer. Toutefois, les rôles maternel et paternel au quotidien, qui dictaient jusque-là pratiquement chacun de ses pas, se transforment. Les deux doivent devenir des amis-guides, des orienteurs, tout en exprimant l'amour du père et de la mère. C'est là un des passages initiatiques les plus grandioses, les plus magnifiques, notamment pour la mère.

Pourquoi surtout la mère?

Parce qu'elle va vivre ici une véritable transmutation dans la relation avec « sa création ». L'enfant, à qui elle a donné naissance et qu'elle a guidé jusqu'à la phase de l'autonomie, était « son œuvre ». Du moins, elle participait à l'œuvre de sa croissance. Elle doit à présent s'en détacher. Nous pourrions vous dire, de façon analogique: « Vous avez créé une chanson. Vous avez eu l'inspiration des paroles, des accords, de la mélodie. Vous l'avez présentée à d'autres Êtres, et depuis, elle appartient à tous et tous peuvent la chanter. Ce n'est plus votre chanson, c'est une chanson.»

Bien sûr, nous invitons les parents à concevoir qu'avant même sa naissance, il ne s'agissait pas de leur enfant, mais d'un enfant, d'un Être humain avec qui ils sont appelés à jouer un rôle amoureux qui s'exprime par la guidance. Ainsi, à cette nouvelle étape, le rôle change. La joie qu'ils ont retirée d'une certaine forme d'éducation sera dès lors vécue de façon différente. Ils devront se détacher de l'affectivité possessive pour vivre encore davantage dans l'amour pur et inconditionnel.

C'est un passage où l'amour inconditionnel se manifeste de façon très concrète. Toutefois, il ne se produit pas spontanément. Ce passage doit être préparé. L'expérience de l'inconditionnalité de l'amour débute au moment même de la procréation, pour évoluer ensuite tout au long de la grossesse, puis de la période d'éducation.

S'il n'y a pas eu de préparation, vous vous rendrez compte qu'il y aura vraiment une déchirure, une coupure très, très importante. Si les parents tentent de maintenir leur rôle tel qu'il était auparavant, l'enfant non seulement résistera, mais s'y opposera, créant des conflits. Ces conflits sont terribles tant pour l'enfant que pour les parents, car il est déchirant pour les parents d'être en conflit avec leur enfant. Et les enfants, malgré une apparente ingratitude par moments, sont conscients que ces Êtres les aiment. Alors, ils sont déchirés eux aussi d'être en conflit avec leurs parents.

La mère comprendra ainsi que c'est le plus grand détachement de toute son existence et, à la fois, le moment le plus éclatant, puisque c'est aussi l'expression lumineuse de tout ce à quoi elle a participé. L'Être qu'elle a créé devient autonome. Elle a consacré une partie importante de sa vie pour cela et le moment se présente enfin. C'est un moment de réjouissance. Nous invitons tous les Êtres à célébrer ce passage. Cela implique bien sûr de bien ressentir le moment où il se présente chez l'enfant, pour pouvoir le marquer d'une célébration toute particulière. Est-ce à 14 ans, à 15 ans, à 16 ans, ou, pour certains autres, à 17 ans ? C'est une seconde naissance qui commande de couper un deuxième cordon ombilical. Célébrez l'enfant qui cède sa place au jeune homme ou à la jeune femme qui naît. Célébrez aussi la maman qui, elle, émerge comme un guide, un orienteur, une conseillère, un éclaireur pour cet Être plus libre. Quelle joie, n'est-ce pas ?

Suggérez-vous une sorte de rite de passage ?

Nous suggérons un retour au rite de passage pour marquer un heureux moment qui se prépare depuis plusieurs années, et qui favorise la conscientisation de ce passage chez l'enfant et chez ses parents. Car, vous avez pu l'observer, chez certains Êtres, la coupure n'a pas été conscientisée ou réalisée. Il y a des

Êtres qui vivent sur cette Terre depuis plusieurs décennies – trois, quatre, cinq, et six, même – et qui n'ont pas vécu la coupure émotionnelle, d'avec leurs parents en général, ou d'avec leur mère, en particulier. Cela entraîne des répercussions sur la vie des Êtres.

Alors, ce merveilleux moment doit être accompagné d'une compréhension et d'une mise en place de façons de vivre qui permettent à l'enfant de canaliser son énergie intense dans le respect de son environnement familial, social, éducationnel, sans toutefois qu'il se sente emprisonné. Le respect signifie que si sa pulsion de vie, si sa force énergétique peut l'entraîner à créer non seulement de nouvelles valeurs, mais également de nouvelles façons d'être et de vivre, il est intéressant que l'enfant respecte ce qui est déjà en place et que sa création soit un reflet, une perspective, une forme de présentation de sa vision.

Si ses parents, dans l'incompréhension de ce qui se passe, s'opposent à sa création ou lui imposent trop de limites, sachez que cette force est tout de même présente. Vous aurez donc l'impression qu'il veut tout briser autour de lui, qu'il veut tout détruire. Et les Êtres, plutôt que de comprendre qu'il s'agit d'une force créatrice, pourraient l'identifier comme une force destructrice et dire que les adolescents sont destructeurs. Quel terrible quiproquo !

Vu de cette façon, c'en est un, très certainement !

C'est la beauté de la force créatrice qui pourrait être confondue avec une force de destruction. Bien sûr, création signifie renouvellement, changement. Observez votre peau, par exemple, lorsque vos cellules se régénèrent, lorsqu'elles se reproduisent. Celles qui ont perdu de leur vivacité, perdu leur vie, se détruisent, n'est-ce pas ? Elle est en renouvellement continu. Vous constatez à ce moment qu'il y a des parcelles de peau qui s'envolent au vent. Cette peau ne sert plus, et il y a donc une destruction, une élimination de cette peau morte pour permettre la création de nouvelles cellules.

Le passage de l'adolescence peut être équilibré et harmonieux, tout comme le renouvellement de votre peau en mutation. L'adolescent est un Être entier, mais en mutation. D'ailleurs, comme il n'a pas terminé son éducation, sa création n'est pas toujours équilibrée, pas toujours harmonieuse, et c'est à ce moment-là que la guidance et les éclairages deviennent intéressants. C'est là que l'adolescent peut, s'il est bien guidé sans pression, se rendre compte lui-même des déséquilibres, des instabilités, de ce qui ne convient pas. S'il est brimé, par contre, il cherchera tout de même à créer, à s'exprimer et à se manifester. Il sera en réaction, et alors son discernement sera voilé ou même anéanti par la frustration.

J'aimerais que vous précisiez en quoi consiste la création d'un adolescent.

La création, c'est tout ce qu'il peut exprimer sur la vie, sur la société, par ses paroles, ses visions, ses pensées. Comment il voit la vie, comment il veut vivre.

Il peut s'exprimer aussi par une façon de marcher, une façon d'être, une façon d'apprendre. C'est aussi son rapport aux objets, ceux qui sont intéressants pour lui, les couleurs, les formes, les harmonies. Toute sa relation avec la vie et l'environnement, il peut l'exprimer par ses pensées, par ses paroles, par ses gestes. C'est d'abord cela, sa création. Il a une vision, des envies, des goûts, une façon d'être et une façon de vivre qui sont différents de ce qu'il a vu jusqu'à maintenant. Jusqu'à maintenant, dans votre environnement, il suivait les paramètres qu'on lui avait dictés. Puis, vient un moment où il veut, comme vous, collaborer à les changer.

Il veut repousser les limites, réinventer le monde, quoi !

Mais il n'a pas toutes les connaissances pour le faire, bien sûr, et c'est dans ce sens que, s'il se sent bien accueilli, il accueillera lui aussi vos suggestions et vos éclairages. Mais si on ne comprend pas ou qu'on n'accueille pas toute cette force qui est en lui et qui fait en sorte qu'il veut changer les choses, il n'accueillera pas vos éclairages. Cela va de soi. Vous n'êtes pas disponible pour comprendre l'intensité dans sa volonté de changer les choses, alors il n'est pas disponible à entendre l'équilibre que vous lui proposez.

Toutes ses activités sont-elles une « création » ?

Toutes ses activités sont une création, et il y en a tout de même plusieurs qui sont assez conformes aux vôtres. Mais il y en a plusieurs où il veut expérimenter, et c'est là que la guidance prend tout son sens. Qu'il puisse expérimenter, sans pour autant tout déstabiliser dans sa vie.

Vous, lorsque vous voulez faire un changement, vous évaluez comment, à partir de votre création, vous pouvez vous y diriger sans tout déséquilibrer, n'est-ce pas ? Lui, par contre, a encore besoin de guidance. Plus il est compris, plus il est entendu, plus il peut accepter cette guidance. Mais s'il ne l'est pas, alors sa frustration augmente. Et pendant tout ce temps, sa puissante énergie est là, même si vous tentez de la contenir jusqu'à ce qu'il soit socialement et économiquement autonome – un moment qui semble de plus en plus s'éloigner de l'âge de la puberté. Mais même si vous voulez contenir son énergie de vie, cela n'est pas possible.

Alors, que se passe-t-il lorsque vous tentez de contenir son énergie ? Cela cause un déséquilibre intérieur, et vous retrouvez des jeunes gens qui ont des difficultés à vivre en harmonie, en équilibre avec leurs pensées, dans leur façon d'être. Ils sont en déséquilibre psychique. De plus en plus de jeunes gens sont dépressifs, par exemple. Plusieurs jeunes gens se suicident ou pensent à se suicider. Quel gâchis, alors que la vie se manifeste en eux dans toute son intensité !

Le suicide chez les jeunes gens est un désespoir provoqué par la perte de sens de la vie. L'énergie de vie est si intense en eux et les voies pour l'exprimer leur semblent à ce point inexistantes qu'ils se détruisent.

Il est primordial de prendre conscience que si l'adolescent, dans sa grande force créatrice, se retrouve en difficulté comme individu, comme société, vous l'êtes tous aussi.

Puis, se présentent de plus des psychoses, des névroses, déjà, à cet âge-là, à cause de cela. Et il y a des Êtres qui sont simplement introvertis, renfermés. Rappelez-vous que la vie sur cette Terre prend son sens dans l'expression créatrice de l'Être. Lorsqu'il est introverti, renfermé et qu'il ne s'exprime pas, il va à l'encontre de lui-même. Il va se détruire. Il y aura chez l'Être des douleurs, des inconforts émotionnels, mentaux et physiques.

Le dilemme est que si, par ailleurs, l'Être utilise sa force extérieure au premier niveau, il va aussi à l'encontre de vos valeurs. Il crée ainsi une vie, dans votre demeure, qui ne correspond pas à ce que vous voulez. Vous vous retrouvez donc en conflit et vous êtes mal à l'aise. Il l'est aussi, et les frustrations augmentent. Plusieurs jeunes s'expriment verbalement, et même physiquement, avec de plus en plus de violence. Une violence qui peut aussi dégénérer dans une violence sociale. Submergés par la colère, ils détruisent autour d'eux ce qui leur semble être un non-sens.

On peut même voir émerger, pendant la crise de l'adolescence, des gangs de rue qui utilisent la violence pour s'exprimer.

Ces jeunes cherchent à instaurer leurs lois. Est-ce que les adolescents, à la source, veulent faire la loi dans leur société ? Non. Ils veulent seulement pouvoir s'exprimer. Mais s'ils se sentent emprisonnés dans leur expression, leur force fera en sorte qu'ils voudront faire la loi à l'extérieur, et cela avec violence. Jusqu'à créer l'anarchie de façon très, très importante. Plus il y a d'inconfort chez les jeunes gens, plus la rébellion est marquée.

Cela dit, pourquoi cette situation existe-t-elle aujourd'hui et qu'elle n'existait pas auparavant ? Parce qu'auparavant, il y avait plus d'espace pour exprimer ses talents réels.

Aujourd'hui, à cause de la recherche de performance de plus en plus grande, associée aux iniquités de plus en plus nombreuses, ce ne sont pas vraiment les envies profondes des jeunes qui trouvent un espace, mais ce qu'ils doivent faire pour être aimés et reconnus. Il y a d'abord ce qu'ils doivent faire pour obtenir les moyens financiers nécessaires pour s'offrir les mêmes plaisirs que les adultes. Il y a une tension à ce niveau, et une autre pour s'intégrer, se conformer à des normes qui ne sont pas les leurs et qu'ils veulent transformer. De plus, ils ont raison de vouloir changer ce monde souffrant et inéquitable : l'Univers se transforme continuellement !

Maintenant, le rôle, non seulement des parents, mais de la société, est d'accompagner les Êtres à mettre en place ces transformations de façon progressive. Les adolescents sont les adultes de demain. Vous avez évolué en créant la société actuelle, eux vont évoluer en créant celle de demain.

Le pouvoir, associé à la performance et à l'aspect financier, fait en sorte qu'il y a vraiment une distribution inéquitable de l'abondance sur cette Terre, ce qui crée beaucoup de tensions chez les adultes. Cette tension est ressentie chez leurs enfants, d'une part, et d'autre part, elle engendre une forme de renonciation à ce que nous nommons l'individualité, soit l'essence de chacun.

Est-ce que vous nous avez suivis ?

Je vous ai très bien suivis, et ça soulève plusieurs questions. Vous avez parlé, au début du propos, de l'évolution de nos sociétés qui fait en sorte que les adolescents ne peuvent plus exprimer leur création à l'âge de l'autonomie physique, qu'ils s'expriment plus tard dans un travail. A-t-on évolué dans le bon sens ? Était-ce une évolution nécessaire ?

Non. Cette évolution est orientée en fonction des peurs des Êtres, plutôt qu'en fonction du respect d'eux-mêmes. Cela provoque une recherche de sécurité à travers les possessions matérielles ou affectives, et à travers le pouvoir sur les autres.

Lorsque vous goûtez des aliments, il y a une sensation immédiate : si ces aliments ne sont pas sains, vous le sentirez et vous pourrez les rejeter. Si, par contre, vous n'êtes pas à l'écoute de vos sensations et de vos impressions, vous les avalerez. Ce sera alors votre estomac qui en aura une impression très nette ! Il voudra les rejeter, et vous vivrez un malaise. Est-ce qu'il était nécessaire d'aller vers ce malaise, cet inconfort d'indigestion ? Non. Toutefois, constatez comme l'Univers est merveilleux : l'intelligence cellulaire a permis à votre estomac de reconnaître cette nourriture comme malsaine, et plutôt que de laisser vos cellules se détruire, il a rejeté la nourriture. Toutefois, le message avait déjà été transmis lorsque vous avez porté l'aliment à votre bouche, et vous auriez pu le rejeter à ce moment.

Alors, lorsque vous nous dites : « Est-ce qu'il était nécessaire d'aller dans cette forme d'évolution ? », la réponse est non. Sauf que les messages n'ont pas été entendus. Dans plusieurs sociétés, le besoin des Êtres de s'enrichir pour se sécuriser provient de mémoires de douleurs ou de pauvreté dans d'autres vies. Ces mémoires, ces blessures antérieures font en sorte que, bien qu'inspirés quant à ce qui est juste pour eux, quant à ce qui a du sens dans leur vie, quant à ce qu'est la voie la plus lumineuse pour eux, les Êtres vont vers la sécurité et la recherche du pouvoir.

Est-ce qu'on se suit bien ?

Très bien, mais si ce n'était pas nécessaire, qu'est-ce qu'on pourrait changer, notamment dans nos structures d'éducation, pour permettre aux adolescents de mieux s'exprimer dans leur création ?

Alors, vous avez déjà compris, d'après votre question, qu'il faut permettre une meilleure canalisation de l'intensité de l'énergie des adolescents. Pour ce faire, il est intéressant que le parcours soit progressif, pour éviter qu'à l'âge de 15 ans, il y ait un changement draconien. Pour favoriser la canalisation de l'énergie des adolescents, pour l'instant la structure éducationnelle en place est la structure la plus malléable dans votre société. C'est la plus intense, peut-être même la plus lourde, mais à la fois celle qui est la plus simple à modifier et qui apporterait les changements les plus rapides. La structure éducationnelle demande à être changée dès le début de son intervention.

Donc, dès le primaire?

Dès que les enfants sont à l'âge des Jardins d'enfants. Les enfants peuvent être guidés de manière progressive à entrer en relation avec leur environnement familial, amical, social, économique et, de cette relation, être guidés à s'exprimer et à créer.

De l'âge de 7 ans jusqu'au début de l'âge adulte, les enfants doivent être guidés dans des projets de création. Ces projets évolueront avec l'âge et solliciteront de plus en plus d'implication de l'Être, beaucoup d'énergie et d'attention. Ainsi habitués à l'expression créatrice depuis de nombreuses années, les adolescents voudront bien sûr entreprendre leurs propres projets qui favorisent le changement de la société dans laquelle ils vivent. Ils voudront transmettre ainsi leur message. Ce seront des projets de transformation des structures ou des façons de faire. Ce seront aussi des projets de collaboration à l'équité, à l'harmonisation. Ce seront des projets artistiques, sportifs, scientifiques.

Lorsqu'ils atteignent l'âge de 15 ans, les adolescents sont en mesure de créer différents projets assez vastes, puisqu'ils ont beaucoup d'énergie. Ils n'en sont plus à un dessin sur une feuille, n'est-ce pas? Ils n'en sont plus à une peinture collective dans leur salle de classe. Ils ont vraiment la capacité de réaliser des projets importants qui franchissent les murs de leur école, qui franchissent même les murs de leur pays ou de leur société.

Et ces Êtres veulent être en relation. Dans un monde idéal, vous les aurez guidés à entrer en relation avec le monde entier, avec la vie, alors les projets fuseront de toutes parts. Des projets de création pour transformer l'environnement, d'autres pour guider les Êtres à respecter l'eau, par exemple, ou d'autres encore pour favoriser la communication entre les différents pays. Vous seriez étonnés de constater l'ampleur des projets, leur précision, si les Êtres étaient guidés depuis l'âge de 5 ans. Lorsque vous, en tant qu'adultes, êtes guidés dans des connaissances pendant dix ans, vous vous dites « maîtres » dans ce domaine, n'est-ce pas ?

Vous devez permettre aux adolescents de canaliser leur énergie dans des projets concrets, réels et applicables. Vous devez être cohérents en favorisant l'intégration de leurs créations dans le monde pour qu'il soit aussi votre monde. Vous devez être en relation de confiance avec eux, et eux, avec les adultes.

Est-ce que ça nous ramène au fameux principe féminin-masculin, à savoir que l'école a été créée de façon compartimentée dans des structures masculines sèches et que, là, on aurait tout avantage à y apporter plus de féminin pour harmoniser le tout ?

Tout à fait. Votre système d'éducation est bâti selon un principe masculin, c'est-à-dire que les enfants apprennent en s'imprégnant de connaissances. Toutefois, la dimension plus féminine, c'est-à-dire l'intégration des éléments plus subtils dans la création, doit s'inscrire dans la structure éducationnelle. Mais l'on ne vous dit pas que vos structures actuelles sont entièrement fausses. Toutefois, plusieurs enseignants seront totalement en accord avec ce que nous transmettons. Ils ont besoin simplement des ressources pour le faire et des autorisations. Tout comme si la structure elle-même était devenue une entité vivante sclérosée, alors que chacun de ses membres, ou presque tous, souhaitent des changements fondamentaux. C'est la structure qui s'est rigidifiée.

Qu'est-ce qui empêche le changement?

La peur de changer, la peur de perdre le contrôle, la peur de l'anarchie, la peur de la fainéantise, la peur aussi que des Êtres soient trop autonomes.

Et quels sont les effets à craindre de créer une société où les Êtres seraient plus autonomes, trop autonomes à 15, 16, 17 ans?

Une première génération de turbulence, provoquant une perte de productivité et d'efficacité, jusqu'à ce que tout se mette en ordre et qu'il y ait par la suite une véritable créativité productive. Même si, dans ce monde idéal, il n'y a pas de recherche de performance, nous vous dirons qu'il y aurait une véritable performance, sans être imposée. Mais pour y arriver, il faudrait pour le moins une génération de remise en place des choses.

Est-ce à dire qu'on devra sacrifier une génération pour apporter ces changements?

«Sacrifier»? Non. Une telle génération serait déjà beaucoup plus stimulée que vos générations actuelles. Vous ne sacrifiez rien. Nous vous disons simplement qu'il faudra une génération avant que vous sentiez que tout s'est réharmonisé. Mais le parcours serait joyeux. Actuellement, vous êtes dans une structure dont l'équilibre est très précaire. Vous vivez sur des volcans actifs, et les Êtres sont tendus. Ils ont peur et ne sont pas heureux. Dans une transition, il y a bien sûr un résultat qui n'est pas total, immédiat, mais déjà, la voie, le chemin est un résultat en soi.

J'aimerais qu'on revienne à la mère, maintenant. Vous avez parlé de cette coupure d'un autre cordon ombilical. Ce serait donc une deuxième coupure dans la vie de la mère. Toujours dans ce monde idéal, comment se ferait cette coupure? Est-ce une transition sur plusieurs années? Est-ce quelque chose de plus rapide?

Votre question est intéressante, car, bien que, de façon philosophique, nous puissions vous dire que c'est une coupure progressive, en observant la réalité quotidienne vous constatez que l'enfant se présente dans ce passage subitement. En l'espace de quelques mois, il est entré dans une forme de contraction mais aussi d'ouverture. Il s'ouvre et se contracte à la fois. En fait, le passage est là. Vous devez vous y préparer sur une période d'environ 15 ans.

[rire] Dès sa naissance, finalement!

À partir de la coupure du premier cordon ombilical physique, vous êtes déjà dans la préparation de la coupure du second, le cordon ombilical émotionnel. Vous le préparez, de telle sorte que ce soit une fête. Faisons la relation avec le cordon ombilical physique. Lorsqu'il est coupé, il y a tout de même une séparation de la mère, un détachement. Même si elle est prête à enfanter, parce que c'est devenu inconfortable physiquement, la relation fusionnelle qu'elle vit avec son enfant quand elle le porte dans ses entrailles est très enrichissante pour elle. Elle s'est donnée dans ce rôle, et la coupure du cordon ombilical exige tout de même une centration de la mère, un détachement. Elle choisit d'abandonner un rôle pour un autre. À un niveau, c'est très heureux parce que c'était devenu inconfortable, mais à l'autre, c'est un détachement. Et plusieurs femmes vont vivre un moment de lassitude, même de dépression, par la suite.

Parce qu'il y a un deuil à faire?

Certes, et pourtant cette relation laisse place à une autre forme de relation, tout aussi magnifique. La mère peut tout autant ressentir le lien d'amour avec cet Être que lorsqu'il était à l'intérieur de son ventre. Sans compter qu'elle peut maintenant constater sa croissance, la stimuler et la nourrir. Donc, c'est une continuation dans une autre perspective, et le déploiement de l'enfant, celui de son individualité, va réjouir la mère profondément.

Encore une fois, ce n'est que la forme qui change.

Il arrive quelquefois que la femme regrette la période de la grossesse parce que son environnement est difficile. Le contact avec son enfant n'est plus le même. Des tensions avec le père, des tensions matérielles, des tensions avec la famille ou le milieu social peuvent faire en sorte que sa relation avec son enfant n'est plus ce qu'elle était. La mère regrette alors cette période.

Toutefois, dans des conditions naturelles et équilibrées, c'est une autre forme de relation nourrissante et tout aussi merveilleuse qui débute, et il en sera de même lors de la prochaine coupure, au moment de l'adolescence. La mère sait que, tout en vivant la beauté de la relation telle qu'elle est actuellement, un jour, ce sera différent, et encore merveilleux. Déjà, elle réalise que c'est merveilleux maintenant, en prenant son enfant dans ses bras. La différence qu'elle ressent entre maintenant et la période de la grossesse lui indique qu'elle pourra aussi vivre le même bonheur au prochain passage. Souvent, il faudra guider les mères en ce sens, car elles sont très sollicitées par leurs enfants, par leur famille et par toute la société. Certaines femmes qui ont vécu, compris et acquis une sagesse des coupures passées avec leurs enfants peuvent être des guides pour les nouvelles mères.

Est-ce que cette période est tout aussi initiatique pour le père, ou si ça l'est particulièrement pour la mère?

Cette période est initiatique aussi pour le père. C'est différent toutefois, parce que les Êtres sont différents. De la mère, l'Être cherchera toujours une reconnaissance de ses dons profonds. De son père, il recherchera le regard approbateur, l'autorisation de vivre dans ce monde.

Observez des jeunes gens et voyez comment, malgré les oppositions à leurs parents, ils ont envie de l'autorisation du père. Non pas de l'autorisation pour faire ceci ou cela. Au contraire, ils voudraient bien souvent s'en dispenser. Ils attendent plutôt son autorisation, par son regard, dans ses propos, pour vivre à leur façon et pour savoir que ce qu'ils font est juste. Il y a des Êtres qui, à 50 ans passés, attendent encore cette autorisation de leur père.

C'est donc un passage initiatique pour les deux, mais vécu différemment. La mère le vit toujours beaucoup plus cellulairement que le père.

Alors, pour en revenir à ma première question, la coupure du cordon ombilical pour la mère se fait sur une assez courte période de quelques mois, si j'ai bien compris?

Elle doit se faire rapidement, mais elle peut ne pas se faire, si la mère n'est pas disponible.

Oui, et on le comprend, ça cause d'autres problèmes.

Le passage de l'adolescence durant lequel la coupure du cordon ombilical émotionnel n'a pas lieu génère une tension entre l'enfant et sa mère, et cela, tant et aussi longtemps qu'elle n'aura pas été totalement réalisée. Un Être peut donc demeurer vulnérable sur le plan émotif, ou rester dans une dépendance affective par rapport à sa mère, si la coupure est partielle.

Est-ce qu'on pourrait résumer en quelques phrases quelles sont les conséquences quand la mère ne « réussit » pas – entre guillemets, bien sûr, parce qu'on ne veut pas, ici, être dans la performance – à couper le cordon ombilical?

Les conséquences les plus fréquentes sont soit l'attachement affectif à la mère, soit la résistance. C'est-à-dire qu'on va retrouver un Être qui soit tente d'évoluer dans l'attente de sa mère, soit est en conflit avec elle. C'est donc une dépendance à la mère qui s'exprime par la fusion ou l'opposition.

Il y a des Êtres qui vivent longtemps dans le sillon de leur mère. Tout ce qu'ils entreprennent, ils vont le transmettre à leur mère et lui demander de le cautionner ou de les encourager. Et il y a d'autres Êtres qui, au contraire, s'opposeront toujours à leur mère. Dès qu'elle émet un commentaire ou une suggestion, ils ne veulent pas l'entendre. Ce sont des réactions apparemment différentes et qui pourtant proviennent de la même source.

Les conséquences sont différentes chez la fille et le garçon, selon qu'il s'agit de la relation avec la mère ou avec le père. Certains phénomènes sont facilement observables : celui d'une fille, devenue une femme, qui attend toujours le regard approbateur du père, par exemple. Elle le cherchera chez son compagnon, souvent sans en être satisfaite. Il en est de même pour le garçon qui, souvent, est en colère contre le père parce qu'il ne lui donne pas son autorisation ou parce qu'il ne le confirme pas dans ses choix.

La coupure exige que la mère et le père expliquent à l'adolescent le changement de rôle. L'adolescent doit comprendre que ses parents deviennent des guides et des amis, qu'il ne peut plus être en attente de leur approbation, mais qu'il peut apprécier leur regard sur ses actions.

La création de l'adolescent est juste en soi parce qu'elle est la sienne. « Juste » ne signifie pas qu'elle doive être intégrée immanquablement dans la vie familiale. Elle est juste simplement parce qu'il est juste qu'il l'exprime. Et il est juste aussi qu'il se rende compte qu'elle peut être provocante, déséquilibrée ou incomplète. Mais c'est à lui de s'en rendre compte, plutôt que d'attendre l'accord du père ou de la mère. Si, par exemple, il choisit de délaisser l'école, il faut à cette étape qu'il puisse, lui, se rendre compte de ce que cela signifie. Ses parents vont l'éclairer, vont lui transmettre des informations pour qu'il puisse prendre conscience des conséquences de ses choix, mais il n'a pas à se retrouver dans l'attente que son père l'approuve. Son père lui apportera de plus en plus d'informations, continuera à l'éclairer. À partir de ce moment-là, l'adolescent doit choisir d'évoluer vers son autonomie.

Quelles autres transformations doit-on apporter aux structures en place pour permettre l'épanouissement de l'adolescent ?

Si la première transformation doit se faire sur le plan de la structure éducationnelle, qui, comme nous l'avons dit, est la plus lourde mais à la fois celle qui peut se changer la plus facilement, l'autre est la structure de vie familiale et communautaire. Nous avons invité les Êtres à recréer des formes de vie plus « cellulaires » pour amorcer les changements du monde. Que les Êtres, même à l'intérieur des grandes cités, puissent créer des microvillages, à échelle humaine, que nous nommons des « cellules ». Ce sont en somme de petits regroupements d'individus, de familles et de demeures dans les cités ou dans les campagnes, en fonction de leurs intérêts ou de leur orientation.

Durant notre propos sur la petite enfance, vous nous disiez : « La mère voudrait bien aller travailler, créer à l'extérieur, avoir un peu d'espace... » Et nous vous répondions : « Dans une structure où plusieurs femmes se regroupent dans une communauté, les enfants sont accompagnés, même si leur mère n'est pas présente pour un moment. » Cette même structure familiale élargie au niveau d'une cellule, où il y a des pères, des mères et d'autres enfants, peut collaborer aux projets des adolescents, par un soutien et un encouragement. Accompagnés dans la confiance et l'amour, les adolescents feront les choses dans le respect des autres, puisqu'ils auront été guidés à comprendre la nature graduelle du changement, même à partir d'idées ou de valeurs qui défient un peu la structure actuelle.

Pouvez-vous nous donner un exemple de création qui peut s'intégrer à toute la communauté ?

Par exemple, les adolescents peuvent se réunir pour proposer la création de nouveaux lieux de rencontre dans la cellule et de nouvelles façons de se rencontrer. La cellule pourrait leur permettre d'élaborer ce nouveau lieu, d'en faire les plans, et, si cela a du sens, d'aller même vers l'expérience de le construire eux-mêmes. Trois ou quatre jeunes gens dans une cellule, par exemple, peuvent proposer que les décisions communautaires soient prises d'une manière totalement différente. Ils peuvent choisir un autre mode et l'élaborer. La communauté leur offre l'espace pour élaborer leur proposition et l'expérimenter. C'est très nourrissant pour les jeunes. Puis, les jeunes vont non seulement créer, mais aussi faire eux-mêmes une évaluation de leur création. Vous allez vous rendre compte que leur évaluation sera tout aussi critique que la vôtre aurait pu l'être. Si vous critiquez leur initiative avant même qu'elle ne soit mise en place, ils seront en opposition. Mais s'ils ont de l'espace, ils vont se rendre compte eux-mêmes des lacunes. Ils vont accueillir les éclairages. En somme, ce que nous vous disons, c'est que les structures familiales élargies peuvent favoriser la créativité des jeunes.

Et qu'en est-il des changements nécessaires dans les structures sociales?

Les structures sociales devront également s'adapter. Les changements y sont moins efficaces parce que souvent associés à des dirigeants en poste pendant des termes précis de quelques années et des questions de budget. À plus petite échelle, la communauté doit toutefois inviter les jeunes à soumettre eux-mêmes leurs projets. Non pas leur indiquer : « Nous avons besoin de jeunes pour ce projet. » Plutôt dire aux jeunes : « Quelles sont vos suggestions, quels sont vos projets pour transformer la ville ou pour en transformer le processus de décisions à tous les niveaux ? »

Cela ne veut pas dire que vous accepterez toutes leurs suggestions. Cela signifie que vous leur laissez de l'espace, non seulement pour soumettre, mais peut-être même pour expérimenter leurs idées à une certaine échelle. Vous pourriez demander aux jeunes : « Comment pourrions-nous l'implanter ? Comment pourrions-nous l'expérimenter ? » Et vous verrez les jeunes qui, déjà, voudront l'expérimenter dans un modèle réduit. Ils sont fort intelligents, fort perceptifs. Leur opposition actuelle, celle qui saccage davantage, est engendrée par la non-écoute. Mais à partir de l'instant où ils auront de l'espace pour créer, vous verrez qu'ils sont quelquefois plus conservateurs que vous ne le croyez.

Est-ce qu'on se suit bien ?

C'est très clair.

Paradoxalement, les structures sociales sont actuellement celles qui tentent des expériences pour les jeunes, alors que les structures familiales éclatent plutôt que d'expérimenter des transformations. Il en va de même pour la structure éducationnelle. Pourtant, ce sont les familles et l'école qui devraient être les premières à se transformer, et la structure sociale, les suivre.

Alors, ce que vous nous suggérez, c'est de le faire à l'envers. De partir de la cellule familiale et de la cellule éducationnelle pour finalement transformer la société, et non attendre de la société qu'elle transforme les autres cellules ?

Voilà.

On a effleuré brièvement le sujet des gangs de rue. Dans notre évaluation sociale actuelle, on relie beaucoup ces phénomènes à la pauvreté. Est-ce que c'est le seul facteur ou il y a autre chose, de votre point de vue ?

La pauvreté est une distribution non équitable des ressources abondantes de cette Terre. Cette attitude provient du besoin de reconnaissance de l'Être qui n'obtient pas satisfaction. C'est-à-dire que les Êtres se protègent, se sécurisent dans la possession parce qu'ils ne sont pas satisfaits de la façon dont, sur cette Terre, ils peuvent exprimer leurs talents. Nous disons que la pauvreté est une conséquence d'un autre déséquilibre sur cette Terre, celui de la recherche de sécurité et de performance pour obtenir des satisfactions.

Alors, certes, ces phénomènes de groupes turbulents sont associés à la pauvreté. Observez que, dans les milieux les plus pauvres, on retrouve la même intensité, la même puissance créatrice, mais qu'il y a encore moins de moyens offerts aux jeunes gens pour se déployer en équilibre. Toutefois, malgré les moyens physiques, matériels, spatio-temporels disponibles dans des milieux mieux nantis, des pressions d'ordre psychologique existent tout de même.

De performance, vous voulez dire?

Non seulement les jeunes gens subissent-ils la pression d'atteindre des résultats de haut niveau, mais souvent leurs choix doivent correspondre à ceux des parents. Les voies qu'on leur offre sont très balisées. La violence est souvent à l'intérieur d'eux. Non pas nécessairement une violence psychologique entre les enfants et les parents, mais il y a beaucoup d'adolescents qui sont violents intérieurement avec eux-mêmes, qui se nient eux-mêmes. Se nier soi-même est une violence extrême, vous savez. Ne pas reconnaître ses dons, ses talents, ne pas les voir, ne pas vouloir les entendre est une violence qui peut mener l'Être à la mort.

Les formes extérieures vous semblent plus violentes, plus radicales, plus rapides dans certains milieux plus défavorisés. Mais dans des milieux mieux nantis, les violences sont aussi très importantes, quoique moins apparentes. Quelquefois, la souffrance perdure plus longtemps.

Vous avez aussi mentionné la très grande énergie des adolescents. On a souvent l'impression que c'est tout à fait le contraire, que nos adolescents sont amorphes, qu'ils n'ont pas d'énergie, qu'ils se traînent les pieds. Que voyez-vous que nous, on ne voit pas?

L'apparente apathie ou lassitude s'explique d'abord par les exigences de la croissance et de l'intensité intérieure. La croissance est vive et continue. Le mouvement de l'énergie en eux, sur les plans intellectuel, émotionnel et physique, se transforme continuellement. Cela provoque naturellement de la fatigue physique et psychique.

Lorsqu'on vous demande un travail intellectuel très intense durant toute une semaine, à la fin de cette semaine, vous êtes un peu plus amorphe, n'est-ce pas ?

Oui.

Il en est de même pour les adolescents. L'exigence intellectuelle est continue. Non pas pendant une semaine, mais continue.

Vous vous en rendez compte ?

C'est un fait.

Et non seulement il y a une exigence sur le plan intellectuel, mais aussi sur le plan physique, car le corps est en croissance. Oui, ils sont très intenses, mais par moments, ils auront besoin de se ressourcer beaucoup plus longuement que vous. De plus, la désillusion provoquée par la sensation d'emprisonnement ou d'impossibilité de changer le monde à leur façon génère de l'apathie.

Vous nous dites qu'ils ne semblent pas si alertes, si vibrants, vivants, disponibles, effervescents, « énergiques ». Imaginons que nous vous demandions, pour les sept prochains jours, de courir quelques kilomètres jusqu'au lieu où vous travaillerez pendant plusieurs heures intellectuellement, puis de revenir en courant. À la fin de la semaine, malgré que vous soyez toujours remplie d'énergie, l'effort continu a provoqué de la fatigue !

D'autre part, pendant que vous êtes à ce travail (toujours un travail intellectuel), nous vous demandons de créer un texte qui explique aux Êtres comment vivre en société, selon vous. Toutefois, nous vous disons d'abord que ce texte ne doit pas compter plus de cinq cents mots. Ensuite, qu'il ne doit secouer aucune des structures en place. Puis, nous vous disons qu'il est important que vous ne causiez aucune rébellion chez les Êtres et que vous ne soyez pas trop futuriste.

Rapidement, vous direz : « Mais il n'y a plus de créativité ! À quoi sert d'écrire ? » L'exemple est-il suffisamment clair ?

Je comprends que je vais vite tomber dans la désillusion !

Maintenant, aux opposants de cet énoncé, qui auraient raison de dire : « Mais s'il n'y a pas d'encadrement, ils iront dans tous les sens... »

...ou : « Ça va être l'anarchie ! »

...nous proposons un encadrement, certes, mais différent, et dont la différence se sera établie durant les dix ou douze années précédentes. Imaginons qu'un individu ressente la faim chaque jour. Et, chaque jour, vous lui donnez une ration du même mets, pas très savoureux mais relativement sain. Vous choisissez le moment, la quantité, la saveur. Et jour après jour, l'Être ressent la faim. Un jour, ainsi, sans prévenir, vous lui présentez un buffet. Il y aura des Êtres qui chercheront dans ce buffet le même mets avec la même ration que ce que vous leur avez toujours donné, parce qu'ils sont désemparés. Ils ne savent plus que faire. Et, certes, il y en a d'autres qui voudront se gaver. D'un côté comme de l'autre, c'est totalement déséquilibré. Observez les jeunes gens quand, tout à coup, on leur offre une possibilité. Certains vont dans des déséquilibres et d'autres semblent ne pas accueillir la proposition. Ils sont introvertis. Ils ne savent pas quoi faire, parce qu'ils n'ont pas été préparés et guidés en ce sens. Mais si, jour après jour, vous les guidez à s'alimenter d'une nourriture saine, variée, et que, de plus en plus, ils peuvent se déployer dans certaines expériences, le jour où ils se retrouveront devant un buffet, ils vont s'en nourrir de façon équilibrée et saine. Cela n'est que bon sens, n'est-ce pas ?

Bien sûr. On va terminer ce chapitre avec le rite de passage, qui semble approprié dans les circonstances. J'aimerais que vous me donniez un exemple de cette tradition perdue, qui existe pourtant encore dans certaines civilisations.

Nous allons vous transmettre un rituel que nous avons déjà guidé pour un adolescent, mais ce n'est qu'un rituel parmi tant d'autres. Ce qui est le plus intéressant, c'est que les parents, avec l'adolescent, créent le rituel.

Nous avons invité un adolescent à créer un moment de rencontre avec sa communauté. Nous lui avons proposé d'inviter les Êtres de sa famille et de sa communauté au passage de l'enfant au jeune homme. La première étape était une rencontre en soirée durant laquelle il avait à transmettre aux Êtres de la communauté qu'il sentait que le moment était venu pour lui de devenir un jeune homme et qu'il voulait symboliquement utiliser la nuit qui venait pour faire le passage. Chaque membre de sa communauté tenait dans une main une bougie que l'enfant a allumée, et tous l'ont accompagné, symboliquement, jusqu'au lieu où il allait passer la nuit en l'invitant à s'endormir enfant et à s'éveiller jeune homme.

Puis, nous avons proposé au jeune homme qu'à son réveil, il se présente seul dans un lieu de la nature et qu'il contemple le lever du soleil. Il était invité à ressentir sa force de vie à l'intérieur de lui, à ressentir ce qui l'animait, ce qu'il voulait dans cette vie à son âge, ce qui lui parlait de lui.

Puis, trois heures après le lever du soleil, il a invité les membres de sa communauté autour de lui pour leur permettre de revivre eux-mêmes ce passage. Non pas pour qu'ils soient des voyeurs, mais pour qu'eux-mêmes, intérieurement, revivent le passage de l'autonomie. Dans ce rituel, il a exprimé à chaque membre quel aspect de leur beauté le stimulait. Nous entendons, par « beauté », leurs qualités, leurs talents. Vous saisissez ?

Oui, ce qu'il reconnaît et aime chez chacun d'entre eux.

Nous aimons utiliser le terme « beauté ». Alors, à un membre, il a transmis que sa grande capacité d'écoute le stimulait profondément, que c'était un élément qu'il pouvait reconnaître et qu'il aimerait bien porter en lui, et ainsi de suite avec chacun des membres. Puis, il a exprimé à chacun ce qu'il reconnaissait de beau en lui-même et ce qu'il voulait en faire à partir de ce jour.

Par la suite, il a invité chacun des membres à un repas qu'il avait préparé avec l'aide de ses parents, et il a guidé symboliquement la rencontre de la nourriture.

Ainsi, à son rythme et devant tous les membres, il s'est engagé à être un jeune homme. Il s'est engagé à être à l'écoute de ce qui vibre à l'intérieur de lui, à déployer sa beauté et à accueillir les éclairages des autres pour s'épanouir.

Voilà qui est simple, n'est-ce pas ?

Et c'est très beau. Je vous ai aussi déjà entendu dire qu'autour de 14 ans, les adolescents qui savaient écouter et reconnaître ce qui les fait vibrer sauraient, une fois à l'âge adulte, comment choisir la bonne orientation.

Certainement. Il ne faut toutefois pas, ici, exercer des pressions chez l'enfant de 14 ans, 15 ans, pour définir cela.

Je comprends très bien.

C'est une sensation.

Mais il y a sans doute une façon de les guider à reconnaître ce qui les fait vibrer à cet âge-là, non ?

Proposez-leur d'exprimer ce dont ils ont envie, ce qui est joyeux pour eux, ce qui les appelle. Ne leur demandez pas de définir leur carrière future. Demandez-leur simplement ce qu'ils aiment, pourquoi ils aiment cela, afin de distinguer le désir superficiel de la pulsion réelle.

D'accord, mais comment se fait-il qu'à 14 ans, l'enfant sait ce qui le fait vibrer, s'il a été guidé en ce sens ?

Parce qu'à cet âge, l'intensité de l'énergie liée à la puissance créatrice et procréatrice est très élevée. Même s'il ne peut le définir, son mandat d'incarnation se révèle dans ses goûts les plus profonds.

Les enjeux de l'adolescence sont si importants pour la vie d'un Être humain que nous invitons tous les adultes à revivre vibratoirement, dans le ressenti, ce passage initiatique pour mieux se connaître et se comprendre !

Chapitre 6

Jeune adulte (18-21 ans)

Nous avons conclu dans le chapitre précédent que la crise de l'adolescence était plutôt une crise de la société actuelle, à cause de l'écart qui existe entre ce qui est naturel pour un adolescent et ce que la société lui offre.

Si nous observons l'évolution naturelle d'un Être depuis la période de la grossesse de la mère, nous pouvons constater qu'il y a une distinction importante à faire entre ce qui est normal et ce qui est naturel pour les individus de vos sociétés. Ce qui est normal correspond à l'ensemble de tout ce que l'individu a inscrit en lui selon les influences de sa famille et de sa société. Il se normalise, c'est-à-dire qu'il se conforme en intégrant l'image que l'on veut ou que l'on a de lui. Et ces inscriptions sont si profondes et acceptées que l'Être croit qu'il s'agit d'une chose naturelle.

Les adolescents, comme leur famille et leur société, ont accepté l'idée de la crise de l'adolescence et ils la considèrent comme naturelle. Ils croient que leurs états, leurs attitudes et leurs agissements sont dans la nature d'un jeune. Mais il n'en est rien. Car si certains traits des jeunes gens sont habituels, s'ils sont considérés comme normaux, ils ne sont certes pas naturels. Ce qui est naturel pour eux, ce sont les pulsions de transformation de la société, les envies de changer le monde, et surtout les élans pour créer, pour apporter leur vision, pour s'impliquer dans l'équilibre et l'harmonie de la collectivité.

Dans vos sociétés actuelles, les jeunes gens (de 18 à 21 ans) sont pressés par votre système de faire les choix d'orientation qui influenceront toute leur vie. Dans un monde idéal, ils devraient déjà bien se connaître, arrivés à cette période. Ils devraient ressentir leurs pulsions de vie se clarifier, de telle sorte que leur choix soit naturel et corresponde à une expression de leur essence. Mais la réalité est tout autre puisque, jusque-là, ils ont acquis une certaine quantité de connaissances, et vécu peu d'expériences réelles. En outre, ils n'ont pas été guidés à se reconnaître ni à être à l'écoute des connaissances plus subtiles qui pourraient aussi les guider pour ressentir et reconnaître ce qu'ils sont pour faire leur choix. Le fait qu'ils soient non disponibles aux véritables sensations, perceptions et inspirations les rend vulnérables dans leur choix d'orientation.

De par sa nature, l'Être humain s'incarne sur cette Terre dans la matière. Or, il est aussi Esprit. Aucun Être sur cette Terre ne niera qu'il a des pensées et des inspirations, et il sait très bien que ces inspirations ne sont pas le fruit de son corps physique, mais de son Esprit. Il s'agit de l'aspect subtil de lui-même, quels que soient la manière dont il l'entend ou les mots qu'il utilise pour parler de l'Esprit. Cela signifie que peu importe ses croyances, l'Être conçoit qu'il a une dimension physique incarnée et une dimension subtile qui est essentielle à son incarnation.

Ainsi, il est naturel qu'un individu soit guidé par son Esprit et par les dimensions les plus subtiles de l'Univers. Lorsqu'un enfant est guidé, d'abord par sa mère durant la grossesse et les premières années de sa vie, puis par sa famille et ses professeurs, plusieurs connaissances très concrètes lui sont transmises. Il est guidé à les accueillir, à les comprendre, à les structurer en lui pour en faire ses bases de réflexion et de décision. Il devrait être tout aussi naturel qu'il soit guidé à accueillir les connaissances subtiles sous forme de sensations, d'impressions, d'inspirations. En somme, l'Être doit d'abord accepter la dimension subtile de lui-même, qui fait partie de sa vie, puis être guidé à l'accueillir, aussi bien par ses parents que par sa famille, son école et la société.

Utilisons un exemple, pour que vous saisissiez bien comment l'Être est souvent dans un combat inconscient. Lorsqu'un individu veut savoir où se diriger et déterminer ce qui pour lui a du sens dans sa vie ou dans une situation donnée, il recherche et obtient les informations intellectuelles pertinentes, qu'il évalue intérieurement ou analyse par la suite. Puis, il fait son choix.

Est-ce que vous pouvez me donner un exemple?

Imaginons que vous vouliez choisir une école pour vos enfants. Vous recueillerez des informations, diverses données sur les différentes écoles possibles: le type d'enseignement, les professeurs, les programmes, les horaires, l'endroit où elles se trouvent, la distance par rapport à votre demeure, etc. Vous cumulez les renseignements et, à partir de là, vous vous faites une idée. Vous structurez votre pensée pour arrêter un choix.

Toutefois, tous les Êtres humains ont un jour fait l'expérience que leur choix logique, à la suite de l'analyse de l'information, ne correspond pas toujours nécessairement à ce qu'ils ressentent. Dans l'exemple que nous vous transmettons, toutes les données pourraient vous amener à choisir l'école « A », et pourtant, à l'intérieur de vous-même subsiste un doute, une hésitation. Logiquement, il ne devrait pas y avoir de doute, puisque toutes les informations que vous avez recueillies vous montrent clairement que c'est l'école A qui est la meilleure pour votre enfant. Pourtant, cela vous tracasse. Vos voix intérieures ou vos sensations vous disent que ce n'est pas le choix qui est juste. Mais vous avez de la difficulté à nommer cela, parce que vous avez été guidée à accueillir des informations intellectuelles et à les gérer avec votre mental.

Or, que font les Êtres, à ce moment-là ? Ils tentent de recueillir plus d'informations pour que ces informations leur expliquent le pourquoi de leur malaise. Certains autres feront fi de leur malaise et prendront leur décision en fonction de l'analyse qu'ils auront faite.

En réalité, dans la nature des choses, l'information ne provient pas uniquement de ce que vous captez avec vos cinq sens, ou de ce qui vous est transmis comme données, mais bien de tout ce que votre Être accueille comme informations subtiles. Vous ressentez les choses bien au-delà de ce qui vous est transmis extérieurement. Vous percevez d'autres éléments, et sans l'avoir cherché, vous accueillez malgré vous des informations qui se présentent de façon différente, sous la forme de sensations. Toutefois, en raison des structures de pensée adoptées, vous n'arrivez pas à comprendre cette information, et vous ne pouvez pas l'analyser. Vous ne faites pas le lien avec une connaissance qui vous a pénétrée de façon différente. Toutes vos cellules contiennent et reçoivent des informations subtiles. Et l'intelligence cellulaire fera en sorte que vous mettrez en doute un choix basé sur des informations extérieures incomplètes.

Dans notre exemple, l'école, de par son contenu, est une entité vivante dont émanent des ondes, des vibrations. Vous captez toutes ces vibrations comme si elles étaient son parfum, et à ces vibrations s'ajoutent de multiples sources et couloirs d'informations subtiles pour générer en vous des sensations, dont les synchronicités de votre vie de même que vos rêves, que vous en soyez conscients ou non. Dans notre exemple, vous avez visité ces écoles et vous avez enregistré des données, mais vous avez aussi capté une atmosphère que vous ne pouvez pas décrire ni expliquer. Certaines atmosphères proviennent parfois d'éléments très concrets comme des dessins sur les murs exprimant de la violence, ou les visages ternes, autoritaires ou impuissants des gens qui s'y trouvent. Tous ces éléments vous transmettent que l'atmosphère est malsaine. D'autres fois, tout peut sembler être harmonieux extérieurement, mais vous ressentez tout de même un malaise. Vous ne pourrez le définir intellectuellement, parce que vous êtes en relation avec des connaissances subtiles, et cela est naturel.

Lorsque vous rencontrez le nouvel ami de votre fille, bien au-delà de ce qu'il vous dit, au-delà de son sourire, vous ressentez sa vibration, son état, vous avez une impression de lui, n'est-ce pas ?

Très facilement, oui.

Quelquefois, même à distance, vous percevez qu'il y a un membre de votre famille ou un proche qui vit quelque chose de lourd, une difficulté. C'est la nature de l'Être humain de capter des ondes, des émanations, des vibrations. C'est aussi avec cette façon de recueillir l'information qu'il établit son orientation, ses choix, sa structure de pensée.

Dans vos structures actuelles, tout ce qui est subtil, sensoriel et qui permet aussi à l'Être de faire des choix a été rejeté ou sous-estimé. L'Être doit plutôt se laisser guider et faire des choix en fonction de faits, d'analyses, d'informations transmises par le mental. Or, même si cela est la norme, les Êtres en ressentent des malaises. Ces malaises sont si présents qu'ils reporteront souvent leur décision en attendant de pouvoir justifier un choix ou un changement. Or, est venu le moment sur cette Terre où les Êtres consentent à reconnaître, à accueillir, à comprendre, à accepter ce qu'ils sont dans leur nature, soit des Êtres incarnés dans la matière qui sont aussi des Esprits et qui captent le subtil.

Toutes vos connaissances intellectuelles furent d'abord des inspirations ou des perceptions subtiles.

Les jeunes gens et les nouveaux enfants qui s'incarnent aujourd'hui sur cette Terre sont beaucoup plus dans la conscience d'un monde vaste et multidimensionnel. Ce sont des Êtres qui, de par cette conscience, sont de plus en plus perceptifs, de plus en plus sensitifs.

Est-ce à dire qu'ils sont de plus en plus médiums ?

Nous dirions : de plus en plus des canaux de l'Univers. Ce qui fait en sorte qu'ils réagissent de plus en plus aux formes de guidance et d'enseignement limitées aux aspects concrets. De plus en plus de jeunes adultes ont des difficultés à vivre en équilibre, en harmonie dans un monde qui fait fi de son aspect le plus important et le plus présent pour eux, soit celui qui est subtil et invisible.

Ainsi, lorsque nous observons la guidance que reçoivent les enfants dans la famille et dans les structures éducationnelles, nous constatons que les efforts de normalisation rendent l'apprentissage de la connaissance pénible. Et, parce que cela n'est pas joyeux, il est tout à fait naturel que les effets qui découlent de ce parcours ne soient pas très joyeux. Comment entrer dans une vie pour créer, pour suivre votre chemin, pour choisir une « carrière » de façon joyeuse, si vous avez été guidé à enregistrer des connaissances selon une discipline sévère et de façon non vivante ?

Les conséquences d'une éducation familiale et d'un enseignement scolaire fermés aux multiples dimensions de l'Univers et de la connaissance subtile, et qui ne prêtent nulle attention à l'intelligence cellulaire, sont importantes pour l'Être durant toute sa vie.

Comment un jeune adulte peut-il faire un choix d'orientation qui influencera toute sa vie en négligeant ses sensations ? Ne doutera-t-il pas toute sa vie non seulement de son choix, mais aussi de lui-même et de ceux qui l'accompagnent ?

Suivant ce raisonnement, il semble tout à fait naturel que les jeunes se rebellent ou qu'ils décrochent, comme on dit ?

Il est naturel que certains veuillent s'éloigner d'une forme d'enseignement qui ne leur permet pas de se révéler à eux-mêmes et aux autres. Il est évident que plusieurs jeunes gens acceptent ce genre d'enseignement comme un mal nécessaire qu'ils n'arrivent pas à changer. Un grand nombre d'entre eux choisissent de continuer en alléguant que c'est la normalité, même s'ils ressentent intérieurement que ce n'est pas équilibré et qu'ils rêvent d'un autre monde.

Certains, pour plaire à leurs parents ou aux adultes de leur environnement, feront un effort de discipline et suivront le parcours actuel. À l'opposé, d'autres rejetteront non seulement ce qui leur est proposé, mais aussi la façon dont on le leur propose. Alors, ils seront évalués comme des enfants ou des adolescents ayant des problèmes d'apprentissage, en raison de difficultés intellectuelles, comportementales, psychologiques ou mentales. Puis, il y a tous ceux qui tentent de s'adapter et qui, à la fois, tentent d'être eux-mêmes. Tant bien que mal, ils évoluent dans ces structures.

De façon générale, les jeunes gens sur cette Terre ressentent un malaise. Ils sentent que leur vie ne leur permettra pas d'atteindre le bonheur. Ils ne savent même plus définir ce qu'est le bonheur. Alors, soit ils veulent s'intégrer davantage à la norme pour se sécuriser, soit ils abandonnent.

Ce qui est intéressant et souhaitable, c'est que les Êtres retrouvent un parcours naturel. Pour cela, il faut que l'accompagnement avant même la naissance, le rapport de la mère avec son enfant au moment de l'accouchement et pendant les premières années de la vie de même que les structures éducationnelles expriment ce qu'est la nature d'un Être humain et le guident en ce sens. Cela signifie que tout ce qui est de l'ordre de la perception et de la sensation sera transmis, favorisé, stimulé, tant chez les enfants que chez les adolescents et les jeunes adultes, au même titre qu'on leur transmet les connaissances intellectuelles.

Si je comprends bien, on ajouterait une nouvelle « matière » à l'école, qui serait tout ce qui touche au subtil, à la perception et à la sensitivité, bref ce que les enfants peuvent percevoir par eux-mêmes ?

Oui. L'intérêt est que l'apprentissage se fasse par l'expérience. L'enfant apprend à parler par l'expérience avec ses parents, n'est-ce pas ? Alors, qu'il apprenne les mathématiques par l'expérience et que sa sensitivité, sa perceptivité, son intuition se révèlent et soient reconnues par l'expérience.

Il ne s'agit pas de rejeter l'analyse au profit du subtil. Il s'agit de développer et d'utiliser tout ce qui appartient à la nature de l'Être. Lorsque vous regardez votre ami dont le teint est vraiment très pâle, vous pouvez en déduire qu'il est peut-être malade, n'est-ce pas ?

Ce n'est pas parce que vous reconnaissez l'importance de l'information subtile que les symptômes visibles ne sont plus accueillis et ne vous servent plus. À votre regard s'ajoutera peut-être la sensation d'une lourdeur ou d'une tristesse pour mieux comprendre et évaluer son état, tout simplement. Si vous posez la main sur son front et que vous sentez une chaleur intense, vos connaissances et votre expérience vous permettront de déduire qu'il a de la fièvre. Alors, vous ne rejetterez pas cette information. Toutes les informations s'associent, se complètent.

C'est le même processus pour les parents qui, de façon tout à fait naturelle, utiliseront et honoreront tout l'aspect subtil en eux pour ainsi mieux guider leurs enfants jusqu'à l'âge adulte, jusqu'à leur choix de vie. La structure éducationnelle transmettra en complément des enseignements sur ce que sont les vibrations, les ondes, les émanations de toutes les formes de vie et la façon dont elles sont captées et transformées en informations. Est-ce que vous nous avez suivis ?

Oui, très bien.

Les jeunes adultes (18 à 21 ans) ont franchi lors de l'ado-lescence une étape vers leur autonomie. Le parcours est progressif et l'autonomie peut prendre encore plus d'ampleur. Plus d'autonomie signifie que les choix seront plus nombreux, que leurs orientations leur appartiennent et qu'ils doivent prendre des décisions.

Alors, dans un monde idéal, depuis le moment de leur conscientisation, avant même la naissance, ils sont guidés dans une relation équilibrée entre la matière et le subtil. Et lorsqu'ils sont à l'étape de l'adolescence, l'étape de l'autonomie, ils savent aussi accueillir la connaissance qui provient non seulement de leurs sens extérieurs, associée à la pensée ou au mental, mais également du subtil. Ils savent aussi l'utiliser dans leurs choix, c'est-à-dire choisir en fonction de ce qui les fait véritablement vibrer. De cette façon, il est possible de résoudre progressivement le conflit ou le désordre que génèrent les choix faits en fonction des désirs et des caprices.

Expliquez-nous la nuance par un exemple.

Lorsque vous avez appris à choisir en fonction de faits, d'informations concrètes, vous êtes en partie insatisfait parce que votre choix n'a pas été établi à partir de toutes vos connaissances. Reprenons l'exemple de l'école. Si vous choisissez l'école A en ne tenant compte que de votre analyse, et en occultant vos sensations et vos inspirations, vous pourriez ressentir un malaise. Le malaise est en soi une insatisfaction consciente ou inconsciente provoquée par la non-écoute de vous-même. Vous chercherez alors à dissiper ce malaise en tentant d'obtenir des satisfactions en réponse à des désirs superficiels ou à des caprices, ce qui vous conduira vers des compensations.

Au contraire, si votre regard est beaucoup plus global, plus universel, et que votre choix est le résultat de votre attention à tout ce qui existe et vibre en vous, le piège qui consiste à répondre aux caprices est moins présent. Évidemment, ces choix se font en respectant votre environnement, en acceptant des compromis de surface pour que vous puissiez vous harmoniser aux autres Êtres, vous harmoniser à une certaine forme de vie. Mais tout en respectant les autres, vos choix seront beaucoup plus cohérents et vous allez réduire ainsi, et même dissoudre, vos conflits intérieurs.

Et si on ne s'écoute pas, par exemple dans le choix de l'école, risque-t-on d'entraîner nos enfants dans ce malaise et de provoquer des réactions ?

Nous avons utilisé cet exemple à dessein, parce qu'il est clair qu'un tel choix a des répercussions sur vos enfants et sur d'autres individus, comme leurs professeurs. Et s'il y a des répercussions chez les professeurs, il y a des répercussions chez les autres enfants.

Le choix des aliments dont vous vous nourrissez, par exemple, semble ne concerner que vous. Toutefois, votre nourriture, si elle ne concorde pas avec vos véritables besoins, vous causera des malaises. Ces malaises influenceront votre humeur, vos états, vos attitudes, vos comportements. Et les Êtres sur votre passage, dans votre environnement, votre famille, vos collaborateurs, vos amis en seront aussi influencés. Peut-être serez-vous plus rigide, plus absent, plus lourd. Peut-être serez-vous plus prompt, ou même agressif, parce que vos choix de nourriture provoquent des inconforts. Vous constatez tous les enjeux de vos choix à chaque instant !

Cela nous a menés exactement où on se trouve présentement !

Même s'il s'agit de choix apparemment banals ou anodins, ils ont une influence sur vous, et vos états ainsi transformés influencent tout autour de vous. On ne vous dit pas que les Êtres seront dépendants de ce que vous émettez. Toutefois, tout est interrelié.

Une des tendances que l'on a, quand on prend une décision, est de classer les pour et les contre par colonne pour faire un choix « éclairé » !

Quelquefois, il y a une grande différence entre ce qui est pour et ce qui est contre et, malgré que la balance penche lourdement vers l'un ou l'autre, il arrive que vous ne vous sentiez pas prêt à choisir. Même si, objectivement, mathématiquement, le choix est clair, vous hésitez. Vous attendez, vous avez l'impression qu'il vous manque de l'information, et vous avez raison. Vous avez occulté l'information subtile, même si vous n'avez pas pu la rejeter totalement. Vous ne pouvez le faire, car elle est subtile. Vous ne pouvez pas la quantifier, simplement. Il faut donc que les Êtres s'autorisent à ne pas tout quantifier, objectiver, mais à demeurer subjectifs, parce qu'il en est ainsi dans l'Univers.

À la lumière de toute cette information, comment se fait le choix d'une orientation, d'une carrière pour les jeunes ?

Nous utilisons le terme « parcours créateur », plutôt que « travail » ou « carrière », car il représente davantage leur déploiement qui, dans leur vie, n'est pas qu'un travail mais l'expression joyeuse d'eux-mêmes.

Plusieurs craignent l'anarchie dans une telle organisation du monde. Pourtant, lorsque vous observez la vie sur cette Terre avec un microscope ou lorsque vous observez le ciel avec des lunettes géantes, vous constatez que tout s'harmonise et se rééquilibre naturellement dans l'Univers. Lorsque vous observez un corps humain, vous êtes ébloui de sa perfection, de l'équilibre de tous ses organes et systèmes. Tout est absolument magnifique, harmonieux, équilibré lorsque l'Être humain permet à ce qui est naturel d'exister ! Alors, qu'en sera-t-il de l'organisation du monde, individuellement et socialement ? Cela s'harmonisera aussi.

Les Êtres seront toujours attirés vers toutes les différentes formes de création, par toutes les carrières, vers toutes les orientations. Tout ce qui est essentiel pour l'harmonie et l'équilibre sur cette Terre sera créé. Nous voulons dire ici que si certains auront vraiment envie de cultiver la terre, d'autres seront attirés vers les soins aux Êtres humains alors que d'autres encore se déploieront dans les arts, jusqu'à ce que tout s'accomplisse naturellement.

La distribution des rôles se ferait naturellement, comme la forêt s'équilibre naturellement?

Cela se fera beaucoup plus naturellement que présentement, l'homme cherchant à tout contrôler. Parce que c'est l'intelligence cellulaire, donc l'intelligence universelle, qui guidera les Êtres.

Les jeunes adultes ne tenteront pas de choisir une carrière selon les possibilités du marché, s'ils ont reçu une guidance pour être à l'écoute d'eux-mêmes. Ils seront inspirés dans leur voie et choisiront la formation qui convient à leur création, c'est-à-dire au travail qui leur permet d'exprimer ce qu'ils sont véritablement et qui sera un véritable don à la communauté humaine.

Cette étape du choix, telle que vous l'avez établie dans vos structures actuelles, représente un choc important pour les Êtres.

Pourquoi, d'après vous?

C'est qu'en peu de temps, ils ont à choisir un travail, une carrière, et pour ce faire, ils doivent choisir un champ d'éducation beaucoup plus précis, beaucoup plus spécialisé. Les jeunes de 17, 18 ou 20 ans doivent faire un choix de carrière en fonction d'informations et d'expériences limitées. Souvent, ce sont leurs performances passées qui semblent déterminer leurs talents et leurs intérêts.

Cela est un déséquilibre réel. Lorsqu'on tente d'orienter un jeune adulte en fonction de ses performances passées avec l'exigence implicite qu'il maintienne son rythme, cela peut mener à de véritables contre-performances. Les jeunes risquent de « s'user » physiquement et psychiquement. Est-ce qu'il est devenu naturel pour les Êtres humains de vivre des dépressions ? Est-ce naturel que, après 40, 50 ou 60 ans, ils soient malades au point de devoir délaisser leur carrière ?

Il semble que ce soit devenu la norme en tout cas.

La norme, certes, mais cela n'est pas naturel.

Et pourquoi ce ne serait pas naturel de prendre sa retraite à 50 ou 60 ans ?

Dans un parcours naturel, l'Être va s'intéresser à plusieurs sujets. Il est tout à fait naturel que, dans le parcours d'une vie, il puisse y avoir des changements de son orientation, s'il le souhaite. Toutefois, il n'est pas naturel qu'il sente l'épuisement et qu'il veuille se retirer du parcours créateur. Nous y reviendrons dans le chapitre sur la soixantaine.

Ce que nous voulons mettre en lumière, ici, est le moment où ce choix est fait. D'abord, il n'est pas naturel qu'un Être choisisse une carrière pour les cinq prochaines décennies, et encore moins qu'il la choisisse en se basant sur des informations établies en fonction des besoins de son environnement et de l'évaluation de ses performances. Bien que cela soit devenu normal, cela ne respecte pas la nature humaine.

Votre société se crée des besoins et elle éduque et oriente les jeunes vers les carrières qui y répondent plutôt que de s'intéresser à l'individu.

On oriente les jeunes vers des emplois possibles, ce qu'on appelle des débouchés.

La pression générée par ce fonctionnement est si grande que plusieurs jeunes ont l'impression qu'ils choisissent librement, alors que leurs choix sont conditionnés. Ils ont l'impression d'être libres, mais en réalité ils ont perdu ou n'ont même jamais acquis la sensation d'eux-mêmes.

Alors, vous avez orienté des enfants dans une certaine direction, vous avez évalué leur performance, et vous les mettez devant des « débouchés », dites-vous ? Cela est devenu si normal pour vous que vous acceptez que des Êtres humains ne soient pas heureux dans un travail qui occupera le tiers de leur journée pendant des décennies. Cela est devenu si normal que vous ne voyez plus que les Êtres ainsi en déséquilibre se créent des maladies et s'autodétruisent inconsciemment pour que cela cesse !

Ce qui est naturel, par contre, c'est qu'ils soient éduqués, guidés pour être en relation avec eux-mêmes, en relation avec la vie sur cette Terre, en relation avec la vie dans l'Univers. Il faut que la vie en eux soit stimulée, que la connaissance de l'Univers en eux soit stimulée, qu'ils ressentent l'effervescence, ce qui leur convient véritablement, pour qu'ils veuillent aller vers un parcours créateur. Ils peuvent certes « travailler », comme vous le dites, dans un parcours qui leur va à cette étape, et pendant ce temps, qu'ils aillent vers d'autres formations, d'autres apprentissages qui leur offrent des connaissances pour encore mieux ressentir ce qui vibre en eux.

Pour mieux comprendre votre propos, à partir de quel âge parlons-nous de parcours créateur chez un jeune ?

La sensation de son véritable parcours créateur émerge entre 16 et 21 ans. Mais rappelez-vous qu'avant même sa naissance, cet Être doit être guidé à se laisser inspirer tout autant par la connaissance intellectuelle que par la connaissance subtile. C'est donc à partir de l'âge d'environ 16 ans, alors qu'il est plus autonome et qu'il commence vraiment à se retrouver et à se ressentir tel qu'il est, qu'il va pouvoir mieux percevoir et orienter son parcours créateur. Il pourra bien sûr continuer ses recherches et lorsqu'il sentira une inspiration, il pourra la vérifier. Il choisira des expériences pour mieux ressentir et comprendre ses inspirations.

Si, par exemple, il se sent attiré vers la terre, alors il choisit certaines expériences lui permettant d'œuvrer avec la terre pour définir son attraction. Est-ce que sa pulsion vers la terre signifie la labourer, y semer des graines et en faire les récoltes ? Est-ce qu'elle signifie plutôt l'observation et l'analyse de l'interrelation entre différents éléments de la flore ? Ou est-ce que cela signifie d'œuvrer à l'assainissement et à la protection de la terre ?

Si, par exemple, il ressent l'appel de la forêt, est-ce que cela signifie qu'il doit devenir ingénieur pour assurer la protection et le développement des forêts, ou est-ce qu'il deviendra garde-chasse ou encore guide forestier pour les jeunes ? Il y a une multitude de créations qui peuvent définir son attraction pour la forêt, mais il lui faudra de l'espace pour explorer et expérimenter.

D'accord. Présentement, par contre, tout fonctionne selon un principe très simple qui est celui de l'offre et de la demande. Comment réinventer tout ça sans jeter le bébé avec l'eau du bain ?

Bien sûr, il y a vraiment une grande période de transition entre l'idéal décrit et votre réalité actuelle. Votre monde est structuré sur la base de la productivité et de la performance, et nous proposons une structure humaine et spirituelle basée sur la réponse à la pulsion créatrice.

Ce qui nous ramène à ce que vous avez dit, qu'il y aurait une génération de transition.

Une génération de turbulence sera nécessaire pour la transformation, mais la turbulence sera moins choquante et destructrice que celle dans laquelle vous vivez aujourd'hui.

Cette génération permettra que les enfants soient guidés depuis leur naissance tel que nous l'avons proposé. Et les jeunes adultes d'aujourd'hui qui n'ont pas reçu cette guidance doivent immédiatement être guidés à ressentir leur essence, ce qu'ils aiment, ce qui les fait vibrer. Ils ne savent pas ce que signifie « vibrer profondément ». Ils savent se distraire, se défouler, ils connaissent bien leurs désirs et leurs besoins, sans toutefois les distinguer de leurs véritables élans de vie.

Expliquez-nous brièvement comment les guider à ressentir leurs véritables élans.

Lorsqu'une personne, par exemple, entend une musique particulière qui à la fois la détend et lui fait ressentir une force intérieure et un bien-être, nous dirons que cette musique la fait vibrer. Imaginez-vous si cette personne créait elle-même cette musique : sa sensation ne serait-elle pas plus intense ? Alors, si une musique peut faire vibrer un Être, il y a aussi des moments, des lieux, des circonstances, et surtout sa propre création.

Il est important d'amener les jeunes adultes (en fait, peu importe qu'ils aient 17, 50 ou 80 ans !) à redécouvrir ce que signifie vibrer, en s'imaginant qu'aucune contrainte ne les empêche d'y parvenir. Ne leur demandez pas ce qu'ils peuvent ou ne peuvent pas faire en fonction de ce qui est offert. Demandez-leur de vibrer. Alors, à partir de ce qui les fait vibrer, ils pourront davantage définir ce qu'ils aiment, et ce qui les stimule.

Beaucoup de jeunes adultes se sentent souvent limités, emprisonnés, et vivent des désillusions. D'autres ressentent qu'ils doivent s'oublier et performer pour atteindre leur but, celui d'être heureux ! Quel paradoxe ! Lorsque vous leur demandez ce qui les stimule, ils vous répondent qu'ils veulent détruire la situation actuelle, ou mieux la transformer.

Alors plutôt que de leur proposer de chercher autour d'eux ce qui pourrait les satisfaire, amenez-les à faire l'expérience de ce qui, à partir de ce qu'ils sont, pourrait créer un bien-être. Que ce soit créer de la musique, travailler dans la nature, participer à créer un monde de paix, être plus à l'écoute des Êtres pour les aider à guérir leurs blessures, amenez-les à ressentir ce qui a du sens pour eux intérieurement, et ensuite à choisir une direction de vie.

Si le monde n'est pas changé actuellement, c'est notamment parce que les structures éducationnelles ne le sont pas. Pourtant, même dans ces structures actuelles, qui sont en mutation, les jeunes peuvent choisir un thème, un couloir, un champ d'études en relation non pas avec les besoins de cette société, mais avec leurs élans de vie. Or, il n'est pas vrai que ce qui fait vibrer un jeune ne sert pas la société. Il n'est pas vrai que lorsque le jeune adulte est invité à ressentir ce qui a du sens pour lui, sa réponse soit l'expression de son égocentrisme. Si vous l'amenez à vraiment ressentir ce qui le fait vibrer, alors il ira vers quelque chose de créateur. Cela signifie que son parcours fait appel à ses talents et à ses dons réels. S'il s'en réjouit, ce sera nécessairement utile dans cette humanité. Ce qui est destructeur pour l'humanité, c'est lorsque son choix se fixe à partir de ses frustrations.

Faisons une analogie avec le corps. Lorsque tout dans votre corps circule naturellement, vos cellules se régénèrent et tout ce que votre corps crée est utile pour lui. Lorsque, par exemple, votre corps crée une tumeur, c'est qu'il y a déjà des toxines en lui et qu'il vit des tensions. Lorsqu'un individu vit des contractions, des oppositions, des frustrations, ses choix auront plus de propension à être destructeurs, pour lui-même ou pour son environnement. Toutefois, si on l'amène dans une ouverture, ce qu'il choisira sera utile pour lui et pour son environnement, et c'est ainsi que, progressivement, la société va se transformer.

Bien sûr, un grand nombre de jeunes gens pourraient vouloir se déployer dans une même carrière: la communication, par exemple. Votre réaction sera de craindre que la demande de communicateurs ne soit pas suffisante.

Ou l'offre, plutôt.

Toutefois, si l'offre, comme vous dites, n'est pas suffisante, est-ce que cela signifie qu'on n'a pas vraiment besoin de communicateurs, ou plutôt simplement que la manière dont les structures sont conçues ne le prévoit pas ainsi? En termes de productivité immédiate, peut-être ne semblerait-il pas rentable pour la société d'avoir un trop grand nombre de communicateurs. Pourtant, elle vit des difficultés sur le plan de la communication, et sur une plus longue période, l'abondance de communicateurs lui serait favorable. Dans un contexte de rééquilibre, le monde ne produira pas plus de communicateurs qu'il n'en a besoin. Vous n'êtes peut-être pas prêts à l'admettre, mais c'est là l'équilibre de l'Univers, chère Âme. Tout est ainsi dans l'Univers.

Il se peut qu'il y ait un déséquilibre temporaire ou transitoire. Par exemple, il se pourrait qu'il y ait un très grand nombre de jeunes qui veuillent œuvrer au niveau de la psyché humaine. Pourquoi y aurait-il plus d'individus qui analysent la psyché que le besoin n'en justifie, croyez-vous ? Parce que les Êtres de ce monde sont en difficulté, ils souffrent psychiquement ! Évidemment, il n'est pas très équilibré que la moitié de la Terre soient psychologues, n'est-ce pas ?

Il manquerait peut-être de patients !

Alors, c'est ce que nous appelons une « période de transition ». Mais vous comprenez que si tant d'Êtres se sentent appelés à l'écoute et au rééquilibre des autres, c'est parce qu'il y a là une difficulté réelle.

Je vais vous donner un exemple bien terre à terre et très contemporain. Selon une étude récente, la majorité des jeunes ne veulent plus changer le monde, soulager la faim dans le monde ou trouver une cure pour le sida. Non, les jeunes veulent, en majorité, être des vedettes. C'est le phénomène de la notoriété instantanée, de la téléréalité, de l'accès rapide à une forme de reconnaissance. Comment faire pour récupérer cette situation et redonner un sens à toute une génération ?

Dans une perspective spirituelle, ne détruisons pas la pulsion d'être un héros. Si les jeunes veulent être des héros, s'ils veulent être des vedettes, c'est que cela semble être plus vivant, plus intense, plus vibrant, n'est-ce pas ?

Et aussi plus payant, peut-être !

Ce n'est pas ça. C'est vraiment l'intensité qui est recherchée, l'effervescence, la fébrilité, bref, le fait d'exister. La vedette, le héros, c'est l'Être qui est reconnu, n'est-ce pas ? L'Être veut exister d'abord. Il veut exister, il veut se reconnaître lui-même. Il veut être le héros de sa propre vie. Voilà ce qu'il veut : être le héros de sa vie. Or, dans les structures actuelles, il sent qu'il n'a pas beaucoup de place pour exister. À qui accorde-t-on de la place pour exister dans votre société ? Aux héros et aux vedettes, n'est-ce pas ?

De toute évidence, oui.

Eux ont de la place, eux sont reconnus. Les vedettes deviennent des modèles à suivre. En s'identifiant à ces modèles, le jeune a envie d'être un héros pour lui-même, mais aussi pour l'humanité. Parce qu'il veut sentir qu'il a son importance, qu'il n'est pas inutile dans ce monde et qu'alors sa vie a du sens.

Vous apercevez un Être dans la rue, un inconnu, disons un homme d'allure tout à fait normale, d'âge moyen, qui fait un métier tout à fait normal. Il passe devant vous. Vous ne le connaissez pas. Il pourrait passer inaperçu, n'est-ce pas ?

Assurément.

Cet individu, qui vous est inconnu, aspire lui aussi à être heureux, à vivre les plus grandes joies. Tout comme vous, il aspire à être un héros dans sa vie, c'est-à-dire que sa vie le fasse vibrer, le rende heureux, serve l'humanité. Et si vous, lorsque vous le croisez dans la rue, vous savez cela, vous sentez cela et que vous le regardez avec amour parce que, même s'il vous est inconnu et peu importe ce qu'il fait, vous savez que cela sert le monde, alors il est devenu un héros.

Donc, dans ce Nouveau Monde idéal, on aurait six ou sept milliards de héros sur Terre qui n'auraient plus besoin de devenir des vedettes pour être reconnus comme des héros ?

Et pourquoi pas ? Si la personne qui nettoie la rue avec un balai est vue comme un héros, un Être humain qui aime vivre, qui aime ce qu'il fait parce qu'il utilise ses talents, cette personne sert aussi le grand mouvement joyeux et amoureux de l'Univers. Il passe le balai dans la rue et vous en êtes heureuse. Pourquoi ? Parce que la rue est propre et parce que cet Être est heureux d'y collaborer. Il danse dans la rue parce qu'il est heureux, pourquoi pas ?

Si un individu choisit d'aller plutôt à l'autre bout de la Terre pour aider à creuser des puits, il est véritablement un héros, mais personne ne le voit, n'est-ce pas ? Or, il veut être vu. « Comment faire pour être vu ? » Voilà la recherche de reconnaissance. Mais si tous les Êtres « voient » les autres, qu'ils les reconnaissent dans leur élan de vie, un jeune sera vu où qu'il soit. Cessez de projeter votre attention uniquement sur les vedettes et faites de tous les Êtres des vedettes.

Pourtant, les vedettes ne sont pas plus heureuses dans le système actuel.

Voilà pourquoi nous disons « aimez-vous ». Bien sûr, si vous choisissez une carrière, mais que vous n'y vibrez pas profondément, vous ne serez pas heureux, même en étant une vedette. Par exemple, si vous êtes devenu un chanteur très populaire en multipliant les efforts et en chantant ce que les gens veulent que vous chantiez, plutôt que de chanter ce que vous aimez chanter, vous ne serez pas heureux, comme c'est le cas de plusieurs vedettes, d'ailleurs. Pourtant, vous seriez une vedette.

J'aimerais qu'on donne un exemple d'un parcours particulier. Prenons un jeune qui aurait un talent naturel pour soigner les gens. Prenons-le à la naissance et amenons-le à l'âge adulte. Comment pourrait-on, en quelques mots, guider cet enfant à vibrer et à réaliser ce qu'il est venu faire sur la Terre, c'est-à-dire être un soignant ?

Imaginons, dans un premier temps, que vous ne sachiez pas qu'il a ce don, cette essence.

Les parents ne le savent pas au départ, en effet.

Alors, vous le guidez, depuis la grossesse, à aimer la vie, à se nourrir de la vie, à être en relation avec la vie. Vous le guidez à se ressourcer et à s'exprimer de façon naturelle, simplement, non pas en fonction de normes, mais en fonction de la nature. Dans ce monde idéal, tout le système éducationnel est conçu pour guider cet enfant à s'ouvrir à toutes les perspectives de la vie sur Terre. S'ouvrir, non seulement intellectuellement, mais aussi à ses sens et à ses sensations plus subtiles. L'intellect, les sensations, les sens intérieurs et extérieurs, tout est stimulé. L'Être rencontre ainsi toutes les facettes de la vie et de lui-même et, un jour, il devient plus autonome.

Vers l'âge de 15 ans ou 16 ans, le jeune ressent de plus en plus dans son corps son pouvoir créateur, de plus en plus une pulsion de vie, une envie, non pas simplement de se nourrir et d'expérimenter, mais d'aller créer davantage. Il se rend compte qu'il est vraiment attiré, qu'il ressent un appel, un élan vers les Êtres qui souffrent. Alors, il est guidé à aller découvrir comment on peut les accompagner : on peut les écouter, on peut panser leurs plaies, on peut rééquilibrer leurs corps subtils, on peut leur offrir des plantes aux vertus thérapeutiques. En somme, il est guidé à expérimenter différents aspects de la vie en rapport avec les Êtres qui souffrent et, peu à peu, il découvre quel est son don particulier pour œuvrer dans ce domaine. Par exemple, sa parole est guérisseuse ou sa présence pacifie, ou bien il a vraiment un talent pour stimuler les courants énergétiques, ou encore, il a des dons pour reconnaître les plantes qui sont les plus justes pour guérir. Il y a d'abord une écoute de ce qu'il y a en lui et, de cette écoute, une direction vers des apprentissages différents et multiples, ce qui l'amène de plus en plus à ressentir quelle est sa voie. Puis, progressivement, selon les Êtres, cela se précise. Est-ce qu'il veut vraiment être en contact physique ? Est-ce que ce sera vibratoire ? Est-ce que c'est au niveau de la psyché ? Est-ce que c'est au niveau du corps ? Cela se précise. Et, bien sûr, cela ne signifie pas qu'il y aura une seule orientation durant toute sa vie.

En terminant, il y a dans nos sociétés de plus en plus d'enfants qui restent chez leurs parents de plus en plus longtemps, parfois jusqu'à l'âge de 27, 28 ans. À quel moment le jeune devrait-il quitter le nid familial pour voler de ses propres ailes, dans un monde idéal ?

À partir du moment où l'Être ressent un appel, il est intéressant que sa préparation ou sa formation soit une structure mixte entre les apprentissages plus théoriques et l'expérimentation. L'expérience ou la pratique doit d'abord être plus large pour s'assurer qu'il ressente ses véritables dons.

Selon votre exemple, l'Être qui sent un appel pour la médecine entrera dans une formation où il sera mis en relation avec ce qu'est l'Être humain, par exemple, dans sa dimension psychique et dans sa dimension subtile, cela va de soi. Puis il apprendra les rudiments de ce qu'est un corps humain, certains éléments de rééquilibre, et ensuite, il mettra ses connaissances en pratique comme apprenti. À travers diverses tâches au départ, il pourra expérimenter la médecine conventionnelle, la médecine des plantes et la médecine énergétique. Par la suite, il ira vers une autre période d'apprentissage théorique pour approfondir ce qu'il aime plus particulièrement. L'appel se précise. Il alterne entre formation théorique et apprentissage pratique. De plus en plus, les périodes d'expérimentation lui procurent une rémunération, ce qui fait en sorte que, non seulement il est dans un parcours d'autonomisation de l'Être, mais il est aussi dans une autonomisation sociale.

Vers l'âge de 18 ans, 19 ans, 20 ans, il reçoit une rémunération pour sa contribution aux institutions et peut ainsi « voler de ses propres ailes », comme vous le dites.

Est-ce que ça ressemblerait un peu au système coopératif qui existe déjà dans certaines universités ?

La société serait différente. Ce n'est pas qu'un système éducationnel coopératif, c'est toute une société qui aurait vraiment intégré autant l'éducation que le processus de création et de production.

Dans un monde nouveau, les Êtres choisissent une orientation de vie à partir de ce qui les fait vibrer intérieurement. Ce qui les fait vibrer intérieurement est bien sûr en relation avec leurs dons réels, leurs qualités essentielles. Leur essence est inscrite dans leurs cellules et définit le mandat d'incarnation. Ils ont été guidés depuis leur naissance à être en relation avec l'énergie de vie, soit l'énergie de création qui les habite, tant dans la famille qu'au niveau éducationnel. Les jeunes adultes sont au cœur d'une formation pratique et théorique, et nous proposons que des orienteurs conscients soient présents auprès d'eux pour les aider à mieux comprendre les voies qu'ils peuvent utiliser pour se déployer.

Pouvez-vous m'expliquer ce que vous voulez dire par « orienteur » ? Est-ce que c'est la profession qui existe déjà dans nos structures éducationnelles ?

L'orienteur est un individu qui accompagne l'Être dans ses choix d'orientation de vie. Son rôle, d'une très grande importance, consiste à aider la personne à nommer et à préciser ce qui la fait vibrer, puis à déceler les voies dans lesquelles cela peut se concrétiser. Nous préférons parler d'« orientation de vie » plutôt que de « carrière » et de « travail » car, dans un Nouveau Monde, nous proposons que tout ne soit pas compartimenté. La vie de l'Être est un tout. Dans sa vie, il y a tout un ensemble d'activités qui ont du sens pour lui puisqu'elles sont une réelle expression de son essence, incluant un travail rémunérateur.

Ainsi, l'orienteur est en soi le prolongement, l'extension des parents et des professeurs, avec un rôle très particulier d'accompagner l'Être à mieux nommer, à mieux mettre en corrélation ce qu'il ressent intérieurement et ce qu'il peut créer, ce qu'il peut faire dans la vie sur cette Terre. Ce sont des accompagnants à la fois très incarnés et très inspirés dans une perspective universelle et spirituelle.

Par « accompagnement », nous voulons dire une présence plus continue tout au long du parcours à partir de l'adolescence. L'orientation d'un Être dans son parcours créateur, « son travail », ne se définit pas dans une ou deux rencontres de quelques heures.

Comme c'est le cas actuellement dans nos écoles.

Les orienteurs ont certes avantage à se situer dans l'environnement éducationnel pour favoriser les rencontres avec les jeunes gens. Ils sont conscients qu'une rencontre n'a pas à se conclure en un choix de vie définitif. C'est un accompagnement à la fois social, psychologique et spirituel.

Éclairés par cet accompagnement, les jeunes gens choisissent d'abord une orientation assez large, un « couloir », celui de la médecine, de la construction ou des arts, par exemple. C'est l'appel intérieur qui permet d'identifier le « couloir ». L'appel se ressent par une sensation de joie et une effervescence, elles-mêmes provoquées par les inscriptions cellulaires au moment d'une expérience de contact avec un couloir particulier. Par la suite, l'orienteur pourra mieux les guider dans la forme d'éducation qui répond à ce couloir. Parallèlement, l'éducation générale continue autour d'un couloir principal qui est ouvert aux différentes perspectives possibles de ce monde. Par exemple, si le jeune est dans le couloir de la médecine, il apprendra les relations et les complémentarités entre chacune des disciplines. Puis, une orientation générale ou des spécialisations sont présentées.

La médecine des hommes, dite conventionnelle, lui explique et lui permet d'expérimenter ses différentes branches (cardiologie, endocrinologie, gynécologie, par exemple). La médecine naturelle lui présente aussi ses différentes voies (homéopathie, herboristerie, naturopathie, etc.), de même que le fera la médecine universelle (ostéopathie, acupuncture, énergétique, etc.). Dans chacune, il aura l'occasion d'expérimenter différents rôles. Par exemple, la médecine conventionnelle peut proposer d'être secouriste, infirmier, ou bien médecin.

Si nous avons davantage élaboré l'exemple de la médecine, celui de la construction s'y prête tout autant. Les formes de construction (de résidences, d'immeubles professionnels, d'édifices à caractère social ou de loisirs, de routes, etc.), la relation entre la construction des hommes et la nature (construction saine et respectueuse, choix de matériaux, harmonisation dans les formes et les couleurs, insonorisation, assainissement de l'air, etc.).

La formation théorique se fait en interrelation avec les expériences et les apprentissages concrets depuis l'adolescence et tout au long du parcours de formation continue de l'individu.

En résumé, les choix d'orientation de l'Être sont directement liés à la reconnaissance qu'il a de lui-même et sont déterminants pour son bonheur. Ils influenceront toute sa vie et celle des personnes qu'il côtoie.

Chapitre 7

La vingtaine (21-28 ans)

La période de la vingtaine en est une de création et d'approfondissement des relations. Les amitiés s'y précisent, et les relations affectives plus intimes s'intensifient, s'orientent et s'inscrivent dans l'organisation de la vie quotidienne. Les relations professionnelles se développent, et les relations familiales se transforment profondément. Toutes ces relations nécessitent que l'individu soit dans une relation claire avec lui-même. Ses ambiguïtés, ses difficultés à se rencontrer lui-même, ses leurres et ses fuites face à lui-même, tout cela aura des répercussions importantes sur ses relations extérieures et sur l'évolution de sa vie.

Les jeunes adultes accentuent leur formation et entament de façon plus concrète leur parcours créateur. Ceux qui n'ont pu vraiment être guidés à choisir selon leurs élans profonds, ou qui n'ont pas accueilli cette guidance, vivent souvent des doutes quant à leur orientation. D'autres continuent à occulter ce qui vibre vraiment en eux pour s'enfoncer dans un chemin qu'ils devront tôt ou tard modifier.

Il est essentiel que l'orienteur, décrit dans le chapitre précédent, puisse être consulté très régulièrement tout au long de la vie de la personne. Il est aussi un interlocuteur qui, aux différentes étapes de la vie, peut l'aider à établir la corrélation entre ce qui l'inspire à un moment précis de sa vie et ce qu'elle peut concrètement faire.

Même s'il est important que le jeune adulte sorte des écoles pour se déployer dans son œuvre plutôt que de prolonger sa vie dans les institutions éducationnelles, la période de formation s'accentue et a tout avantage à ne jamais se terminer. Il est donc souhaitable qu'il puisse toute sa vie se ressourcer, faire émerger les connaissances en lui, découvrir et apprendre en expérimentant dans sa création.

Nous invitons, ici, la société à recréer l'approche du maître et de l'apprenti. Le jeune adulte débutant dans un milieu de travail doit se reconnaître comme un apprenti et s'associer à un maître. Cela a déjà existé dans votre monde de façon traditionnelle. Tant les milieux de la médecine que ceux de la construction sont organisés selon la loi naturelle du maître et de l'apprenti, encore aujourd'hui, et nous suggérons que cela existe partout. Vous pouvez aussi utiliser le terme « parrain », si cela vous convient, pour éviter toute forme de relation autoritaire.

Que voulez-vous dire ? Que ce ne soit pas une hiérarchie ?

La hiérarchie proposant une relation d'autorité ou de pouvoir entre les hommes contribue à la concurrence et à la recherche de performance qui détruisent le monde. Il s'agit plutôt d'une relation naturelle de mutuelle reconnaissance entre le maître et l'apprenti.

La jeune personne, de 22 ans, 23 ans, 25 ans, amorçant sa création professionnelle, doit savoir qu'elle est un apprenti.

Naturellement, l'Être qui a vécu la période de formation en alternance a compris et intégré la notion d'apprentissage et l'apprécie réellement. Être apprenti est merveilleux. Cela signifie être présent et tout ouvert à comprendre, à reconnaître, à expérimenter ce qui fait vibrer profondément l'Être, de telle sorte que sa création soit de plus en plus juste. L'apprenti ne se sent pas inférieur. Il est heureux parce qu'il a vraiment choisi sa direction à chaque étape précédente et il est convaincu qu'il va déployer ses talents et s'en réjouir profondément. De son côté, le parrain, le maître, le guidera pour qu'il utilise de mieux en mieux ce qu'il porte en lui.

Bien sûr, cela signifie que vous n'êtes plus dans une société de performance, où le parrain exige que l'apprenti soit productif, même aux dépens de lui-même. Il s'agit plutôt d'une société où l'on reconnaît que lorsque l'Être se déploie dans tout ce qu'il est, il est nécessairement productif, dans le sens humain et universel du terme.

Le maître, le guide, le parrain, est lui aussi heureux. Il n'a pas à utiliser une autorité abusive. Ce n'est plus une relation d'autorité, mais une reconnaissance. L'apprenti le reconnaît comme un Être qui œuvre de plus en plus dans la maîtrise de son art. Le maître se sent reconnu, il se reconnaît lui-même et il reconnaît dans l'apprenti toute l'effervescence et la joie d'être là parce qu'il a choisi d'être là. Il reconnaît en lui toute son ouverture pour apprendre. Il est si heureux de partager ce qu'il a expérimenté !

Le maître aussi bénéficie de cette structure parce qu'elle lui permet de manifester un autre talent, celui de l'enseignant, du guide. Ceux qui ne sentent pas l'appel d'être maître ou parrain au cœur de leur métier peuvent le choisir ainsi. Ceux qui acceptent ce rôle savent que c'est une façon d'offrir le meilleur d'eux-mêmes et de participer à faire émerger chez un autre Être le meilleur de lui-même.

Le maître ou le parrain est conscient qu'entre plusieurs apprentis, le meilleur de chacun peut s'exprimer différemment. Plutôt que de pousser chacun vers la production la plus imposante, il les guide vers l'ultime expression d'eux-mêmes. Et si l'un est moins productif que l'autre pour une certaine activité, tout en y offrant la même qualité de présence et la même inspiration, alors qu'il en soit ainsi. Vous saurez rapidement constater que chacun dans ses différences a un apport similaire.

Si nous prenons un exemple dans le domaine de la construction, il se peut qu'un apprenti soit moins rapide qu'un autre. Toutefois, cet apprenti aura peut-être davantage le sens de l'harmonie ou sera plus minutieux. Son travail évoluera plus lentement tout en étant plus précis et plus harmonieux. L'autre, se réjouissant de sa dextérité et de sa rapidité, devra s'arrêter, par moments, pour s'assurer de l'harmonie de son œuvre. Chez les apprentis médecins, l'un aura comme talent de savoir trouver rapidement un remède naturel efficace pour la guérison de son client, alors que l'autre sera si à l'écoute et si empathique que souvent sa simple présence et sa vibration collaboreront à la guérison.

Lorsque les Êtres ont véritablement choisi leur voie pour les bonnes raisons, il n'y a plus à évaluer les performances. Ils n'ont pas choisi la carrière parce qu'elle était disponible ni un métier parce que sa rémunération était supérieure. Ils ont fait leur choix parce que cela correspondait à ce qu'ils portaient en eux, et cela a été ressenti tant par eux que par les Êtres qui les ont accompagnés, soit leurs parents, leurs professeurs et les orienteurs, et maintenant, le maître.

À cet âge, toutes les relations humaines, amicales aussi bien que de couple, sont très importantes. Pouvons-nous aborder ces thèmes ?

Au début de la vingtaine, la manière dont l'Être vit les relations humaines, les relations amoureuses et aussi le rapport à la matière pourrait avoir des répercussions durant une portion importante de sa vie.

Durant la première période de leur vie, les jeunes sont intensément influencés par leur mère. Puis, l'influence du père s'accentue. Par la suite, le milieu scolaire et le groupe d'étudiants auquel l'enfant adhère influencent ses choix. Au début de la vingtaine, c'est le milieu social et professionnel qui agit, qui influence particulièrement les jeunes gens. Cette influence du milieu se fait sentir dans toutes les relations humaines et dans leur rapport à la matière.

Le rapport à la matière que développe l'individu à cette période a souvent des répercussions sur toute sa vie. Jusqu'à cet âge, ce rapport a été vécu chez lui par l'entremise de ses parents. Les objets qui lui appartiennent lui ont généralement été donnés par ses parents, en fonction de ce qu'ils lui permettaient de vivre comme expérience, et aussi par le milieu éducationnel.

Il est naturel, puisque l'Être s'est incarné dans la matière, qu'il sente l'envie d'établir un rapport autonome avec la matière, et non pas par le biais d'autres personnes.

À quoi faites-vous référence exactement quand vous parlez de matière? S'agit-il pour le jeune d'avoir sa propre maison ou son appartement, avec ses propres meubles et ses biens?

Dans votre société actuelle, cela se manifeste par l'envie d'avoir sa propre demeure, ses propres meubles, son propre véhicule, de choisir ses propres vêtements, de s'offrir tout cela avec ses propres moyens financiers. Il y a donc une envie d'accentuer son rapport avec la matière, d'être plus libre et plus indépendant. Souvent même, cette envie d'indépendance se conjugue avec celle de posséder.

Dans cette perspective, quelle portion est naturelle et quelle portion l'est moins ou teintée par les conditionnements?

Le rapport naturel avec la matière est celui qui collaborera à représenter le jeune tel qu'il est véritablement.

Par exemple, il est naturel qu'il ait envie que sa demeure le représente, qu'elle lui ressemble, et qu'elle ne soit pas à l'image des goûts de ses parents. Il est aussi naturel que ses vêtements le représentent et qu'il se les procure par ses propres moyens financiers.

Ce qui n'est pas naturel, c'est qu'il s'identifie à cette matière, plutôt que de choisir la matière en fonction de son individualité, qui n'a rien à voir avec le personnage[*] mais plutôt avec son essence. S'identifier à la matière, cela signifie choisir ses objets en fonction de l'image qu'elle transmet à son environnement.

Dans votre environnement social, tel type de véhicule est associé à une image particulière, tout comme tel type de vêtements ou une couleur particulière. Pourtant, l'identification à ces images nie l'individualité et n'est pas naturelle. L'Être s'identifie à des images pour sentir qu'il existe, et le voilà biaisé dans sa recherche d'individualité. Il cherche à exister en fonction d'une image parce qu'il cherche à être aimé, et cela a débuté à sa naissance.

Vous voulez dire qu'il est détourné de son individualité ou de son essence par les conditionnements et les influences de son milieu?

Ce sont les influences de son environnement qui conditionnent ses comportements, ses états, ses attitudes et ses choix. Il veut être aimé, reconnu, et il va tenter d'y arriver en se conformant à des normes. Alors, il va s'identifier à des modes, à des images qui lui permettent d'obtenir une certaine reconnaissance.

Enfant, il y avait des héros, à présent il y a des « vedettes » de différents types qui représentent une image à laquelle l'Être peut vouloir s'identifier. C'est pour intensifier sa sensation de vivre et d'être reconnu. Dans ce contexte, il peut se sentir bien libre dans le choix de ses vêtements, de son véhicule, de multiples produits très variés. Il a l'impression de véritablement choisir. Pourtant, il est trop souvent conditionné par l'image du produit à laquelle il veut s'identifier. Son choix est une réponse à l'image parce que, inconsciemment, il porte en lui la conviction que cette image sera aimée. Voilà tout le jeu de l'image. L'Être s'identifie à une image, qu'il en soit conscient ou non, parce qu'il croit qu'elle est aimée par un certain type de personnes de qui il veut être apprécié. Il est important que l'Être puisse réaliser cela le plus tôt possible dans sa vie. Si souvent, les humains se sentent limités ou emprisonnés durant toute leur vie par ces images. Plus ils renonceront à s'y identifier, plus ils sentiront leur véritable liberté.

Dans un Nouveau Monde, dans une nouvelle conscience, l'Être doit être guidé à exprimer de plus en plus ce qu'il est véritablement, et non pas à s'exprimer en fonction d'une image.

Rappelez-vous que plus l'Être s'exprime en fonction d'une image et plus il est conditionné, plus un conflit intérieur émergera entre ce qu'il est véritablement et ce qu'il montre extérieurement. En d'autres termes, plus il est identifié à l'image qui lui donne l'impression de s'intégrer à la société, d'être conforme, et ainsi d'être aimé, plus il risque de s'éloigner de ce qu'il est véritablement. Même si cela lui permet de vivre des satisfactions de surface, au fond de lui, il sera insatisfait. Il se renie lui-même, et ce, même s'il ne s'en rend pas compte.

Imaginez une jeune personne qui choisit ses vêtements en fonction d'une mode. Elle a l'impression qu'elle aime cette mode.

Est-ce possible qu'elle l'aime véritablement ?

Il se peut que cette mode la représente fort bien, mais elle ne fait pas la distinction. Elle affirmera avec conviction qu'elle aime cette mode et que cette mode la représente. En réalité, ce qu'elle affirme est que cette mode correspond à un groupe de la société auquel elle veut s'identifier, duquel elle veut être appréciée ou aimée. Alors, elle ne se rend évidemment pas compte qu'elle est ainsi conditionnée et qu'elle ne reconnaît pas ce qu'elle aime.

S'il en est ainsi, c'est qu'elle ne s'est pas reconnue depuis longtemps. D'abord, ses parents ont peut-être choisi ses vêtements en fonction de leur propre image. Par la suite, peut-être que, dans le cadre éducationnel, elle a choisi des vêtements pour s'identifier au groupe de ses copains. Elle avait pourtant l'impression d'être véritablement libre en choisissant ses vêtements, mais à la fois, même si ses vêtements se distinguent de ceux que l'on retrouve dans la société, ils sont associés à un groupe. Elle a perdu le contact avec ses propres goûts, ses propres envies.

Mais puisqu'on est incarné dans la matière, comment ces jeunes gens pourraient-ils l'utiliser pour exprimer qui ils sont?

Vous comprendrez que c'est un parcours tout à fait différent depuis la naissance qui fait en sorte que l'Être est amené à se reconnaître, à se ressentir, à se comprendre, à savoir quelles sont ses véritables envies. La matière ou les objets seront choisis en fonction de ce qui fait vibrer l'Être ou de ce qui lui ressemble. Pour cela, il faut qu'il se connaisse mieux.

Si nous vous disons : « Choisissez les vêtements qui vous conviennent, qui vous ressemblent réellement malgré vos hésitations et vos peurs d'être jugé », votre rapport à la matière devient non plus une identification à l'image, mais un outil pour présenter qui vous êtes véritablement.

Nous avons utilisé l'exemple des vêtements, mais il en est de même pour tous les objets : la demeure, les meubles, le véhicule, les outils nécessaires à toutes vos activités, la nourriture, etc. Si vos activités sont l'expression de vous-même, les outils ou les objets que vous utilisez dans ces activités vous représentent également.

Ainsi, la matière sert à vous représenter, à créer et à vous déployer. Vous n'avez pas à la posséder, mais à l'utiliser pleinement. Elle est au cœur de votre vie, puisque vous êtes incarné.

Si, dans la vingtaine, les jeunes sont en relation avec la matière de façon plus intense, ils le sont aussi avec les autres Êtres humains, notamment pour fonder une famille ou, à tout le moins, commencer à y penser. Comment explorer ces relations dans un monde idéal?

Il est naturel qu'un jeune dans la vingtaine ressente l'envie de créer une famille autre que celle de ses parents. Il doit d'abord créer un noyau, par son union avec un autre Être dans une relation amoureuse, ou avec de vrais amis qui composeront sa nouvelle famille pour un temps, jusqu'à ce qu'il devienne lui-même parent et compose sa propre famille biologique. Par la suite, les amis qui étaient de sa famille d'Âmes seront toujours en relation avec lui.

Dans un monde idéal, le jeune adulte sera guidé par ses idéaux et ses sensations vers les relations nourrissantes ou stimulantes pour lui. Déjà, à l'adolescence, il a été guidé à reconnaître non seulement son essence, mais aussi les idéaux qu'il veut poursuivre. Alors, ceux-ci lui permettront de distinguer quelles sont les relations qui le stimulent vraiment, quelles sont celles qui correspondent à son orientation, quelles sont celles qui l'influencent dans le déploiement du meilleur de lui-même.

La famille biologique d'origine se transforme lorsque le jeune adulte est devenu plus autonome spirituellement et socialement. Au début de la vingtaine, il est fortement influencé par la société et par son travail ou ses études. Dans son travail comme dans ses activités, de même que dans le choix de ses amis ou des objets qu'il se procure, il fait face au piège de l'image qu'il veut projeter. S'il tombe dans ce piège, il lui faudra beaucoup de temps, peut-être même des décennies, pour s'en rendre compte et s'en libérer, car les normes de productivité et de performance auxquelles il veut répondre alimentent le piège. Il cherche à être productif et performant, toujours pour être reconnu et aimé. Il en ressent donc une pression intense. En répondant à une image ou en répondant aux normes de son travail, il se contracte au lieu de se déployer. Cela signifie qu'il déforme ce qu'il est véritablement pour répondre à des normes extérieures à lui. L'envie de créer un microenvironnement dans lequel il se sent davantage lui-même, décontracté, est naturelle.

Il va donc choisir des partenaires intimes et des amis avec lesquels il osera être davantage lui-même. Ce microenvironnement devient un cocon dans lequel il se sent un peu plus exister. Cela signifie aussi qu'il reconnaît ne pas exister totalement en dehors de cet environnement ! Mais il ne fait pas consciemment ce lien.

On utilise aussi souvent l'expression « oasis de paix ». On tente souvent de créer une oasis pour se reposer de la vie effrénée du travail.

C'est tout à fait naturel que l'Être crée un tel micro-univers. Son cocon devient une protection contre un environnement dans lequel l'Être n'est pas lui-même, et est l'effet d'une pulsion de vie exprimée par son « Je suis véritable »*.

Même conditionné par toutes les pressions de son environnement depuis sa naissance, au plus profond de lui-même, il reste un Être universel doté d'une essence propre. Cela est si puissant que, même s'il se nie lui-même, il sera poussé par une pulsion intérieure à créer un microenvironnement pour faire émerger qui il est vraiment.

Or, certaines personnes sont si prisonnières du piège de l'image et de la performance que même leur microenvironnement (leur nouvelle famille) répond à ces exigences. Elles peuvent, consciemment ou inconsciemment, vivre prisonnières d'une image avec le partenaire amoureux, toujours à cause du besoin d'être aimé et reconnu. Lorsque l'Être ne sait pas s'aimer tel qu'il est, parce qu'il ne se connaît pas, il n'imagine pas qu'on puisse l'aimer sans qu'il projette une image. Il arrive que certaines personnes n'osent même pas être totalement elles-mêmes, ni avec leurs amis ni avec la famille qu'elles ont créée.

Le piège qui se forme pendant l'adolescence se tend au début de la jeune vingtaine et se referme rapidement. Une vie entière pourrait se jouer durant cette période. Prisonniers de l'image d'eux-mêmes, plusieurs Êtres perdent la sensation de ce qu'ils sont vraiment, et leur reconnaissance d'eux-mêmes commandera par la suite de douloureux détachements.

Dans un Nouveau Monde, où tous comprennent la nature humaine profonde et dans lequel il a pu se déployer beaucoup plus librement, l'expression de l'Être est totalement différente. Dans ce monde, il n'a plus à créer un microenvironnement pour se protéger et pour exister, puisqu'il existe déjà.

Et qu'est-ce qu'il créerait dans ces conditions idéales ?

Il aurait tout de même envie de créer un environnement qui n'est plus un cocon de protection, mais qui est un autre environnement d'expression. Dans le monde que nous décrivons, l'Être se sent beaucoup plus libre, il se sent exister totalement. Il vit de grands moments de paix et d'union avec tous les Êtres, mais puisqu'il est incarné et qu'il lui est impossible d'être en relation « concrète » avec six milliards d'Êtres humains, il aura aussi l'envie de créer une famille.

Il crée donc une cellule d'amis avec lesquels il continue à être lui-même totalement. C'est une représentation intime de la collectivité qui lui permet d'exprimer d'autres facettes de lui-même, d'autres talents.

La force d'attraction naturelle fera alors en sorte qu'au sein même de cette cellule, il vivra peut-être aussi une relation amoureuse.

De ce duo, un enfant peut naître, puisque la naissance d'un nouvel Être est l'une des expressions créatrices possibles dans l'Univers.

Tous les amis de sa cellule sont des Êtres avec lesquels il a des affinités et qui favorisent sa création et son ressourcement. Même s'ils ne se comparent plus, même s'ils ne cherchent pas la performance, les Êtres ont tous des envies et des talents différents et ils peuvent, de ce fait, ressentir plus d'affinités avec certains amis qu'avec d'autres. Non pas par discrimination, non pas par comparaison, mais simplement parce que, dans son essence, dans son mandat d'incarnation, un Être développe des façons de créer, des façons de s'exprimer qui s'apparentent mieux avec certaines personnes qu'avec d'autres. Sommes-nous suffisamment clairs ?

Très clairs, mais j'aimerais que vous nous donniez, pour ceux qui n'ont pas été guidés dans ce parcours depuis la naissance, des trucs pour assurer la transition.

La transition vers l'état de liberté peut être vécue à toutes les périodes de la vie d'un Être, même si le piège s'est refermé dans la vingtaine.

La première étape est de ressentir le piège qui s'est refermé, c'est-à-dire une sensation de lourdeur ou d'emprisonnement dans sa propre vie.

La seconde sera de reconnaître son identification à une image ou à un personnage, ou de constater ses attachements. Tant qu'il ne reconnaît pas cela, il n'y a pas de transition possible, et les changements sont illusoires. Il est important de le reconnaître, sans se juger et sans se culpabiliser.

Jour après jour, l'Être doit s'offrir du temps pour être disponible à lui-même, pour ressentir ce qui vibre en lui et ce dont il a véritablement envie. La recherche de changements extérieurs (de partenaire, de travail ou de lieu de vie, par exemple) non seulement ne l'aidera pas, mais générera de la confusion et l'influencera vers des choix inadéquats, et cela, tant qu'il n'aura pas retrouvé la sensation de qui il est.

Plutôt que de posséder des objets pour se sécuriser et pour nourrir l'image qu'il a de lui-même, il commencera à choisir d'utiliser la matière pour représenter ce qu'il est. Parallèlement, il tentera de commencer à être lui-même dans ses relations familiales, amicales et professionnelles.

Cela signifie qu'il se détachera progressivement de ce qui n'est pas lui. Il n'a pas à tout rejeter pour se détacher ! Il est inutile de tout quitter, sa famille, son travail, sa demeure, ou autre, promptement. S'il change tout en même temps, l'Être fera basculer sa vie et se rendra vulnérable.

En y allant progressivement, par contre, il se redécouvrira et se reconnaîtra. Les choix et les transformations seront orientés en fonction de ce qui vibre en lui et qui permet une vie équilibrée, harmonieuse et amoureuse.

Je crois que déjà, plusieurs personnes sont dans cette conscience-là. Mais qui dit progression, qui dit changement, dit aussi faire du ménage. Faire du ménage dans ses relations, par exemple. Est-ce que ça veut dire qu'il faut aussi être conscient de nos relations? Est-ce que ça veut dire qu'il y aurait une période de transition où il se peut qu'on se retrouve seul, qu'on doive changer d'amis, par exemple?

Plus vous êtes vous-même, plus les Êtres ressentent votre vibration. Dans le piège de l'image, certains de vos propos, certaines activités ne vous conviennent pas. C'est ainsi que plusieurs personnes avec lesquelles vous êtes en relation sont plutôt en relation avec votre image.

Or, progressivement et naturellement, votre transition vers vous-même générera une épuration de vos relations. Vous allez vous rendre compte que tel type de relation ne vous nourrit pas, ne vous satisfait plus. Ne les jugez pas, mais progressivement, cessez de nourrir ces relations. Faites de l'espace dans votre vie. Il y a peut-être des connaissances, des copains qui servent encore votre image ou votre peur d'être seul. Progressivement, à mesure que vous vous reconnaissez, vous transformez vos relations. Vous sentirez que vous n'êtes plus ou que vous n'avez jamais été véritablement stimulé par tel type de relation, et vous oserez alors vous en détacher. Mais assurez-vous auparavant de vous être présenté tel que vous êtes réellement à ces personnes. Offrez-leur la possibilité de vous apprécier et de recréer une relation plus naturelle avec vous.

Il est possible que vous viviez des périodes de solitude durant la transition; toutefois, plus vous serez vous-même et plus vous serez accompagné. En délaissant certaines relations qui ne correspondent pas à ce que vous êtes, cela va créer de l'espace pour d'autres.

J'en comprends qu'il faut accepter que cela se produise et avoir le courage de la transition ?

Il faut avoir le courage d'être vous-même, progressivement, dans les lieux, dans les espaces, dans les activités dans lesquels vous ne vous sentez pas bousculé.

Si, pour être vous-même, vous entrez dans la peur d'être seul, vous n'aurez rien gagné. Il faut donc que ce soit progressif. Dans certains lieux, dans certaines activités, avec certains Êtres, vous oserez de plus en plus être vous-même. Vous allez vous rendre compte que même dans des milieux plus conventionnels, il y a de l'espace pour votre touche personnelle et que, partout sur votre passage, votre « parfum » peut émaner et être apprécié de plus en plus.

Si, par exemple, vous œuvrez dans le monde des affaires conventionnel, vous pourriez exprimer votre respect et votre amour des Êtres humains, tout en étant juste et transparent. Vous pourriez ainsi collaborer à ce qu'il y ait plus de tolérance, plus de paix, plus d'amour dans ce milieu. Peut-être seriez-vous amené à constater qu'un collègue n'est pas à sa place dans une fonction donnée, sans pour autant que cet Être soit renié et jugé, mais plutôt invité à faire d'autres choix. Votre façon d'agir et de vous exprimer va démontrer que vous êtes dans une autre vibration.

Et sans cette prise de conscience, quelles sont les conséquences actuellement ?

Dans cette période de forte influence sociale qu'est la vingtaine, les Êtres ressentent de plus en plus le piège de l'image. Ils constatent que les insatisfactions et les pressions, de plus en plus grandes, sont les conséquences de leurs choix. S'ils ne font pas cette prise de conscience, ils se dirigent à court terme soit vers un éclatement des structures et des valeurs sur lesquelles ils ont basé leur vie, soit vers un long processus de destruction progressive de leur santé.

Lorsque vous êtes adolescent et que vous vivez dans la demeure de vos parents, que vos vêtements et vos objets ont été acquis en fonction d'un budget qui vous a été octroyé et que vous n'avez pas choisi non plus votre milieu éducationnel, vous en ressentez de la frustration. Toutefois, vous pouvez l'attribuer aux choix des autres et imaginer que tout cela est temporaire. Lorsque vous êtes dans la vingtaine, par contre, vous savez que les choix et les insatisfactions qui en résultent sont les vôtres. Ou alors vous vous percevez comme une victime et vous blâmez l'environnement externe.

Bien que ces agents extérieurs ne soient pas innocents non plus, ils font partie de toute la structure inadéquate créée et nourrie aussi par les hommes. L'Être ne pourra ignorer ni supporter longuement les malaises et les frustrations résultant de son inconscience.

Avant la fin de la vingtaine, l'Être constate que la grande majorité de ses structures, de ses valeurs et de ses choix ont été conditionnée par sa famille, son éducation, sa religion et tout ce à quoi il s'identifie. Il se rend compte qu'il n'a pas choisi ce qui l'habite intérieurement. Alors, il vivra une intense période de transformation. Plusieurs la vivront comme une crise, beaucoup plus forte que celle de l'adolescence.

Vous voulez dire qu'il y a une autre crise vers la fin de la vingtaine ?

N'avez-vous pas observé que c'est une période où plusieurs Êtres vont changer de travail, de carrière, de partenaire de vie ?

Oui, oui, tout à fait.

C'est une période de très grands changements.

Par contre, on ne la reconnaît pas comme telle, sur les plans social et psychologique. On parle souvent de la crise de la quarantaine, mais on ne parle pas vraiment d'une crise de la trentaine ou de la fin de la vingtaine.

Elle n'est pas reconnue parce que la nature des changements n'est pas attribuée aux causes véritables. En plus, la majorité des individus l'étouffent.

Lorsque des individus ne ressentant plus aucune stimulation ni d'affinités avec leur conjoint, leurs amis, leur travail s'interrogent sur leurs valeurs et les choix qu'ils ont faits, ils sont très bouleversés. Ils sont attirés par d'autres voies, tant sur le plan familial que par rapport aux amis et au travail. Ils se retrouvent dans un épisode intense de dévalorisation, de désorganisation, que plusieurs vivront comme un stress important, et d'autres, sous forme de dépression. Tout est remis en question. Si plusieurs font de grands changements, leurs nouveaux choix ne sont pas nécessairement plus conscients et plus libérateurs. Cela révèle, certes, qu'ils ont bien senti le déséquilibre de leur vie, mais qu'ils n'en ont nullement compris les causes. Les transformations de leur vie peuvent sembler importantes, mais elles ne sont que de surface.

Certains, aussi, vont véritablement occulter la crise. Ils ressentiront le malaise profond et, pour l'atténuer en croyant le faire disparaître, ils accentueront leurs choix pour s'y submerger. En d'autres termes, plutôt que de faire des changements, ils s'identifieront encore davantage à leur image et « nourriront » leurs choix. Ils franchiront le cap de la vingtaine sans changer de direction, en tentant de se convaincre que ce sont leurs choix et qu'ils doivent intensifier le parcours pour s'en réjouir davantage. Ils vont occulter leurs insatisfactions.

Est-ce à ce moment-là qu'ils tombent dans les compensations extérieures ?

Sans s'en rendre compte, oui. Certains, par exemple, chercheront à performer davantage au travail pour obtenir plus de reconnaissance sociale, pour augmenter leur rémunération afin d'avoir un plus grand pouvoir de consommation. Ils voudront acquérir plus de possessions pour se distraire, se valoriser ou se sentir en sécurité. Les compensations peuvent être de différentes natures, comme consommer plus de nourriture, de drogues ou d'alcool. D'autres vivront une période de dépression parce que plusieurs éléments de leur vie semblent ne plus avoir de sens. Ils vont attribuer cette dépression à l'ampleur du travail puisque, pour performer, ils ont souvent travaillé très fort. Ils en sentiront une grande fatigue physique et psychique. D'autres encore entreront dans une véritable période de transformation. Ils chercheront à transformer leurs relations interpersonnelles, leur travail, ce qu'ils possèdent. Mais comme ils le font sans la conscience de ce qui a influencé leurs choix, ils les reproduisent. Ils changeront le décor, mais pas le scénario profond.

Ce que nous appelons « répéter ses patterns ».

Certes. Par contre, certains Êtres ressentiront mieux le malaise. Ils comprendront que leurs valeurs et les structures qu'ils ont établies ne sont pas vraiment les leurs. Malgré leurs souffrances, ils s'assureront de se transformer eux-mêmes avant de vouloir changer l'extérieur. Il est important aussi de choisir un rythme de transformation qui fait en sorte qu'ils conservent un équilibre malgré la crise.

Imaginons, par exemple, que vous vous rendiez compte que votre partenaire ne vous convient pas, qu'il ne vous stimule pas et que vous l'avez choisi pour des raisons superficielles.

Avant de rompre, parce que maintenant vous connaissez davantage ce que vous voulez vivre, exprimez-vous tel que vous êtes. Présentez à votre partenaire ce que vous êtes et offrez-lui la possibilité de s'exprimer, lui, tel qu'il est. Peut-être allez-vous vous rendre compte que vous pouvez modifier votre relation en laissant émerger vos Êtres véritables et en les appréciant. Vous étiez une image de vous-même, conditionné, et vous vous rendez compte que cela n'est plus possible. Peut-être en est-il de même pour votre partenaire Alors, offrez la possibilité à ce duo d'émerger. Si, par la suite, vous vous rendez compte que vos orientations sont différentes, alors vous pourrez choisir de mettre un terme à cette relation.

Il en est de même pour votre travail. Il se peut que vous sentiez que votre travail ne correspond pas à l'Être véritable que vous êtes. Avant de tout laisser, tentez de définir ce qui vous représente véritablement dans ce travail, et imaginez comment il pourrait se transformer et comment vous pourriez vous transformer dans ce travail pour qu'il vous satisfasse. Vous pouvez aussi transmettre à vos collaborateurs vos envies profondes, et peut-être serez-vous étonné qu'ils vous offrent des possibilités de changement dans cette organisation, parce qu'ils vous apprécient vraiment. Peut-être allez-vous aussi vous rendre compte qu'il n'y a aucune possibilité de vous déployer dans ce milieu, et partir.

Vous êtes en train de dire aux jeunes adultes, finalement, de ne pas prendre de décisions radicales?

Voilà. C'est une période intense où il se produit des changements de vie à plusieurs niveaux, et nous suggérons que ces changements soient harmonieux et équilibrés, afin de ne pas reproduire ce qui ne vous convient pas.

Dans votre monde actuel, la grande transformation suggérée par la fin de la vingtaine influence toute votre vie. En occultant l'invitation claire de cette période, vous vous créerez des tensions physiques et psychiques qui auront aussi des répercussions sur les Êtres qui vous entourent. En reconnaissant les signaux qui vous indiquent que vous êtes en train de nier votre Être véritable, et en transformant vos valeurs et votre expression créatrice, vous créerez la santé et la joie, en vous et autour de vous.

Chapitre 8

La trentaine (29-38 ans)

Lorsque les Êtres de vos sociétés actuelles arrivent au début de la trentaine, ils sont encore dans un passage de retrouvailles d'eux-mêmes et de leur famille d'Âmes. Durant cette période, l'Être est amené dans une transformation fondamentale qui lui permet de comprendre et de ressentir ce qu'est l'amour de soi et de l'autre. C'est une période qui influencera bien sûr tout le parcours de l'Être par la suite.

Depuis la fin de la vingtaine, il ressent intensément la pulsion de vivre heureux, et cela provoque chez lui l'envie de poser un regard sur sa propre vie. Il faut bien observer que jusqu'à cette période, l'Être a créé des inscriptions à l'intérieur de lui. Toutes sortes d'influences provenant de son environnement ont dicté ses choix. Par ailleurs, et comme nous l'avons aussi constaté, la très grande majorité de ses programmations et conditionnements sont déjà inscrits en lui. Les inscriptions génétiques, les inscriptions mémorielles des vies antérieures et les influences de son environnement sont déjà en place, et cela, dès la première année de son incarnation. Durant toutes les années qui vont suivre, les situations, les rencontres et les circonstances de sa vie vont intensifier ces inscriptions ou, pour certains Êtres guidés dans la conscience, faire en sorte qu'elles se transforment.

Pour la majorité des Êtres, les valeurs et les structures de vie qu'ils portent en eux à la fin de la vingtaine et sur lesquelles ils se sont basés pour faire leurs choix et créer leur vie sont les structures et les valeurs transmises par leurs parents, l'éducation, la religion et la société en général. Durant l'enfance et l'adolescence, les parents ont été très marquants. Ensuite, ce sont l'éducation, les amis et, depuis le début de la vingtaine, l'environnement social et économique qui les influencent avec plus d'intensité dans leur travail. Toutes ces influences ont porté l'Être à faire certains choix, et si ses choix ont été basés sur des conditionnements qui ne correspondent pas à son Être véritable, il ressent alors qu'il n'est pas pleinement satisfait de sa vie. Son insatisfaction, légère ou très profonde, l'amène donc dans une remise en question, à examiner sa vie sous un angle différent.

Pour certains, le regard sera très superficiel. Ils constateront qu'ils ne sont pas vraiment satisfaits dans leur travail, dans leurs relations amicales et intimes, dans leurs activités, ce qui les portera à chercher dans des modes compensatoires, c'est-à-dire des activités, des relations parallèles, des consommations diverses. Ils voudront retrouver ce qu'ils ne trouvent pas dans l'organisation de leur vie actuelle, quelque chose d'intense et de joyeux.

D'autres vont projeter sur les autres, sur les activités ou sur le travail la raison de leur inconfort. Ils vont juger que leur partenaire, que leurs amis ou que leur travail ne leur conviennent pas, et ils voudront les transformer. Voilà pour le niveau plus superficiel.

D'autres porteront un regard un peu plus approfondi sur leur vie pour tenter de comprendre l'origine de toutes ces structures, de toutes ces valeurs qui font en sorte qu'ils ne se sentent pas heureux. Ce faisant, ils s'attarderont surtout sur leurs parents et leur influence dans l'enfance, dans l'adolescence, ou encore sur leurs amis ou l'éducation qu'ils ont reçue. Le regard s'approfondit.

Certains Êtres, dans cette recherche, seront très ouverts et, plutôt que de projeter la faute vers l'extérieur, tenteront de comprendre comment se sont inscrites ces influences, afin de mieux les transformer. Quel que soit le niveau de remise en question et d'implication, il s'agit d'une période de transformation des valeurs, des structures et des choix.

C'est donc une période initiatique très saine. Certains Êtres la vivent de façon très lumineuse, d'autres de façon très lourde et difficile. C'est-à-dire qu'ils ne saisissent pas ce qui est en jeu et reproduisent, malgré les changements apportés, des scénarios très similaires. D'autres, dans la compensation, s'alourdissent et vivent des expériences qui les entraînent dans la destruction. Toutefois, de grandes restructurations émergent de cela, et elles suscitent au début de la trentaine une envie de reconstituer une véritable famille.

Qu'est-ce que vous entendez plus précisément par « restructurations »?

Chaque Être porte en lui des structures, c'est-à-dire une façon de voir, une façon de réfléchir, une façon de s'organiser, qui est influencée par toute la guidance qu'il a reçue jusqu'à maintenant. Chacun porte aussi des valeurs qui influencent ses états et ses attitudes, et ces valeurs se sont inscrites en lui selon les influences de son environnement. Alors, « restructurations », ici, signifie remise en question de ses façons de fonctionner, remise en question de ses valeurs, pour choisir ses propres structures et ses propres valeurs. Cela ne signifie pas que tout doit disparaître, mais tout doit être « re-choisi » par l'Être. La majorité des gens ne sont pas conscients du caractère de ce passage, mais le vivent ainsi tout de même. Les valeurs se transforment, pour que l'Être puisse retrouver un certain équilibre, se sente davantage stimulé dans sa propre vie. Sinon, il s'alourdit de manière importante.

Vous allez vous rendre compte, en observant votre société, que plusieurs jeunes gens, à la fin de la vingtaine, ressentent un malaise existentiel et veulent amorcer de grands changements de vie. Cela se manifeste par des ruptures de toutes sortes : séparations amoureuses, transformations dans leur travail, et même déménagements. Ils ont un désir important de changement. Vous allez aussi vous rendre compte qu'à cette étape, plusieurs recherchent les expériences intenses, et vont vers différents types d'activités pour y retrouver un sentiment de force, de puissance. D'autres chercheront à combler leur insatisfaction par des possessions ou des consommations de toutes sortes.

Entendez bien que tous ces changements, toutes ces recherches ne sont pas nécessairement erronés et ne sont pas nécessairement mauvais. Bien sûr, lorsque l'Être est conscient du sens de ce qu'il cherche, il ira alors vers une véritable transformation qui pourra l'aider durant toute sa vie.

Qu'en est-il d'un jeune adulte qui aurait été guidé dès sa naissance à se reconnaître ?

Les Êtres qui ont vraiment été guidés, dans un monde idéal, vivent cette période sereinement. Ils vivent le passage initiatique comme les autres, mais pas à partir d'insatisfactions profondes. Ils n'auront pas envie de tout changer, mais ressentiront plutôt la pulsion de préciser leurs choix et de se déployer davantage. Ils se rendent compte qu'ils ont intégré plusieurs des éléments qu'ils ont reconnus en eux selon la guidance et les apprentissages qu'ils ont pu inscrire dans leur vie, et ils ont envie de se déployer encore davantage. Tout comme si nous vous disions : « Une fleur a émergé de la terre et se présente maintenant disposée à s'épanouir dans toute sa beauté. » L'Être a expérimenté, a utilisé ses talents, s'est reconnu. Il s'est aussi positionné face à son environnement, après s'être ressenti lui-même. Il a créé des assises puissantes et, là, il peut choisir d'accentuer son mouvement créateur en précisant davantage ce sur quoi il va s'orienter.

En reprenant l'exemple du jeune homme ou de la jeune femme qui aurait choisi la voie de la médecine et qui arrive à cet âge-là, guidé de façon idéale, comment cette personne vit-elle ce passage?

L'Être se sent plus disponible. Imaginons qu'un jeune adulte ait ressenti et choisi la voie de la médecine conventionnelle. Très jeune, selon sa guidance, il a ressenti en lui une envie profonde de collaborer à la santé. Puis, il est allé dans cette voie. Il est maintenant médecin, tel que vos sociétés le conçoivent. Il a développé toutes ses assises. Il connaît sa force, la pulsion qui l'anime, la lumière qui l'habite, ses dons, ses talents ; il sait aussi comment est structuré ce monde.

Alors, à cette période, il ressentira une envie d'ouvrir encore davantage sa vie et d'explorer avec encore plus d'intensité les différentes voies pour offrir ses soins. Par exemple, un Être pourra avoir envie de voir comment la médecine des plantes peut s'unir à sa médecine, comme complément, pour faire en sorte qu'il soit encore plus sain, plus joyeux et plus intéressant d'accompagner les Êtres dans leur guérison. Un autre constatera, à partir de ses expériences, que ce sont les tensions (le stress, comme vous dites) qui causent une grande majorité des inconforts, des maux et des maladies physiques et psychiques. Stimulé par ces constatations, il recherchera quelles sont les véritables sources des tensions, quels sont les moyens qui peuvent favoriser leur réduction, et même leur dissolution. Il pourrait ressentir l'appel à s'associer à des collaborateurs pour créer une clinique spéciale. À cette étape, donc, alors qu'il sait bien comment accompagner les Êtres dans leur guérison sur le plan curatif, il peut avoir envie d'aller encore plus loin dans l'aspect préventif de leur guérison.

Cet exemple concerne la vie professionnelle. Rappelons-nous toutefois que les relations personnelles sont aussi très importantes durant cette période.

Dans un autre aspect de sa vie, l'Être aura envie de créer un renouveau dans le couple, ou ce que nous nommons « duo amoureux ». Le partage et la complicité s'approfondissent. Un projet conjoint d'implication humanitaire peut en émerger, ou avoir un enfant.

Ce sont des exemples et nous pourrions en donner des centaines d'autres. Ce qu'il est important de noter à cette étape est que l'Être vit une belle intensité. C'est ce que nous disons quand nous parlons de « déploiement de la fleur ».

Et pourquoi cela se produit-il de la fin de la vingtaine au début de la trentaine? Est-ce pour des raisons liées au mouvement universel, énergétique?

Il faut environ vingt-huit années à un Être sur cette Terre pour vraiment prendre conscience de lui-même, et pour entrer consciemment en contact avec toutes les formes d'influence de son environnement. Avant, les expériences ne sont pas encore suffisantes.

Par exemple, à 20 ans, il n'a pas participé à la collectivité de façon totalement autonome. Il est encore lié à ses parents ainsi qu'au milieu éducationnel. Toute la société et ce que vous nommez le « monde du travail », il ne l'a pas encore connu. À la fin de la vingtaine, ces différentes influences lui sont familières, suffisamment pour avoir envie de se déployer avec plus d'intensité s'il est en relation claire et lumineuse avec lui-même. Si, par contre, il se rend compte qu'il n'est pas heureux, cette période fera naître en lui l'envie de l'être, d'aller rechercher plus d'intensité. C'est bien sûr un mouvement énergétique, mais c'est aussi associé à tout votre environnement actuel.

Si vous viviez à l'époque où les jeunes gens quittaient la demeure familiale à 14 ans pour aller travailler et fonder une famille, le mouvement aurait lieu beaucoup plus tôt. Toutefois, dans vos sociétés actuelles, cela se passe plus tard.

Voilà pour la situation idéale, mais puisque la majorité des gens n'ont pas été guidés dans ce monde idéal encore, j'aimerais qu'on décline les autres scénarios possibles et qu'on explore chacun d'eux plus en profondeur. Commençons par les abus, s'il vous plaît.

S'il est mal vécu, ce passage à la fin de la vingtaine peut en effet mener l'Être au début de la trentaine à rechercher des compensations, plutôt qu'à construire sa vie pour qu'elle soit plus intense, plus équilibrée. C'est une forme de réaction à l'insatisfaction. C'est la forme la plus destructrice de l'Être, car c'est l'expression de la négation de soi. L'Être ressent que sa vie ne le satisfait pas pleinement. Il constate que ce qu'il a créé ne lui procure pas ce qu'il veut. Il cherche l'intensité, la joie, le bonheur. Il est aussi un peu fataliste parce que, lorsqu'il regarde sa vie, il a l'impression que les choses n'auraient pas vraiment pu se passer autrement, puisque tous les Êtres vivent ainsi.

Donc, il cherche l'intensité et les satisfactions à l'extérieur des structures et des valeurs de sa vie. Plusieurs, dans vos sociétés, vont rechercher l'intensité et la satisfaction dans la reconnaissance professionnelle. Ils vont donc travailler davantage. Travailler pour obtenir des résultats, travailler pour être dans la performance, travailler pour être reconnu, travailler pour avoir un meilleur salaire. Les motivations diffèrent d'un individu à l'autre. L'Être qui travaille pour obtenir un meilleur salaire, plus d'argent, plus de facilité matérielle, pourra aussi utiliser cette facilité financière pour s'accorder d'autres compensations. Certains se dirigeront vers des activités sociales de plus en plus intenses pour tenter d'y retrouver un plaisir profond. Il n'y a pas de contre-indication à des activités sociales, par exemple des sorties amicales, des sorties culturelles ou des dîners entre amis où vous partagez une bonne nourriture avec un bon vin, avant d'aller danser... Tout cela est sain en soi, puisque tout cela crée des sensations de joie, et ces sensations peuvent amener l'Être à se ressentir lui-même.

Toutefois, lorsque tout cela devient un défoulement, lorsque l'Être a l'impression que ce sont ces sorties, ces dîners, ces verres de vin qui sont le moment de joie réelle de sa vie, alors il projette vers eux la source de son bonheur. Inévitablement, il en demande toujours davantage parce que, même si cela lui procure une satisfaction, le degré d'intensité n'est pas véritablement celui qu'il recherche. Donc, il en voudra encore et encore, et ce qui était sain au départ, ce qui lui apportait de vraies sensations agréables, devient destructeur pour lui. Des repas agréables bien arrosés entre amis, qui favorisent le partage, la relation, la détente et la sensation de la vie, il peut tomber dans l'abus qui amène une détérioration des relations et du corps, n'est-ce pas ?

Assez rapidement, en plus.

Il en est de même pour les Êtres qui chercheront des passions dans des activités parallèles. Ces activités sont en soi saines. Un Être peut apprécier une activité sportive, culturelle ou intellectuelle, pour y retrouver un plaisir et une détente. Tout cela est sain parce qu'ainsi il peut favoriser une souplesse intellectuelle, physique ou émotionnelle, et l'ouvrir à d'autres horizons, lui apporter des connaissances et l'inspirer pour des transformations. Tout cela peut aussi l'amener à créer de nouvelles relations. L'Être s'ouvre. C'est magnifique !

Toutefois, lorsque l'Être projette vers l'activité la véritable source de sa joie, de son bonheur, lorsqu'il croit que c'est cela qui le rend heureux et, qui plus est, lorsque c'est la seule source de joie dans sa vie, alors il pourrait aussi en abuser. De la même façon, cet abus pourra provoquer des difficultés relationnelles. Difficultés, car l'Être se passionne davantage pour ses activités parallèles et y accorde plus d'attention qu'à ses relations intimes, ses amis ou son travail. Encore une fois, ce qui était sain au départ peut devenir fort malsain et destructeur.

Et c'est ce que vous nommez « compensations ».

Les compensations sont multiples, tout comme leurs sources et leurs effets. Nous voulons simplement que vous réalisiez que les Êtres versent dans des compensations pour trouver des joies. C'est à partir du moment où ces compensations deviennent des abus que nous disons que le passage est très mal vécu, parce que l'Être peut aller vers ces voies compensatoires pendant de très longues années et rater sa vie.

Qu'en est-il, maintenant, de celui qui commence à voir que c'est peut-être l'extérieur qui ne fonctionne pas... Doit-il tout changer dans sa vie?

Un autre Être qui ressent les insatisfactions, qui ressent que sa vie ne le fait pas vibrer profondément, pourra projeter vers les différents éléments de sa vie la cause de ses insatisfactions. Par exemple, il aura peut-être l'impression que sa partenaire amoureuse ne le comprend plus et n'est pas idéale. Il aura déterminé que son travail n'est pas adéquat, que ses collaborateurs ne sont pas adéquats, que le milieu de travail n'est pas sain pour lui et que c'est là la cause de ses difficultés. Il aura peut-être aussi l'impression que ce sont ses amis qui ne comprennent plus vraiment ce qu'il est, qu'ils n'arrivent plus à le stimuler, et voudra en changer. Ou bien il aura l'impression que c'est sa demeure qui ne convient plus et il voudra déménager, même changer de lieu de vie. Autrement dit, il projette vers l'extérieur.

Quel est le piège de projeter vers l'extérieur?

Le piège est que l'Être se place dans une position où l'influence de l'extérieur est plus importante que sa véritable vibration, que ses véritables choix. S'il décide de changer de partenaire, par exemple, souvent, c'est parce qu'il aura l'impression qu'en côtoyant d'autres Êtres, ceux-là seront beaucoup plus stimulants, beaucoup plus joyeux, beaucoup plus intéressants. Mais il va simplement changer de décor, changer les caractéristiques de l'Être, sans changer le véritable scénario qui s'est inscrit en lui à partir de sa façon d'être, de sa façon de se comporter. Le scénario ne se joue pas en fonction des autres, et pourtant, la majorité des Êtres imputent aux éléments extérieurs leurs sensations de joie, leurs satisfactions ou leurs insatisfactions.

Si l'Être détermine que son travail, par exemple, est une négation de sa véritable voie, de ses dons, de ses qualités, il lui faudra faire une recherche beaucoup plus approfondie parce que s'il délaisse son travail pour un autre, celui-ci, bien qu'en apparence différent, se trouvera toutefois encore dans un même registre.

Il va retomber toujours dans les mêmes scénarios.

Voilà. Dans l'exemple que nous prenons, l'Être change de décor, sans changer de scénario. Nous disons souvent, pour vous taquiner : « Vous changez de moustache sans véritablement changer de relation avec l'autre et avec vous-même. » Dans ce contexte, les Êtres peuvent vivre de très grands changements relationnels, professionnels, ou encore de lieu de vie, mais il faut être conscient que tous ces changements provoquent une turbulence. Chez certains, cela sera très lourd, très démotivant. Chez d'autres, l'impression d'un renouveau les motivera pendant un certain temps, peut-être même pendant dix ou quinze ans, jusqu'à ce qu'il y ait un autre moment de passage, une autre crise de vie.

Oui, on reparlera de la fameuse crise de la quarantaine !

Cette crise de la quarantaine a d'autres sources, mais pour certains Êtres qui n'ont pas vécu vraiment le passage dont nous nous entretenons ici, cette période les fera vivre le même type de situations.

La crise de la fin de la vingtaine est souvent mal comprise. Vous n'en parlez pas autant que celle de la quarantaine, et pourtant, elle est beaucoup plus significative et, à la fois, beaucoup plus évidente.

Si, par exemple, il y a un caillou dans votre chaussure, que vous en sentez l'inconfort, vous enlevez votre chaussure et jetez le caillou. Cela paraît simple et naturel. Il s'agit toutefois d'un moment important, car si vous ne l'enlevez pas et que vous attendez que le caillou ait vraiment meurtri, blessé tout votre pied, lorsque vous l'enlevez, vous dites : « Mais voilà que c'est majeur. Non seulement on enlève le caillou, mais il faut aussi réparer tout le pied. »

Alors, ce que vous observez dans vos sociétés, c'est qu'autour de la quarantaine, il y a des réactions majeures. Les ruptures, les sentiments de trahison sont beaucoup plus éclatants, les envies de tout laisser et de tout abandonner, beaucoup plus vives. C'est simplement que vous n'avez pas su détecter ce qui se passe déjà à la fin de la vingtaine, et cela, il est intéressant de le nommer, chère Âme, parce qu'il en est ainsi pour plusieurs aspects de l'Être humain.

Et pourquoi le voyez-vous seulement à 40 ans ? Parce que c'est plus évident, qu'il y a plus d'éclat. Et c'est plus évident parce que les Êtres sont beaucoup plus inconfortables. Ils ont supporté le caillou dans leur chaussure pendant 10 ans !

Je comprends. Mais nous aurons l'occasion d'y revenir.

Bien sûr. Mais vous voyez vers quoi l'on se dirige ? Cela est très important. Il ne s'agit pas simplement de décrire la crise de la quarantaine, mais de comprendre quelles en sont les sources.

Comment renverser la vapeur dans la trentaine alors ?

En comprenant les sources de cette crise.

Certains Êtres se rendent compte que leur façon de choisir est vraiment conditionnée par des valeurs et des structures qui leur ont été presque dictées. Alors, cherchant toujours la cause de leur insatisfaction à l'extérieur d'eux-mêmes, ils en projettent la faute sur leurs parents !

Il est important pour les parents de comprendre cela, de comprendre que, de la fin de la vingtaine jusqu'à la mi-trentaine, leurs enfants auront une propension à projeter sur eux la faute de leur mal de vivre, et à se « désidentifier » de leur famille biologique. Voilà une opportunité réelle d'épurer tous les secrets et les malaises familiaux, de telle sorte que cela favorise une pacification et une ouverture lumineuse dans la relation familiale.

Comment les parents devraient-ils accueillir, justement, cette révolte-là?

Bien que le moment soit privilégié pour amener une grande pacification et une grande libération familiale, très souvent les conflits intérieurs non résolus de chacun feront éclore de grands conflits familiaux. Observons ensemble différents scénarios qui tous ont un impact majeur et prolongé dans la vie de leurs acteurs, et non seulement limité à l'épisode en question.

Imaginons une jeune femme qui se rend compte qu'elle n'est pas heureuse dans sa relation avec son partenaire. Plutôt que de simplement changer de partenaire, ce qu'elle a envie de faire aussi, elle observe et réalise qu'elle n'a plus confiance en lui. Elle a l'impression qu'il la trahit ou qu'il lui ment. Elle se rend compte qu'il en a été souvent ainsi dans les 15 dernières années et que, pour cette raison, elle a eu de la difficulté à faire confiance aux hommes. À cause de cela, ses relations étaient toujours difficiles et jamais très profondes. Puis, elle se rend compte qu'une programmation s'est inscrite en elle: les hommes ne sont pas dignes de confiance, ils mentent, ils ne s'engagent pas et ils doivent être continuellement surveillés.

C'est malheureusement ce que ressentent plusieurs femmes, d'ailleurs.

Alors, en observant sa vie, elle pourrait constater que, dès l'adolescence, lorsqu'elle habitait encore chez ses parents, sa mère vivait des difficultés par rapport à son père. Peut-être y avait-il eu une séparation, et sa mère laissait-elle entendre que les hommes sont vraiment des tricheurs, des menteurs et qu'il ne faut pas leur faire confiance. Cette perception de la mère a véritablement influencé les relations de la jeune femme avec les hommes. Aujourd'hui, elle transmet à sa mère que si elle vit à son tour des résistances à s'engager avec les hommes, si elle a des difficultés de communication avec eux et qu'elle n'a pas encore trouvé le partenaire idéal, c'est parce que sa mère a inscrit en elle que les hommes étaient des tricheurs. En somme, elle projette la faute vers sa mère.

Dans ce premier scénario, la mère, non consciente de tout le processus que vit sa fille, se sent bien sûr accusée et jugée, parce qu'elle a vraiment eu l'impression de subir une trahison de son conjoint par le passé. Aujourd'hui, la voilà de surcroît accusée d'être responsable du malheur de sa fille avec les hommes. Alors, elle en ressent une frustration et réagit avec véhémence. Elle peut, par exemple, transmettre à sa fille, dans un élan de colère, tout ce que son père a fait qui l'a blessée, brisée...

J'imagine que ce n'est pas la bonne méthode!

Cela est certainement destructeur pour tous.

Dans un autre scénario plus lumineux, la fille transmet la même chose à sa mère, mais la mère, elle, est consciente de ce qui est en jeu. Elle est consciente, effectivement, qu'elle a vécu une sensation de trahison et des difficultés avec les hommes, et que sa façon d'être à l'époque a pu influencer sa fille. Elle ne vit pas de culpabilité, parce qu'elle comprend aujourd'hui qu'elle éprouvait des difficultés à ce moment-là. En même temps, il se trouve que la mère a parcouru beaucoup de chemin depuis cette période. Alors, elle dit à sa fille qu'elle comprend les influences qu'elle lui a invo-lontairement transmises. Elle lui dit qu'elle a souffert, que sa souffrance l'a amenée dans des réactions, que ses réactions ont influencé sa fille. Mais, maintenant, elles peuvent avoir un échange pour modifier son regard sur les hommes. La mère peut transmettre que ses difficultés passées avec les hommes étaient aussi en relation avec ses propres blessures. Elle peut aussi proposer à sa fille de discuter de leurs blessures communes, afin de transformer leur état et leur relation.

Voilà, ici, un scénario plus intéressant, mais qui pourrait ne pas être bien accueilli par la fille ou qui pourrait être perçu comme une façon de se défiler.

Imaginons un autre scénario, où la fille dit ceci à sa mère : « Il est important pour moi de te dire que mes relations difficiles avec les hommes ont été influencées par ce que vous avez vécu, toi et papa. Et à cause de cela, vous avez souvent réagi de façon négative. Aujourd'hui, je constate que je suis moi aussi en réaction contre les hommes. Ce serait intéressant d'en discuter, de voir quelles ont été vos difficultés et quelles sont les miennes. » La fille est donc ouverte et disponible. Mais maintenant, c'est la mère qui réagit. Car, peu importe ce que dit sa fille, elle se sent attaquée, elle se sent coupable. Il se peut qu'elle réagisse mal, en disant : « Tu n'as rien compris, tu es une fille ingrate. Tu étais jeune quand tout cela s'est passé. Tu n'as pas vu tout ce que ton père a fait et tout ce que les hommes ont fait. Va-t'en, plutôt que de m'accuser. » Alors, bien sûr, là encore, il y a un conflit non résolu qui créera chez la mère plus de tensions et qui fera en sorte que la fille aura de la difficulté, elle aussi, à comprendre et à se libérer de ce qu'elle porte.

Imaginons maintenant, dans un dernier scénario, que la fille et la mère soient ouvertes et disponibles. Alors, elles peuvent ensemble observer ce qu'elles ont vécu. Elles peuvent ensemble se rendre compte qu'elles ont eu des blessures et que ces blessures ont créé des réactions et que ces réactions ont attiré encore des scénarios blessants.

Quel effet thérapeutique cette approche a-t-elle sur les deux femmes ?

Elles peuvent ensemble transformer leur relation avec les hommes en choisissant consciemment de le faire, en se rendant compte que leurs blessures intérieures ont attiré des situations qu'elles ne veulent plus vivre, et transformer par la même occasion leur relation avec elles-mêmes.

Lorsque les deux femmes sont ouvertes, elles guérissent non seulement leurs propres blessures, mais elles permettent aussi énergétiquement à la lignée des femmes de leur famille de s'alléger des charges qui les alourdissent, même au niveau subtil. Elles transforment ainsi la relation de la femme avec elle-même, et de la femme avec l'homme, simplement en osant énoncer leurs blessures et en s'aidant à ne projeter vers l'autre ni culpabilité ni responsabilité. Certes, il y a des hommes qui sont tricheurs, mais il y a aussi des hommes qui sont honnêtes, n'est-ce pas ?

Vraiment ? [rires] Je blague, bien sûr qu'il y a beaucoup d'hommes honnêtes.

Alors, la fille qui entre en relation avec sa mère ouverte à l'accueillir peut constater que ce que la mère a vécu de difficile provenait aussi chez elle de blessures profondes. Ces blessures ont attiré un type d'homme et les réactions de la mère face à ce type d'homme ont influencé la fille, ce qui a créé des inscriptions en elle. Ensemble, les deux femmes peuvent dénouer tout cela dans un processus guérisseur.

Simplement en le nommant ?

C'est plus qu'un simple énoncé. Il s'agit, à partir de l'énoncé, de constatations de blessures profondes qui ne sont pas nécessairement ou seulement liées à cet homme ou à ces hommes, mais qui sont liées à la femme, à la difficulté de s'exprimer, d'être elle-même, à la recherche, peut-être, d'un homme qui va les structurer, les orienter, d'un père finalement. Elles s'éclairent par rapport à ce qu'elles portent, elles s'éclairent par rapport aux hommes. C'est une forme de thérapie qui permet un relâchement de la tension dans la lignée des femmes de la famille.

La fille est alors beaucoup plus disponible à nourrir sa relation avec sa famille biologique et beaucoup mieux préparée à recréer sa propre famille intime, d'amis ou d'Âmes !

Puisqu'il y a aussi des hommes qui vont nous lire, Maître Saint-Germain, ce serait intéressant, sans aller aussi loin, de prendre l'exemple d'un homme avec son père, peut-être, ou sa mère.

Bien sûr, les scénarios sont multiples. Nous pourrions reprendre les exemples de la fille avec son père, du fils avec sa mère, du fils avec son père. Imaginons, si nous reprenons l'exemple précédent, que le fils ait une difficulté dans sa relation avec sa partenaire. Alors qu'il pense changer de partenaire, encore une fois, il se rend compte qu'il a de la difficulté à s'impliquer profondément dans sa relation. Sa partenaire lui fait remarquer qu'il est incapable de s'engager. En observant tout cela, il constate que, depuis son adolescence, il n'a jamais vraiment pu se livrer et être lui-même face à une femme. Il se rend compte que, durant toute son enfance et son adolescence, sa mère était sévère et violente, par exemple. Tout cela l'a entraîné à trouver des moyens de compensation, c'est-à-dire à ne pas dire la vérité à sa mère, à mener une vie parallèle parce que sa mère ne l'accueillait pas, ne le comprenait pas. Donc, il se taisait, il n'existait pas. Ce qu'il présentait à sa mère n'était qu'une image de lui-même, et il a enregistré que, pour être en équilibre avec une femme, il était préférable de présenter une image et de ne pas trop s'engager.

Ce pourrait être aussi un père qui n'est pas présent, pas assez sévère, et qui ne transmet pas à son enfant comment être un homme. Tous les scénarios sont possibles, mais la résultante est la même.

Maintenant, la période de 29 à 38 ans ne se limite pas à une crise, je présume. Qu'est-ce qui vient par la suite ?

À la suite de cet épisode intense, l'individu doit faire des changements inspirés de ses choix réels. Nous avons vu que plusieurs Êtres auront l'impression d'aller vers ces choix réels, alors qu'en réalité, ils sont encore conditionnés, contrôlés, manipulés par leurs peurs, leurs inscriptions intérieures, leurs mémoires. D'autres chercheront davantage à choisir des valeurs ou des façons de vivre qui leur conviennent mieux. Dans cette perspective, la vie peut vraiment se transformer.

Et comment amorce-t-on ces transformations profondes?

À la suite de cet épisode ou de cette crise bouleversante, c'est l'amour qui sera le moteur des transformations. C'est l'amour de soi, l'amour des autres et l'envie profonde d'unions vraies qui orienteront les choix, les retrouvailles et les reconstitutions de familles d'Âmes*.

Imaginons, par exemple, que deux Êtres qui forment un duo amoureux constatent qu'ils ne sont pas ou plus heureux, que l'autre ne répond plus à leurs élans profonds, et qu'ils ne voient pas comment ils pourraient être heureux en continuant ce duo. Pourtant, ce duo s'est créé à partir d'une véritable attraction. Il est donc important qu'ils puissent ensemble, et individuellement, poser leur regard sur ce qui les a attirés chez l'autre. Le couple s'est-il créé pour répondre à des affinités réelles et profondes, ou bien s'est-il plutôt créé pour répondre à des affinités de surface, circonstancielles ou ponctuelles?

Ils se plaisaient à différents niveaux, quelquefois un peu superficiels, mais tout était joyeux parce que, par exemple, les Êtres voulaient quitter leur famille, vivre de façon autonome et entrer dans la vie conforme à cette société. Tout est léger à cet âge, et dans cette légèreté, ils se sont unis.

Mais aujourd'hui, après leur famille biologique, leur partenaire est le premier vase d'accueil des frustrations.

Oui, malheureusement. Mais est-ce véritablement la cause du problème?

Quelle que soit la justesse de l'union et du partenaire amoureux, la cause des difficultés se situe toujours en chacun d'eux. Les relations sont complexes et ne répondent pas à des critères de la raison.

Comment simplifier?

Lorsque deux partenaires ne sont pas heureux, qu'ils se sentent incompris, en opposition ou dans l'indifférence mutuelle, ils doivent choisir de retrouver en eux-mêmes ce qu'ils veulent vivre réellement, plutôt que de projeter tous les torts sur l'autre.

Alors, il est intéressant que les deux Êtres puissent prendre conscience que leur couple est en difficulté, qu'ils puissent nommer quelles sont leurs insatisfactions dans ce couple, et ensuite qu'ils puissent voir à l'intérieur d'eux-mêmes ce qui fait en sorte qu'ils ne ressentent plus la justesse de cette relation.

Quelle démarche proposez-vous pour y parvenir?

Nous proposons que l'Être retrouve ses idéaux. Ce qui permet à un Être de véritables transformations de sa vie, ce sont les phares qui l'orientent et qui lui permettent de prendre une décision qui a du sens pour lui. Prenons un exemple métaphorique. Imaginons que vous soyez invité dans une ville autre que celle où vous habitez. Vous devrez choisir comment vous y rendre, puisqu'il y a une multitude de chemins possibles, sans tout de même prendre la direction opposée, n'est-ce pas? Parmi les chemins qui se dirigent vers la ville, vous choisirez le chemin qui vous inspire, celui qui semble le plus correspondre à vos élans. Et puisque la direction est définie, le choix sera plus simple. Vous déterminez d'abord votre direction, et par la suite, la façon de vous y rendre.

Ainsi, durant la période de réorganisation de sa vie, chacun des deux Êtres réévalue son orientation. Si l'orientation est la même pour les deux, alors ils devront définir comment ils veulent évoluer vers elle. Si, au départ les orientations sont différentes, il sera inutile de chercher des compromis. Si l'un ou l'autre ou les deux ne sont pas disponibles à établir leur orientation, il n'y a pas de base pour relancer le couple.

Par exemple, les deux Êtres pourraient avoir comme idéal commun de vivre une relation amoureuse mutuellement stimulante, pour en ressentir à la fois une complicité et une invitation à se déployer l'un et l'autre dans leur vie. Ils veulent vivre une grande relation amoureuse où l'on ne cherche pas à contrôler l'autre, mais qui permette vraiment à chacun de se propulser dans sa vie.

C'est un très bel idéal partagé par une grande majorité de gens, mais il semble difficile à atteindre.

Lorsque deux Êtres dans un duo ne se comprennent plus, nous leur proposons que, chacun pour lui-même, ils puissent réitérer leurs idéaux. Puis, ils pourront envisager tout ce qu'ils veulent vivre et mettre en place dans leur vie pour se diriger vers ces idéaux. Par la suite, ils pourront concevoir et ressentir ensemble si ce qu'ils veulent vivre est conciliable.

Lorsqu'il y a une entente sur les grandes orientations, un amour réel, une envie profonde de s'y diriger ensemble et de se stimuler mutuellement sur le parcours, il ne reste plus que des compromis de surface à faire. Si les orientations ne sont pas partagées ou s'il n'y a pas de véritable sensation de stimulation mutuelle, alors les Êtres peuvent choisir ensemble de modifier leur vie ou leur relation, sans qu'il y ait de bris, sans qu'il y ait de guerre.

Ce que j'en comprends, c'est qu'il n'est pas souhaitable de jeter automatiquement le bébé avec l'eau du bain ?

C'est une période de transformation. Les cassures, les ruptures violentes peuvent créer chez l'Être des blessures. L'Être n'a pas à projeter la faute sur l'autre. Vous pouvez bien transmettre à votre partenaire que sa façon d'être, ses choix, ses paroles, ses actions et ses comportements ne vous conviennent pas, qu'ils vous déstabilisent, mais non pas qu'il est la cause de votre malheur !

D'accord. Cette période est aussi, pour une grande proportion de la population occidentale, celle qui est propice à fonder une famille. Qu'en est-il de cet aspect en particulier ?

Il est naturel que les Êtres ressentent une pulsion de procréer à cette période. Nous vous avons dit que, dans vos sociétés, c'est une période où les Êtres doivent bien poser leurs assises. De façon naturelle, ils sont plus près d'eux-mêmes, et nécessairement plus à l'écoute de leur élan de création et de procréation.

Certains, toutefois, vivent des insatisfactions dans leur vie et auront l'impression qu'un enfant leur permettra d'être heureux. Ils vont canaliser leur attention et leur énergie vers l'enfant, puisque les autres aspects de leur vie ne les rendent pas heureux. Il y a déjà là un piège important, n'est-ce pas ?

Il y a beaucoup de séparations, d'ailleurs, qui surviennent dans l'année suivant l'arrivée d'un premier enfant.

Certains Êtres constatent des difficultés dans leur couple et croient qu'un enfant pourrait les rapprocher. C'est-à-dire qu'ils projettent sur l'éventuel enfant la source de leur bonheur, ce qui peut faire en sorte qu'il y ait de grandes attentes envers cet enfant. Cela n'est pas juste. C'est un raisonnement erroné. Lorsque le duo n'est pas uni, n'est pas en équilibre et en harmonie et qu'arrive un autre Être pour former un trio, cet Être ne va pas réunir le duo. Il va au contraire mettre en lumière la difficulté, et même l'amplifier. Ce n'est pas un troisième élément qui permet la réunion des deux premiers, mais plutôt les deux premiers bien unis qui permettent l'arrivée du troisième. Cela est une loi universelle.

Pour qu'il y ait un équilibre, une joie, une croissance et un amour véritables dans ce trio, il faut, au-delà de l'union physique, qu'il y ait aussi une union psychique, une union spirituelle.

Nous avons, ici, illustré l'exemple du duo amoureux en transformation. Le duo peut prendre d'autres formes, comme un duo d'amis ou une association professionnelle. Ici, le même processus peut être suggéré. Quels sont vos idéaux, vos orientations ? Que voulez-vous vivre dans votre vie ? Plutôt que vouloir changer d'amis ou de travail, il faut que l'Être profite de ce moment pour aller à la rencontre de lui-même. C'est là que le passage devient initiatique et merveilleux. C'est un passage d'épuration, de nettoyage, de transformation de toutes les structures individuelles et de toutes les valeurs, pour que l'Être émerge de lui-même et recompose sa vie à partir de ses propres choix réels. Il peut, par exemple, changer de duo sans changer de partenaire, si la relation se transforme au sein même de l'union. Il peut modifier ses relations amicales sans changer ses amis, parce qu'il se transforme dans l'amitié. Il peut métamorphoser sa façon d'être, sa façon de voir, sa façon de créer, sans changer de travail.

Cela ne signifie pas qu'il ne doive pas changer concrètement de travail, mais le changement extérieur, s'il n'est pas associé à un changement intérieur concret, est illusoire. C'est le changement d'angle de vision, de perspective, de valeurs, pour respecter davantage ce qui fait vibrer l'Être, qui pourra ou non engendrer les changements extérieurs.

Tous ces changements lui permettront aussi de clarifier, et donc de pacifier, ses relations avec ses frères et sœurs et tous les membres de sa famille biologique. Il est important qu'il délaisse toute attente envers eux et qu'il clarifie ce qui a pu causer des conflits. Cela le libérera pour la création de nouvelles familles parallèles.

Souvent, les blessures sont si profondes que certains Êtres ne sont pas disponibles à la pacification. Si un Être veut pacifier sa relation avec un membre de la famille qui n'est pas disposé à le faire, il doit alors entretenir en lui et envers l'autre des sentiments de paix. Tous ces changements signifient que l'Être transforme profondément sa façon de concevoir et de ressentir l'amour de soi chez tout Être, c'est-à-dire la reconnaissance et le respect profond de qui il est et de ses idéaux.

Une fois que c'est fait, que va-t-il s'attirer comme situations ?

Votre question nous entraîne vers une compréhension vraiment importante de la vie. Tous les passages initiatiques d'une vie ont aussi pour but de ramener l'Être dans sa voie, dans son mandat d'incarnation et de modifier sa compréhension de l'Amour.

Pour celui qui est déjà dans sa voie, le passage favorise la sensation de joie qu'il en retire. Il lui permet aussi d'accélérer et d'amplifier son déploiement vers la maîtrise, c'est-à-dire la manifestation du Maître en lui. Chez celui qui ne s'est pas reconnu, qui n'est pas satisfait de sa vie, qui semble subir sa vie et qui n'est pas heureux, ce passage l'amène à s'ouvrir les yeux pour mieux comprendre ce qu'il est. Cela lui permet de mieux « re-choisir » ses valeurs et ses structures pour faire des changements et ainsi entrer dans sa vie selon ce qui vibre en lui pour aller vers des joies réelles.

Est-ce que c'est dans cette période-là qu'on va commencer à attirer nos familles d'Âmes ?

De la fin de la vingtaine au début de la trentaine, soit entre 28 et 35 ans environ, l'Être est appelé à vivre une épuration des charges et des entraves liées à sa famille biologique.

Puisqu'il choisit maintenant ses valeurs et ses structures propres, il aura aussi envie de retrouver une véritable famille d'Âmes, des Êtres dont la vibration est semblable à la sienne. Les individus de sa famille biologique ne font pas nécessairement partie de sa famille d'Âmes. Il faut comprendre que les Êtres d'une famille biologique sont des acteurs qui favorisent l'émergence d'un Être, c'est-à-dire qui le stimulent inconsciemment à laisser émerger tous ses thèmes karmiques, toutes ses blessures associées aux mémoires des vies antérieures. Ils apportent tous des expériences diverses et distinctes. Ils vont tout autant provoquer les blessures que les mémoires pour que l'Être puisse modifier sa façon d'agir et de voir.

Par exemple, si un Être se présente sur cette Terre en portant la thématique karmique du rejet, il pourrait se présenter dans une famille dont les acteurs le rejettent. Il pourrait s'agir d'un fils dont le père est fort affairé et absent, et qui, même lorsqu'il est présent, ne s'intéresse pas à lui. Le fils se sent rejeté du père. Quand il demande de l'attention à la mère, celle-ci le renvoie au père pour qu'il devienne un homme. Il se sent aussi rejeté par sa mère.

Il pourrait également se présenter dans une famille bien nantie dans laquelle il obtient tout ce qu'il désire. Un environnement merveilleux en apparence, un monde doré. Toutefois, les parents, dans cette surabondance, ont choisi qu'il y ait une gouvernante pour s'occuper des enfants, qui se sentent rejetés. Les parents aiment bien leurs enfants pourtant et, selon eux, leur donnent tout ce dont ils ont besoin tout en pouvant, eux aussi, profiter de la vie. Mais les enfants se sentent rejetés.

Dans un autre scénario, l'Être a un frère plus âgé qui ne s'intéresse nullement à lui et le considère comme un sot. Une autre sensation de rejet. Il pourrait aussi naître d'une mère abandonnée par son conjoint et s'en sentir lui-même rejeté.

Les membres d'une famille biologique sont donc des acteurs et, bien qu'ils n'en soient pas conscients, ils collaborent tout autant à éveiller les thèmes karmiques que l'Être aura à transcender dans cette vie qu'à stimuler sa puissance créatrice.

Cela ne signifie pas pour autant que les membres de votre famille biologique sont des Êtres de votre famille d'Âmes qui vous permettront, durant toute votre vie, d'éprouver une puissante stimulation, un puissant amour.

Au début de la trentaine, les Êtres ressentiront une véritable pulsion à retrouver des Âmes sœurs, des Âmes compagnes, des Êtres avec lesquels ils vibrent naturellement.

Et quand on parle d'Âmes sœurs, on ne parle pas seulement d'un ou d'une partenaire de vie?

Non, on parle d'amis, de compagnons de route ou de partenaires de vie qui sont issus de votre famille d'Âmes. Au cœur de la pulsion de procréation, il y a la pulsion pour retrouver une famille d'Âmes. C'est ce qui fait, entre autres, qu'un Être veut changer de partenaire lorsqu'il ressent qu'il n'est pas de sa famille d'Âmes et qu'il constate qu'au moment de leur union, il n'était ni dans cette conscience ni dans cette sensation.

Est-ce qu'il faut s'affranchir de la famille biologique pour aller vers la famille d'Âmes ? Est-ce qu'il faut s'en éloigner ?

Pas du tout ! Il est toujours sain de pacifier avec la famille biologique. Il est important d'aller vers une épuration, de libérer l'énergie négative dans ses relations avec la famille biologique pour mieux ressentir la famille d'Âmes. Cela permet d'éviter le piège des compensations dans les autres relations.

Œuvrer pour la paix dans vos relations avec la famille biologique pourrait signifier certains compromis de surface. Les compromis de fond, par contre, c'est-à-dire la négation de qui vous êtes et de votre voie, ne permettront jamais la paix, puisque cela va créer des frustrations en vous qui éventuellement seront projetées vers la famille. Des compromis de surface peuvent toutefois favoriser une certaine paix. Mais lorsque les conflits sont si intenses qu'il semble y avoir des obstacles infranchissables, il vaut parfois mieux s'éloigner physiquement de la famille biologique, tout en continuant le processus de pacification au niveau subtil, vibratoire. Cette forme de pacification consiste à être empathique envers sa famille, dans la compassion.

D'accord. Donnez-moi une définition de ce que vous entendez exactement par « famille d'Âmes » et comment on attire sa famille d'Âmes.

Les familles d'Âmes peuvent être entendues sous deux angles. Le premier est la constitution de familles d'Êtres réunis par la similarité de leur mission ou de leur mandat sur cette Terre. Prenons votre exemple : vous êtes d'une famille d'éclaireurs, c'est-à-dire des Âmes qui s'incarnent sur cette

Terre pour favoriser la transmission et la vulgarisation de la connaissance. Votre mandat précis dans une telle famille est de créer et d'animer des rencontres pour faciliter la diffusion de la connaissance chez des Êtres humains. D'autres, par exemple, font partie de la famille des soignants. Ils viennent sur cette Terre pour participer, collaborer à l'autoguérison des Êtres. D'autres encore sont des bâtisseurs. Et nous pourrions vous donner plusieurs autres exemples.

Sous un deuxième angle, des familles d'Âmes sont créées en fonction des vibrations de fréquences similaires. Par exemple, vous rencontrez des Êtres qui vous attirent, non pas parce que vous avez des affinités sur le plan de votre mandat, mais parce que vos orientations sont similaires. Vous ressentez que vous êtes sur une même longueur d'onde. Vous avez l'impression de mieux vous comprendre, de vous reconnaître l'un et l'autre quant à vos idéaux, à vos choix primordiaux, à vos objectifs. Vos façons d'être et de créer vous font mutuellement vibrer. Vous vous reconnaissez.

Il m'est arrivé quelquefois de rencontrer des gens pour la première fois et d'avoir l'impression de les reconnaître, à tous les niveaux, même physique. Est-ce que ça peut aller jusqu'à la reconnaissance physique?

Ce qui vous semble une reconnaissance physique est davantage une reconnaissance vibratoire générée par vos rencontres antérieures, d'une autre vie ou d'un autre plan de conscience. Il peut y avoir des Êtres qui sont d'une famille d'Âmes que vous ne reconnaissez pas du tout, ni physiquement, ni psychiquement, mais en croisant leur chemin, vous sentez qu'il y a une résonance vibratoire. Vous sentez un bien-être dans les discussions, dans les perspectives que vous énoncez ensemble. Cela ne signifie pas que cet Être doive partager une intimité avec vous. Ce peut être un ami ou un camarade, ce peut être un collaborateur de travail. Mais avec eux, vous reconnaissez une collaboration, une complicité et un bien-être naturels. Il existe différentes relations à l'intérieur des familles d'Âmes et, à cette étape de la vie (la trentaine), la pulsion pour retrouver, vivre et créer dans la complicité avec ces Êtres est naturelle.

Et comment les retrouver, justement?

Cela est très, très, très simple : vous n'avez qu'à être vous-même et vous les attirerez naturellement sur votre chemin. Illustrons ceci par une analogie naïve : si vous aimez la couleur bleue mais que, pour tout un ensemble de considérations, d'influences et de mémoires, vous portez du rouge, vous attirerez des Êtres qui aiment le rouge, n'est-ce pas ?

Ça me semble logique, oui !

Si vous nous demandez : « Comment puis-je attirer des Êtres qui aiment le bleu ? », nous vous répondrons : « Mais portez le bleu ! » Lorsque nous vous disons, chère Âme : « Vous n'avez qu'à être vous-même », cela signifie : « Vous n'avez qu'à vous aimer profondément dans ce qui vous fait vibrer. » Non pas aimer vos caprices, vos désirs, votre caractère, votre personnalité, mais aimer votre envie de vivre, ce qui vous stimule, les dons que vous avez et, bien sûr, aimer aussi les Êtres tels qu'ils sont, en reconnaissant qu'ils n'ont pas à être identiques à vous. La retrouvaille d'une famille d'Âmes est liée à l'amour réel de soi.

Nous nous entretiendrons plus loin du grand couloir amoureux d'émergence de l'Être qu'est le début de la cinquantaine, associé à une période de renaissance et de reconnaissance de soi. Pour l'instant, le début de la trentaine est aussi la période des grandes relations, qui influencera la période suivante. À partir du moment où vous avez pu vraiment épurer, pacifier, reconnaître vos propres valeurs, et que vous voulez les mettre en place, votre relation avec vous-même se transforme. De là, vous allez naturellement vers le thème second de cette période du début de la trentaine (le premier thème était la déstructuration/restructuration), soit la relation avec vous-même. C'est une période dans laquelle nous vous invitons à modifier votre dialogue intérieur, votre façon de vous parler à vous-même, pour que ce dialogue soit bienveillant et reconnaisse qui vous êtes réellement et votre envie de l'exprimer.

Lorsque nous vous avons invité à créer et à nommer vos idéaux, nous vous invitions à transformer votre façon de dialoguer avec vous-même et à faire des choix en fonction de ce qui a du sens pour vous. Ainsi, vous attirerez davantage les Êtres de votre famille d'Âmes, puisque dans le passage d'épuration, vous vous allégerez. Toutes les inscriptions et toutes les influences des valeurs et des structures que vous délaissez vous alourdissaient, diminuaient votre expression naturelle, spontanée et amoureuse. En traversant ce passage, vous voilà évidemment plus léger, plus spontané, plus vivant, et lorsque vous êtes plus vivant, vous attirez la vie vers vous !

Avez-vous déjà observé que lorsque vous êtes en harmonie avec vous-même, vous êtes plus joyeuse ?

Tout le monde l'a observé.

Avez-vous observé que lorsque vous êtes plus joyeuse, vous attirez davantage les Êtres ?

Plus de gens joyeux, en plus !

Lorsqu'un Être est triste, il va à un moment donné avoir envie de s'approcher de ceux qui sont joyeux. Et lorsque des Êtres sont joyeux, bien qu'ils veuillent aider ceux qui sont tristes, ils veulent en même temps s'unir avec d'autres Êtres joyeux. Lorsque vous êtes plus léger, plus naturel, plus spontané, votre relation avec vous-même est beaucoup plus simple. Pourquoi ? Parce que vous savez où vous allez, vous avez des idéaux, vous voulez que votre vie ait du sens et vous allez faire vos choix en fonction de vos valeurs, de votre façon d'être, de ce que vous êtes venu faire dans cette vie sur cette Terre. Vos relations se transforment.

Si vous n'avez pas vécu ce passage dans cette conscience, vos relations se transformeront tout de même. Les changements immanquables de cette période, bien qu'ils soient superficiels chez l'Être non conscient, provoqueront dans votre vie l'arrivée de nouvelles personnes.

En somme, quoi que vous fassiez de cette période, de ce passage, il y aura un mouvement, une turbulence qui fera en sorte que vous irez vers de nouvelles relations, et que d'autres Êtres viendront vers vous. Ils seront dans les mêmes scénarios ou dans de nouveaux scénarios, mais il y aura vraiment un passage relationnel important.

Vous l'avez compris, ce passage, c'est d'abord vous guérir vous-même. Osez vous guérir, osez ne pas vous sentir coupable d'avoir inscrit en vous des façons d'être et de faire qui ne vous rendent pas heureux, et osez ne pas rendre les autres coupables de cela. Transformez, pacifiez vos relations avec tous les Êtres. C'est une grande période de guérison relationnelle.

Pour en revenir aux principes masculin et féminin, y a-t-il une différence entre l'homme et la femme dans ce passage?

Dans ce passage, la femme sentira vraiment l'importance de créer. C'est pourquoi l'envie de procréer devient si forte. De son côté, l'homme va sentir davantage l'envie d'apporter sa contribution à la collectivité, d'être reconnu. C'est intéressant parce que, durant cette période, l'homme voudra vraiment mettre l'accent, dans vos sociétés, sur sa carrière. Ou bien il sentira l'envie d'apporter sa contribution dans des activités parallèles. Il veut faire sa marque, il veut que sa présence soit sentie, reconnue. Par contre, si la femme n'est pas influencée par la dimension masculine en elle, par la société qui la pousse vers la performance, elle aura beaucoup plus l'envie de créer, non seulement de procréer, mais aussi d'aller vers la création en général. Si elle est engagée dans une carrière, elle aura envie de changer les choses pour que ce soit plus harmonieux, plus équilibré, qu'il y ait une évolution. La femme est mue par un besoin d'évolution durant cette période, et l'homme, par un besoin d'exprimer sa présence. La nuance est évidente.

D'accord. Mais comment utiliser et harmoniser ces diffé-rences dans la perspective du changement?

D'abord, cela permet à l'homme et à la femme de mieux se comprendre. L'homme aura des choix à faire. Par exemple, il est dans un couple, un duo, la femme veut procréer, avoir des enfants, et lui, il veut s'investir profondément dans ce qu'il offre. Il ne pourra pas qu'offrir simplement sa semence. Il aura aussi à offrir à cet enfant toute sa présence. Alors, l'homme devra découvrir que l'offrande de lui-même peut se faire à plusieurs niveaux. Nous voulons que l'homme saisisse qu'il est là pour offrir, stimuler une conscience, apporter des connaissances, et qu'il puisse se reconnaître lui-même dans ce rôle. Son apport est aussi important dans sa famille que dans un milieu professionnel. La femme, elle, doit se reconnaître comme une créatrice. Lorsqu'elle va procréer, elle sentira bien ce rôle durant toute la période de la grossesse, mais après, lorsqu'elle guidera cet enfant durant les premières années, elle devra aussi comprendre qu'elle est toujours créatrice. D'une part, elle accompagne cet enfant à créer, et sa guidance est une création en soi. D'autre part, s'il n'y a pas d'enfant, il est important qu'elle reconnaisse qu'elle est dans une grande période d'inspiration créatrice. Cette période peut être très difficile pour la femme.

Pourquoi?

Parce que son rôle de créatrice à tous les niveaux n'est pas encore reconnu par la société d'aujourd'hui. Souvent, vous avez pu vous rendre compte que la femme atteignait une maturité avant l'homme. À cette période, la femme est souvent stimulée par une multitude de pensées, de visions, d'inspirations pour créer, et il faut la reconnaître comme une créatrice. Elle a peut-être moins d'expérience qu'elle en aura dans vingt ans, mais il y a vraiment la puissance créatrice en elle à cette étape.

Donnez-moi un exemple. C'est toujours plus facile pour comprendre.

Prenons l'exemple d'une femme qui serait inspirée à faire des changements culturels. Il ne faut pas attendre qu'elle ait 50 ou 60 ans pour l'autoriser à contribuer à des changements culturels, ou à modifier la façon de vivre la culture dans une société. Cette puissance créatrice peut aussi s'exprimer dans la gestion, dans l'administration ou dans tout autre domaine. La façon de voir des jeunes femmes dans la trentaine peut vraiment apporter des transformations importantes. Il faut reconnaître davantage les jeunes femmes dans leur capacité à créer du renouveau.

La période du début de la trentaine suggère l'épuration et la pacification des relations avec la famille biologique et les retrouvailles de la famille d'Âmes. Puis, les relations se transforment immanquablement. Les Êtres doivent changer leur dialogue intérieur et oser se reconnaître. Les enjeux sont majeurs ! Les hommes ressentent le besoin de reconnaissance, et les femmes, la pulsion créatrice. Ces deux mouvements doivent s'harmoniser, et ils ne le pourront que dans l'émergence de l'amour véritable.

Chapitre 9

La quarantaine (39-49 ans)

La première phase de vie des Êtres humains est de quarante-neuf ans. Nous la considérons comme une phase d'introduction. Voilà qui peut en étonner plusieurs, puisque la majorité des Êtres considèrent que c'est la période la plus active, la plus créatrice de leur vie, et certes, elle l'est. Toutefois, elle correspond aussi à la rencontre de la vie, à la compréhension de soi et à la compréhension de ce qu'un Être a la possibilité de vivre, d'offrir et de créer sur cette Terre. C'est comme si nous vous disions : « Vous allez vivre dans un pays inconnu ; lorsque vous y arriverez, il sera important qu'il y ait une période d'intégration et de transition. D'abord pour vous ressentir vous-même dans un nouveau climat, avec une nouvelle nourriture, mais aussi avec les comportements de nouveaux Êtres autour de vous. Vous allez vous sentir et comprendre de mieux en mieux comment tout fonctionne dans ce nouveau pays. Bien sûr, vous vivrez certaines expériences. Vous n'êtes pas simplement un observateur neutre et inactif. Vos propres expériences vous amènent aussi à mieux comprendre le mode de vie de ces gens. C'est une période d'intégration et, par la suite, vous allez vous déployer vraiment avec beaucoup plus d'équilibre, d'harmonie et de sagesse qu'au début. »

C'est ainsi que se déroulent les quarante-neuf premières années d'une vie. L'Être se présente venant d'ailleurs. Il est amené à découvrir un nouveau corps, à faire en sorte que ce corps puisse croître, à comprendre ses sensations, à comprendre aussi les différents symboles, les différentes valeurs de ce monde, de cette Terre, de cette humanité, les communautés dans lesquelles il se trouve, et puis à explorer une façon d'être et de créer.

Ainsi, la première phase de quarante-neuf ans est une grande exploration de la vie qui peut être effervescente et euphorique, afin, par la suite, de se déployer dans toute sa grandeur.

Il me semble qu'en général, ce n'est pas tout à fait ce qu'on vit. À 50 ans, beaucoup de gens commencent plutôt à penser à la retraite, pas à travailler davantage!

Comme les Êtres dans vos sociétés ne sont pas nécessairement conscients de cela, et qu'ils considèrent que, par la suite, il y a un déclin de la vie, ils veulent vivre tous leurs accomplissements dans cette première phase, avant d'atteindre 50 ans. Or, lorsque la fin de cette phase se présente, pendant les douze dernières années, par exemple, il y a une recherche d'intensité et de vérité qui s'accentue. Tout cela fait en sorte que, vers la fin de la trentaine, la majorité des Êtres de vos sociétés actuelles vivent souvent une grande remise en question. Une remise en question qui n'est pas simplement intellectuelle, mais aussi une sensation, une forme de pulsion d'énergie intérieure qui veut éveiller l'Être à ce qu'il est réellement.

Très souvent, à ce moment-là, les Êtres se sont engagés avec plus d'intensité dans la voie de leur travail et dans la construction de leur vie. Dans la vingtaine, ils ont exploré et ils se sont réjouis en faisant la fête. Dans la trentaine, ils ont voulu vraiment consolider les bases et développer de fortes structures pour se sécuriser, et aussi pour vivre le bonheur d'être reconnu et de satisfaire un très grand nombre de besoins. Pour ce faire, plusieurs Êtres se sont oubliés. Nombre d'entre eux, qui n'avaient pas accordé d'importance à ce qui les faisait vibrer, ont ainsi accentué ce parcours de conformité. Ce faisant, ils ont occulté ce qu'ils étaient jusqu'à ce que le moment de remise en question les amène, pour plusieurs d'entre eux, à constater qu'ils ont oublié « l'être » au profit du « faire ». Nous disons « plusieurs d'entre eux », car les autres vivent la remise en question sans se rendre compte de ce qui est véritablement en jeu.

Pour simplifier, il y a donc deux grands groupes. D'abord, il y a les Êtres qui constatent qu'ils se sont construit une cage dorée pour répondre aux normes de la société. Ils ont érigé une structure sécurisante, mais qui les conditionne, les oriente, et même les contrôle. Ils ont pourtant été très actifs, sauf qu'ils ont l'impression de ne pas avoir été reconnus pour ce qu'ils sont, mais plutôt pour ce qu'ils ont fait.

Un autre groupe d'Êtres vivent cette remise en question en ayant le besoin de satisfaire davantage leurs désirs. Parce qu'ils ont travaillé intensément à se sécuriser, à développer leur image, et qu'ils n'ont pas toujours pu satisfaire d'autres besoins, ils veulent maintenant profiter davantage de ce qu'ils ont créé. Dans ces cas, la remise en question est puissante, particulièrement pour les Êtres qui ont vécu partiellement la crise de la fin de la vingtaine. Ceux-là ont occulté la véritable remise en question pour s'engager dans leur vie sans nécessairement réitérer leurs valeurs et se choisir eux-mêmes.

Lorsque, à la fin de la trentaine, cette transformation profonde n'a pas été vécue, l'intensité de l'éclatement ou du besoin d'être est encore plus grande. Dans une perspective spirituelle, nous dirons que l'Être a envie de se réassocier à lui-même. Celui qui le comprendra vivra ce passage de façon merveilleuse, car il sentira l'importance d'être, donc d'aller au plus profond de lui-même pour ressentir ce qui le fait vibrer, ce qui a du sens pour lui. S'il s'est si éloigné de lui-même qu'il ne sait plus ce qui le fait vibrer, qu'il ne sait plus distinguer ce qui est un caprice de ce qui est une envie profonde, alors nous l'inviterons à aller vers de grands moments d'intimité avec lui-même. Par « intimité », nous voulons dire de grands moments d'intériorisation (par la méditation ou la contemplation), où il va s'offrir un peu plus d'espace pour se rencontrer lui-même, pour rencontrer la nature. Et que va-t-il ressentir ? Ce qui est attaché, lié ou emprisonné en lui et qui l'a frustré, mais surtout, ce qui veut vivre et exister en lui. Dans ce contexte, ce peut être un rendez-vous extraordinaire.

Maintenant, plusieurs Êtres vivent ce rendez-vous de façon chaotique et ils créent une turbulence qui peut perdurer pendant une très longue période, durant la quarantaine.

Et pourquoi vit-on cette fameuse crise de la quarantaine de façon chaotique ?

Cela n'a pas à être vécu de façon chaotique. Toutefois, l'Être qui se refuse à écouter ce qui pousse véritablement en lui va tenter à nouveau de se distraire et de se satisfaire en allant vers des compensations, des abus. Il faut bien comprendre qu'un Être humain est mû par la pulsion de s'aimer profondément, pour vivre l'amour et être dans la joie. Alors, lorsqu'il a vécu et que ses états, ses attitudes et ses comportements n'ont pas permis qu'il ressente cette joie et cet amour profond de lui-même au point d'en inscrire la conscience dans ses cellules, une énergie puissante se déclenche en lui pour qu'un changement se produise.

Faisons une analogie. Imaginons que vous ayez une forte envie – et pas simplement un choix intellectuel – de vous rendre au mont Saint-Michel. Vous avancez dans cette direction et puis, sans vous en rendre compte, vous vous écartez du chemin. Lorsque l'écart devient trop grand, il y a un mécanisme naturel provoqué par l'intensité de votre pulsion de vie qui se déclenche en vous, tout comme s'il y avait un réveil intérieur qui vous annonçait : « Attendez, vous vouliez aller dans cette direction, mais vous vous êtes écarté. Vous pouvez maintenant retrouver la direction. »

Alors, pourquoi cette crise arrive-t-elle à cette période précise ? Il n'est pas inscrit dans l'Univers et dans la vie d'un Être qu'il doive vivre une « crise de la quarantaine ». Par contre, c'est une période durant laquelle la pulsion de vie s'accentue pour que l'Être se manifeste avec encore plus d'intensité.

Dans un parcours idéal, naturel, équilibré et harmonieux, l'Être est toujours en croissance. Il s'est engagé sur le chemin et, à chaque étape, il avance vers de plus en plus de joie, de plus en plus d'amour. C'est merveilleux et c'est cela, dans les faits, la vraie vie sur cette Terre. Donc, cette étape à la fin de la trentaine est souvent une étape durant laquelle l'Être va ressentir l'importance d'intensifier de nouveau ce qu'il est, pour vivre plus de joie et plus d'amour. Il sent qu'il est temps de délaisser ce qui a moins de sens pour lui. Il va réitérer ses idéaux, s'engager, s'impliquer avec plus de force. C'est cela qui est naturel.

Si je vous comprends bien, on parle ici du parcours d'un Être humain dans ce monde idéal, lorsqu'il reçoit la guidance appropriée dès la naissance, n'est-ce pas ?

Voilà ! Toutefois, si l'Être n'est pas dans cet état de conscience et qu'il a cherché à s'identifier à la société, à s'y intégrer, à se conformer, tout en vivant le plus de satisfactions possible, différents moments se présentent en cours de route pour éveiller une pulsion intérieure à faire des prises de conscience. La fin de la vingtaine et de la trentaine proposent aussi une forte pulsion intérieure qui amène l'Être à se révéler une fois de plus à lui-même. S'il n'y résiste pas, l'Être peut ainsi prendre conscience qu'il a beaucoup été dans l'action, les activités, le travail, la famille, mais qu'en même temps, il se sait limité et contrôlé. Il sent qu'il n'a pas été dans toute la force de son Être, qu'il s'est oublié, et il a envie de se retrouver. Il a envie de faire de la place pour se réjouir davantage de sa vie. Il a envie de se rapprocher de lui-même et de ce qui vibre en lui.

Certains Êtres ne prennent pas conscience de ces moments et se rendent simplement compte qu'ils ont envie de se donner plus de satisfactions. Alors, ils répondent à des besoins : une nouvelle demeure, un nouveau véhicule, des vacances et tout cela. Ce n'est pas mauvais en soi, bien sûr, car lorsque l'Être s'offre un congé, un voyage, une nouvelle demeure, souvent, ces éléments peuvent déclencher aussi l'envie d'être plus près de lui-même. Chaque élément de la vie le stimule à ces retrouvailles, et lorsqu'il ne répond pas à l'invitation, l'énergie est néanmoins toujours présente, et il cherche d'autres désirs à satisfaire.

Ainsi, certains vont répondre partiellement à cette envie d'être. Ils se rendent compte, par exemple, qu'ils ont donné beaucoup à leur travail et à différentes activités. Ils ont structuré et sécurisé leur état familial, leur couple et leurs relations amicales. Souvent, dans vos sociétés, les individus dans la quarantaine ont vraiment créé une structure qui les sécurise et qui leur permet d'être appréciés pour ce qu'ils font. Or, lorsque cette remise en question débute, certains s'offriront un peu d'espace pour ressentir et être davantage qui ils sont. Ils attireront alors des Êtres différents autour d'eux, parce que les structures qu'ils ont créées l'ont été en fonction de leur image, de leur personnalité, de leur fonction. Cela est possible quand les Êtres retrouvent ce qui les fait profondément vibrer, pour se dégager un peu de leur personnage. Et là, bien sûr, ils présentent une nouvelle vibration, un nouveau sourire, un nouveau regard, et de nouveaux Êtres s'intéressent à eux. Ils se sentent alors non pas limités et contrôlés, mais intéressants. Ils se sentent revivre.

C'est un scénario idyllique. Où est le piège ?

Le piège est de vouloir changer les structures de sa vie, délaisser des amis ou un conjoint, parce que les nouveaux Êtres lui donnent l'impression d'exister. En réalité, c'est lui qui s'autorise à exister. Le piège est donc de ne pas s'autoriser à exister dans les anciens cadres qu'il a créés, car il aurait ainsi l'impression de les affaiblir. Si c'est le cas, il s'autorise à être lui-même seulement à l'extérieur de ses structures de vie familiale et de travail, là où de nouveaux Êtres s'intéressent à lui. Or, cette remise en question provoque souvent des bouleversements au niveau relationnel.

Ce qui est naturel, c'est que la remise en question l'entraîne à transformer sa relation avec lui-même. Il est intéressant qu'il aille vers une nouvelle forme de dialogue intérieur, c'est-à-dire qu'il puisse entendre à l'intérieur de lui l'envie d'exister davantage, l'envie que sa vie réponde à ce qu'il est. Qu'il ne soit pas qu'un « bureaucrate » de sa vie, mais qu'il existe, donc qu'il s'offre des espaces, du temps, des activités de ressourcement, des moments d'exploration pour « se déguster » lui-même, se sentir tout à coup vibrer différemment.

Souvent, le parcours des deux ou trois dernières décennies a fait en sorte que l'Être ne sait plus ce qu'il est, ce qu'il aime, ce qui le fait vibrer. Alors, en se rapprochant un peu plus de lui-même, cela lui permet d'explorer ce terrain. Il a des pulsions intérieures et, partant de ces pulsions, il va explorer. Il peut s'offrir des moments pour aller à la mer, à la montagne, écouter de la musique ou marcher en forêt. Il va explorer différents aspects pour se sentir vivre. Il va explorer une autre façon de s'exprimer. Il va s'autoriser à parler différemment, et cela est merveilleux. Ce faisant, il va souvent rencontrer des Êtres qui vont l'apprécier pour ce qu'il est, ce qu'il va ressentir très différemment de l'appréciation pour ce qu'il fait.

Mais c'est aussi tout ça qui peut provoquer les séparations et les grandes cassures, non ?

Bien sûr. Il peut vouloir, à ce moment, délaisser ses amis, délaisser son partenaire plus intime pour aller vers ces nouveaux Êtres. Ils sont merveilleux, bien sûr, car ils lui donnent une réponse à ce qu'il est, à ce qui le fait vibrer. C'est ainsi que nous invitons l'Être à être aussi lui-même avec ses amis et avec son partenaire, pour qu'ils le redécouvrent dans ce qu'il est. De cette façon, que toute la quarantaine soit une longue période de réassociation de l'Être avec lui-même, de réduction de l'écart qu'il a créé de façon progressive. Que pas à pas, jour après jour, il s'autorise de plus en plus à être lui-même, qu'il harmonise à nouveau sa vie, qu'il enrichisse à nouveau ses relations en étant ce qu'il est.

Mais plusieurs vont balayer leurs relations actuelles pour en vivre de nouvelles avec de nouvelles personnes qui les apprécient, qui leur donnent l'impression qu'elles apprécient réellement ce qu'ils sont. Mais l'Être doit comprendre qu'avec ses proches, il n'a pas été ce qu'il est véritablement. Et s'il l'a déjà été, il ne le leur a pas montré depuis longtemps. Il s'est écarté de lui-même et, à un moment, il s'est rendu compte qu'il n'était pas nécessairement apprécié, reconnu pour ce qu'il est, mais plutôt pour ce qu'il fait et ce qu'il a fait. Nous lui disons donc de se rencontrer lui-même en premier lieu pour comprendre ce qui est en jeu, et ensuite de s'autoriser à être ce qu'il est réellement dans ses relations.

Bien sûr, si ses amis n'apprécient pas ce qu'il est véritablement, ils vont simplement s'éloigner. Il y aura certes une intensité dans cette rencontre de nouveaux Êtres, mais pas à travers des ruptures ou dans des schismes importants.

Dans ces situations-là, on a l'impression que la première victime, c'est le couple. Est-ce juste une impression ?

Dans vos sociétés actuelles, c'est souvent vrai, bien sûr. Comprenons que, dans chaque individu, c'est l'Être véritable qui pousse pour exister. À cette étape de la vie, c'est un besoin profond d'exister et de transformer sa relation avec soi, et donc avec les autres, qui émerge. L'Être se sent souvent prisonnier de ce qu'il a créé, mais à la fois, cela le sécurise et il craint de tout transformer. Il voit son partenaire comme un élément de cette structure, de tout ce qui compose sa prison dorée qui se referme sur lui. Il lui arrive alors de projeter vers son partenaire une part importante de son malaise et de sa sensation de ne pas être libre. Mais il ne faut pas oublier que c'est lui qui a créé toute sa vie...

Il en projette quand même la faute sur l'autre...

Parce que l'autre aussi l'a accompagné dans cette création. Alors, au premier niveau, il peut avoir envie de se séparer de cette personne vers qui il projette la source de toute sa douleur et de son emprisonnement. Il veut changer de partenaire. Il sent que l'autre a créé avec lui toutes ces structures un peu envahissantes, voire avilissantes, et il a l'impression que s'il s'en éloigne, il aura plus de liberté pour changer tout ce qu'il veut. Alors, en projetant ainsi vers l'autre, il y a souvent des ruptures, des éclatements majeurs de duos amoureux. D'ailleurs, à cette période, les éclatements sont beaucoup plus intenses, quelquefois même plus violents qu'à la fin de la vingtaine, parce que l'Être, d'une certaine façon, projette la responsabilité sur l'autre.

Les enjeux sont plus grands aussi, souvent parce qu'il y a des enfants impliqués dans ces décisions.

C'est fracassant parce que le goût de la liberté est vraiment très intense et les Êtres vont souvent confondre la liberté avec ce qu'ils peuvent faire, alors qu'ils veulent être. Toutefois, ils sont encore envahis par le faire. Il y a là un paradoxe, et beaucoup d'individus vivent des ambiguïtés importantes à cette époque. Il y a de la confusion même dans les choix. Pourquoi ? Ils veulent plus de liberté, ce qui, en réalité, est la possibilité d'être, mais ils vont vers cette liberté encore par le faire, en ne se donnant pas plus d'espace pour être.

Que proposez-vous pour briser ce cycle ?

D'abord, dans cette pulsion de remise en question, il faut que l'Être reconnaisse que sa vie, telle qu'il l'a construite, ne correspond pas nécessairement à ce qui est à l'intérieur de lui.

Ce faisant, il va peut-être aussi se rendre compte qu'il ne sait pas qui il est vraiment ni ce qui le fait vibrer. Alors, qu'il admette la confusion, qu'il admette l'ambiguïté, qu'il admette qu'il veut être mais qu'il ne se connaît pas véritablement, et qu'il s'accorde du temps pour se redécouvrir. Il ne s'agit pas de projeter la faute sur qui que ce soit. Il s'agit pour l'Être à la fois de redevenir observateur de ce qu'il a mis en place et d'être dans la sensation que cela produit en lui. Ce sont donc des moments pour faire le point, non pas pendant une journée, un week-end, mais souvent pendant un an, deux ans. C'est de prendre le temps d'être avec soi. Bien sûr, cela veut dire s'accorder des espaces d'expansion, de méditation, de contemplation, de dégustation de la vie, de rencontre de la nature, pour se sentir et écouter davantage les voix intérieures sans pour autant réagir trop rapidement. Plus l'Être se sentira, plus il se rendra compte que ce qui n'a pas de sens pour lui va progressivement s'éloigner.

Durant cette période, il pourra aussi se rediriger vers ses idéaux. Souvent, depuis déjà longtemps, il se sera donné des buts, des objectifs, en oubliant ses idéaux. Qu'il ait atteint ou non ses buts, ceux-ci ont été fixés en fonction de ce qu'il avait à faire, ce qu'il avait à mettre en place comme structures de vie. Maintenant, il peut se parler intérieurement en termes d'idéaux de vie, de ce qu'il veut vraiment poursuivre, de ce qu'il veut vraiment faire de sa vie. En s'élevant au-dessus de ce qu'il lui faut faire dans cette vie pour se conformer, ses idéaux s'élèvent en fonction de ce qui a du sens pour lui personnellement et non pas de ce que les hommes font, de ce que la collectivité fait.

Admettons, par exemple, que l'Être ait comme idéal de vivre l'amour inconditionnel dont il a tant entendu parler. Il veut vivre une relation d'amour intense où chacun est autonome et ressent une véritable joie d'être ensemble. Il veut aussi, comme idéal, reconnaître ce qui pourrait être sa véritable création. Ce sont des exemples.

En effet, on est loin des objectifs de carrière.

Bien sûr.

J'insiste sur ce point parce qu'il est important pour les lecteurs de faire la distinction. Ce n'est pas un objectif, c'est un idéal.

Bien sûr, parce qu'à cette étape, le piège, c'est que l'Être fasse le point sur sa vie et se fixe de nouveaux objectifs de carrière. Le paradoxe est que c'est souvent l'emprise du travail, de la carrière, réussie ou non, qui provoque la remise en question. Nous disons : l'Être a été dans le faire. Certains Êtres, dans ce sens, ont bien réussi, mais sentent qu'ils ne sont pas satisfaits profondément. Certains autres n'ont pas atteint leurs objectifs, n'ont pas réussi leur carrière et ne sont pas satisfaits non plus, évidemment.

Comprenons-nous bien. Il n'y a pas de tort à établir des buts, des objectifs de carrière. Simplement, qu'ils n'aient pas la première place parce que, sinon, les humains vont encore continuer la route dans le faire plutôt que dans l'être. Le faire, c'est l'action. Or, l'action est une extension de l'être. Pour que l'action soit juste, il faut d'abord que l'Être ressente qui il est, qu'il se reconnaisse, qu'il sache ce qui le fait vibrer.

Nous savons que beaucoup ne comprennent pas ce que nous disons. Ils ne comprennent pas ces mots. Ils ne savent pas ce que veut réellement dire le mot « vibrer », par exemple. Pourquoi ? Parce qu'ils se sont identifiés à un ou plusieurs modèles dans une collectivité et se sont dit : « Voici ce qu'il faut faire, voici ce qu'il faut être pour réussir », pour ensuite simplement ressentir des petites joies dans leur corps. Alors, pour commencer à comprendre ce que veut dire le mot « vibrer », l'Être doit aller vers des espaces d'intimité avec lui-même.

J'entends déjà les objections : « C'est la période où on est le plus actif, où on a des jeunes enfants, on travaille, et vous suggérez de prendre plus de temps. Mais je n'en ai pas de temps. Où est-ce que je mets ça dans ma journée ? »

Mais bien sûr. Eh bien, lorsque des objections se présentent à ce niveau, en termes de temps, nous faisons de nouveau appel à l'Être. Si l'Être ne s'offre pas ce temps, il va simplement continuer son parcours et, dans ce parcours, il y aura de plus en plus de lourdeurs. S'il ne s'offre pas de temps, d'espace pour ressentir qui il est, alors il sentira de plus en plus la lourdeur de ses responsabilités, de tout ce qui contrôle sa vie, de ne pas faire ce qu'il veut. Parce que certains éléments n'auront plus de sens dans sa vie, il y aura des lassitudes, par moments des dépressions. Puis, des contractions, et puis des malaises physiques. Vous dites des « burnout », n'est-ce pas ?

Oui, ou épuisement professionnel.

Alors, ce que nous vous disons, c'est que, plutôt que de ne pas vous offrir le temps et d'attendre que les malaises vous obligent à le faire, offrez-vous de l'espace. Mais cet espace d'intimité pour soi n'a pas besoin d'être de très longs moments de solitude. Ce peut être des balades dans la montagne avec vos enfants, par exemple. Durant ces balades, vous goûtez votre Être, vous goûtez la joie de votre corps en mouvement, vous goûtez la joie de vous nourrir de la nature. Puis, à la suite d'une telle balade avec vos enfants dans laquelle vous avez joué, où vous avez apprécié être ensemble, vous pouvez vous offrir un moment, quelques minutes d'intimité, pour ressentir ce que cela crée en vous, ce que cela provoque, ce qui émerge de vous. C'est cela que veut dire « s'offrir plus d'espace ».

Plutôt que d'aller vers une activité bien encadrée, bien délimitée pour ensuite vous offrir un moment pour faire un travail ou pour évaluer si l'objectif a été atteint, nous vous suggérons que l'activité soit un peu moins encadrée et, qu'après, il y ait un espace d'intimité pour ressentir qui vous êtes. Simplement. Et dans cet espace, il est possible de « voir » vos idéaux. De ces idéaux, de nouveaux objectifs peuvent être nommés. Des objectifs sur le plan familial, sur le plan professionnel, sur le plan amical. Voilà ce qui est naturel.

Vous nous suivez bien ?

Oui. Mais parlez-nous encore de l'intimité avec soi-même, car pour les lecteurs, c'est souvent mal compris. Les gens croient que l'intimité avec soi, c'est de prendre du temps pour soi, de s'offrir par exemple une visite au spa ou d'aller à la pêche avec des amis. Mais l'intimité avec soi, c'est plus pointu que ça, n'est-ce pas ?

C'est plus pointu et, à la fois, ces moments que vous avez indiqués peuvent être des moments qui favorisent l'intimité avec soi. Ce n'est pas d'aller – vous dites – « à la pêche avec des amis » qui est un moment d'intimité. Mais cette activité peut le favoriser. Un homme peut être avec ses amis et discuter de carrière ou de techniques de la pêche et être, pendant ce temps, totalement éloigné de lui-même. Mais il peut aussi, pendant ce moment, goûter la nature et ressentir qu'il existe à ce moment, qu'il n'est pas toujours en train de s'activer dans tous les sens, qu'il ne recherche pas la performance, la satisfaction de besoins ou à dorer son image. Il peut ainsi ressentir qu'il est bon d'être là, simplement, et créer la sensation de « lui ».

La sensation de lui, c'est ce qui provoque vraiment une vibration joyeuse à l'intérieur de lui. Sans tout remettre en question, il peut se demander ce qui aurait du sens pour lui. Qu'est-ce qui ferait en sorte qu'il se sentirait exister ? Il peut s'agir de moments de sensations, de réflexion et d'intériorisation favorisés par les activités que vous avez nommées. Ce peut être un bain, où l'Être prend soin de lui et détend son corps. Mais pendant ce temps, plutôt que de simplement vouloir détendre le corps, il peut se détendre en accueillant à l'intérieur de lui ce qui vibre.

Une proportion importante des Êtres ne saisissent pas ce que signifie avoir la sensation de soi, ils ne savent pas ce que c'est parce qu'ils se sont écartés d'eux-mêmes depuis si longtemps. La sensation de soi, c'est physique aussi. Nous allons donner un exemple.

S'il vous plaît.

Lorsque vous regardez un paysage merveilleux, au-delà de ce que vous en savez d'un point de vue intellectuel, il y a une sensation agréable dans votre plexus solaire et dans votre poitrine, n'est-ce pas?

Quand on est totalement présent, oui.

À ce moment précis, vous êtes dans la sensation de vous. Ce n'est pas la sensation du paysage, mais le paysage stimule une sensation de joie en vous.

Prenons un autre exemple. Lorsque vous avez subi de grandes pressions dans votre vie quotidienne et qu'il y a un moment où vous pouvez simplement goûter les rayons du soleil sur vous, vous pouvez alors apprécier le simple fait d'exister. Vous pouvez goûter votre Être. À partir de cette sensation de vous, vous pouvez aussi imaginer : « Qu'est-ce qui, en moi, me donne le bien-être? » Ce n'est pas nécessairement le moment de contemplation, mais plutôt de voir comment ce paysage, comment ces rayons de soleil pourraient se perpétuer dans votre vie. Certains Êtres, coupés d'eux-mêmes, diront : « Je dois être devant un tel paysage le plus souvent possible. » D'autres comprendront mieux que ce paysage les met en relation avec l'envie d'être, l'envie de vibrer, le bien-être d'exister.

Donc, pour en revenir à la sensation de soi, c'est aussi un phénomène physique. Et comme les Êtres ont longtemps été coupés d'eux-mêmes, il faut que chaque jour ils s'offrent un petit moment simplement pour être, en méditant ou en contemplant un beau paysage qui va les inviter à ressentir la vibration aussi à l'intérieur d'eux.

Alors, pour en revenir au couple...

Nous y revenons. Nous avons dit qu'il peut y avoir une grande turbulence dans le couple au moment de la quarantaine : puisqu'il y a une remise en question de l'Être, mais qu'il vit en duo, uni à un partenaire, cela crée une turbulence dans le duo. Alors, ce que nous proposons à l'Être, après cette première étape de rencontre intime avec lui-même, est de partager avec son partenaire ce qu'il ressent quand il s'accorde plus d'espace d'intimité pour se reconnaître, pour se comprendre. Non pas d'attendre que, de tous ces espaces d'intimité, il ait conclu et décidé de l'avenir pour les deux ! Qu'il se ressente et que, parallèlement, il entre en communication avec son partenaire. Au lieu de penser que le partenaire fait partie de la structure en place et qu'il ne comprendra pas, l'Être pourra lui dire : « Voici ce qui est en jeu ; voici ce qui semble créer la turbulence ; voici ce qui émerge. » Donc, le partenaire peut être non seulement témoin de la turbulence qu'il ne comprend pas, mais il peut aussi entendre ce qui est remis en question et y participer en encourageant l'autre à prendre des moments d'intimité, voire en les facilitant.

Imaginons qu'un homme sente le besoin d'avoir un peu d'espace pour se retrouver et qu'il n'en fait pas part à sa partenaire. Il crée des moments à l'extérieur, et ce faisant, va aussi créer un trouble dans le couple, parce que l'autre Être ne sait pas ce qui se passe. Elle sent son conjoint s'éloigner. Elle le sent physiquement, bien sûr, mais aussi vibratoirement. Si la partenaire ne comprend pas ce qui se passe et qu'elle n'est pas complice, la peur peut surgir et stimuler une tentative de contrôle plutôt qu'une attitude de compréhension. Lorsque la femme peut comprendre ce qui est en jeu, elle va même faciliter le processus en proposant des façons de faire. Par exemple, dans les périodes de congés communs, elle peut proposer que chacun marche sur la plage de son côté, pour mieux se rencontrer par la suite et parler ensemble de ce qui est, de ce qui vibre, des confusions, même si tout n'est pas précis. Évidemment, cela demande du partenaire une ouverture immense, parce que dans cette remise en question, tout n'est pas clair, net et précis en une journée ! Il y a beaucoup d'ambiguïtés, quelquefois pendant plusieurs mois, et même quelques années. Mais si l'Être comprend ce besoin de vivre différemment, cela peut unir le couple, s'il invite l'autre aussi à vivre cela, plutôt que de se séparer.

Dans un scénario idéal, les deux Êtres échangent, se stimulent mutuellement à vivre ce moment pour aller retrouver en eux ce qu'ils ont envie d'être, quels sont leurs idéaux, ce qu'ils ont envie de faire pour être cohérents avec ce qu'ils sont véritablement. Le duo se retrouve donc avec plus d'intensité.

Imaginons ensemble un premier scénario. Deux Êtres se sont sentis attirés par ce qu'ils étaient, par ce qu'ils faisaient. Ils ont créé un duo. Ils étaient vraiment heureux, à l'aise, stimulés l'un par l'autre. Vous connaissez toutes les sensations que peut vivre un couple nouvellement formé. Ils sont si bien ensemble qu'ils choisissent de vivre une vie intime, affective, et de construire leur vie familiale et professionnelle ensemble.

Imaginons que les exigences qu'ils se sont données et qui étaient amplifiées par l'environnement social ont fait en sorte qu'ils se sont écartés du chemin qu'ils avaient choisi. Au départ, ils étaient là, unis, réunis en un même point. Nommons-le le point A. Ils avaient tous les deux des éléments profonds en commun. Ce qu'ils voulaient ensemble, c'était de s'orienter dans une même direction pour aller vers la joie, disons-le ainsi, vers A+. Mais différents éléments, que vous connaissez déjà, c'est-à-dire les inscriptions mémorielles, les inscriptions génétiques, des traits de personnalité, des influences de l'environnement, de la société, des sensations d'obligations, de responsabilités, des interprétations, des croyances, des blessures du passé qui renaissent, tout cela a fait en sorte qu'ils se sont tous les deux écartés de leur voie vers le A+. Il se peut qu'ils se soient écartés ensemble, parallèlement, et qu'ils soient restés complices dans leur écart. C'est le scénario le plus simple. C'est-à-dire qu'ils se sont tous les deux dirigés vers le point B, plutôt que A+.

Vous nous suivez dans ce schéma ?

C'est très clair.

Lorsque l'un d'entre eux, ou les deux, entre dans une période de remise en question, il peut le dire à l'autre. Ensemble, ils peuvent se rendre compte qu'ils se sont tous les deux écartés, et choisir de se repositionner. Cela est un scénario simple.

C'est très beau, mais si on considère les statistiques actuelles de séparation, ce n'est pas le scénario le plus probable !

Certes. Il y a de multiples scénarios. Ils peuvent être tous les deux au point B, l'un d'eux est en remise en question, mais pas l'autre. L'autre continue dans cet écart, puisque cette voie le sécurise, semble le renforcer, lui permettre d'avoir une reconnaissance sociale, et l'autre, comme vous dites dans vos mots, « décroche ». Ils sont tous les deux au même point, mais l'un veut revenir vers l'orientation originale, c'est-à-dire vers le point A et même A+, et cela crée un écueil important. Nous verrons par la suite ce que nous ferons avec les écueils.

Et le deuxième scénario ?

Imaginons, dans un deuxième scénario, que les deux Êtres se soient écartés, mais dans des directions différentes. L'un s'est dirigé vers le point B et l'autre vers le point C. Alors, non seulement ils se sont écartés de leur voie commune, mais ils ont pris des directions différentes. Lorsque l'un, tout à coup, est dans une remise en question et se rend compte qu'il n'est pas heureux, qu'il se sent emprisonné, qu'il n'est pas dans sa voie, il peut aussi se sentir loin de l'autre. En partageant ce qu'il ressent avec l'autre, l'autre peut aussi se rendre compte qu'ils se sont éloignés l'un de l'autre et de leur voie, et ils peuvent choisir d'aller retrouver ce qui les avait unis.

En d'autres termes, il faut d'abord parler de ce qui avait uni ce couple, ce qui les stimulait véritablement et, dans cet échange, choisir ensemble de retrouver l'orientation qui réunifie le couple, le solidifie et rend la relation merveilleuse.

Dans un troisième scénario, il peut y avoir un duo qui s'est réuni dans un même point A, mais dont les bases étaient fragiles, un peu superficielles. Ils se sont unis parce que, par exemple, ils se trouvaient beaux physiquement. Puis, ils ont eu des enfants qui ont fait en sorte qu'ils ont continué à vivre ensemble, mais ils se sont écartés l'un de l'autre. Il y a donc une grande turbulence dans ce duo. Lorsque l'un des deux a envie de se retrouver, il peut aussi se rendre compte que leurs bases étaient très fragiles à l'époque. Nous lui suggérons tout de même d'entrer en communication avec son partenaire, car l'autre Être a aussi évolué, progressé, et il se peut que lui aussi se rende compte que leurs bases étaient fragiles. Ils peuvent en arriver à la constatation qu'ils se sont unis parce qu'ils se trouvaient beaux, puis ils se sont rendu compte qu'ils avaient beaucoup de différences, mais qu'ils ont aujourd'hui une même envie. Ils se trouvent à nouveau des points communs, ou ils se trouvent des points qu'ils ont envie de développer ensemble. D'un duo fragile où l'écart s'est créé avec le temps, la remise en question peut faire en sorte qu'ils se rencontrent et qu'ils intensifient leurs bases. Voilà encore une histoire merveilleuse !

Mais les séparations sont tout de même nombreuses. Sont-elles parfois souhaitables ?

Dans tous ces scénarios, il se peut que l'un d'entre eux ne veuille pas du tout vivre cette remise en question, ne veuille pas entrer dans cette communication et se sente menacé ou jugé par l'autre. Un Être peut sentir que l'autre le rend responsable de l'écart. Il peut sentir que l'autre veut vivre une autre vie, et qu'il menace ainsi sa sécurité. Il peut aussi sentir que l'autre, dans ce qu'il exprime, ne correspond plus du tout à sa vision, à son orientation. Ou bien, tous les deux se sont écartés et n'ont plus aucune envie de ce dont ils se sont écartés, ou bien ils n'ont pas conscience qu'ils s'en sont écartés. Inévitablement, il y a des heurts. Dans ce cas où il y des obstacles importants, nous disons quand même aux Êtres de tenter ensemble d'identifier leurs idéaux, leurs orientations et d'aller explorer la possibilité que le couple puisse se réunir.

Mais si les idéaux diffèrent complètement, ils auront avantage à laisser aller le duo. Parce que s'ils persistent, par peur, par insécurité ou par obligation, ils seront en conflit, ou il y aura de l'indifférence et ils ne pourront pas se stimuler mutuellement. Ils seront dans une relation soit de neutralité, qui n'a aucun intérêt pour un duo, soit de conflit, qui a tout de même comme avantage de faire éclater au grand jour, chez l'un comme chez l'autre, ce qui a du sens pour lui.

Quel est l'effet de la neutralité?

La neutralité est peut-être ce qu'il y a de plus néfaste. Plusieurs Êtres se confortent dans l'indifférence et la neutralité. Les partenaires ont des assises familiales, sociales et financières très sécurisantes ensemble, mais ils sont indifférents l'un envers l'autre. Or, l'indifférence peut devenir de la non-existence, de la non-reconnaissance. Ce que cherche un Être humain, qu'il le sache ou non, c'est d'être reconnu dans tout ce qu'il est. L'indifférence, c'est l'opposé de la reconnaissance, beaucoup plus que le conflit. Quand vous êtes en conflit avec un Être, c'est parce qu'il vous provoque. Vous lui reconnaissez donc un impact, une valeur, une force, même si vous n'êtes pas en accord avec lui. Il existe tout de même pour vous. Dans l'indifférence, il n'existe pas. C'est très destructeur.

Le conflit, par contre, a pour le moins l'avantage de provoquer l'Être et de faire émerger davantage ce qu'il veut et ce qu'il ne veut plus. Bien sûr, c'est tout aussi destructeur si cela persiste, parce que l'Être peut être alourdi, affaissé ou fatigué par le conflit. Certes, le conflit réveille, mais il peut aussi provoquer l'épuisement. Quoi qu'il en soit, dans l'indifférence ou dans le conflit, l'autre peut être un inhibiteur de transformation. À ce moment, il sera préférable qu'il y ait un choix commun de transformation, mais vers des voies différentes.

Nous vous disons qu'idéalement, c'est un choix commun. Lorsque les deux Êtres constatent qu'ils sont dans des voies différentes, qu'ils n'ont pas envie de se rencontrer dans une voie commune, il est préférable qu'ils choisissent consciemment une voie différente. Cela peut au moins leur permettre d'être des copains, peut-être. Cela peut aussi leur permettre une certaine gestion agréable commune de ce qu'ils ont construit ensemble, comme la famille.

Quel est l'impact spirituel d'une séparation, s'il y a des enfants?

Tous le ressentent, car la présence de l'homme et de la femme pour guider les enfants est l'idéal. Le principe féminin, le principe masculin, deux vibrations différentes dans une même orientation, c'est intéressant. Maintenant, si les deux Êtres sont indifférents l'un à l'autre ou s'ils sont en conflit, l'union n'existe pas de toute façon. Vous pouvez bien vous leurrer tous les deux, vous n'allez pas leurrer les enfants, du moins pas dans leurs sensations. S'il n'y a pas d'union, ils vont le ressentir et ils vont vivre une confusion, une ambiguïté, à plusieurs niveaux. Ils vont s'interroger quant à leur responsabilité de cette non-union et s'en sentir coupables. De plus, ils ne seront pas guidés vers ce qu'est l'amour. Ils auront une ambiguïté à savoir « Qu'est-ce que l'amour ? Qu'est-ce que l'union ? », si leurs parents sont en conflit ou dans l'indifférence. Puis, malgré les apparences, chacun des deux parents est beaucoup moins disponible à transmettre l'amour aux enfants dans un mouvement équilibré et harmonieux de vie.

Ce qui est important, lorsqu'il y a des enfants, c'est d'abord de leur dire qu'ils ne sont aucunement responsables de tous les différends dont ils sont témoins. Il faut que cela soit dit, selon l'âge de l'enfant, dans un langage et avec des images qu'il peut comprendre. Il faut aussi savoir que lorsqu'il y a des différends dont les enfants ne sont pas témoins, ils les ressentent tout de même. Pour cette raison, le duo doit rapidement choisir d'opter pour une relation qui n'est ni indifférente ni conflictuelle. Si, dans l'intimité affective et dans l'orientation de leur idéaux, ils sont en conflit ou dans l'indifférence, eh bien, qu'ils trouvent une voie, une forme pour s'élever au-dessus du conflit ou de l'indifférence. Ce peut être une forme de camaraderie ou une relation logistique équilibrée qui leur permet une certaine harmonie. Est-ce que vous nous suivez dans ces termes ?

Une harmonie qui permet un milieu de vie sain pour les enfants.

Voilà. Les enfants vont ressentir à ce moment-là que l'harmonie existe. Bien sûr, ils peuvent être peinés que le père et la mère ne soient pas dans une expression unie et amoureuse. Mais qu'est-ce qui est préférable ? Que les enfants ressentent une union harmonieuse entre les parents, mais dans une forme différente de celle de l'intimité affective, ou bien qu'ils voient deux Êtres qui prétendent vivre dans une intimité affective mais qui sont indifférents ou en conflit ? Cela est très troublant, n'est-ce pas ? Si vous donnez l'impression que l'intimité affective, c'est un père et une mère dans la même demeure, mais que l'enfant ressent plutôt l'indifférence ou le conflit, il se dit : « C'est ça l'union ? Cela n'a pas de sens ! »

Est-ce, presque inévitablement, la forme qu'il va program-mer à l'intérieur de lui et qu'il va reproduire à l'âge adulte ?

Bien sûr. Alors que si les parents choisissent une autre forme qui leur sied à tous les deux, et dans laquelle ils se respectent, par exemple vivre en cohabitation ou dans deux habitations différentes (il y a de multiples formes), l'enfant va ressentir qu'il y a une harmonie. Il pourra être déçu qu'il n'y ait pas d'intimité amoureuse ; toutefois, il va sentir la beauté de cette harmonie, même si les deux parents ne sont unis que dans une forme quasi logistique par leurs enfants. L'enfant va se dire : « Il y a quelque chose de paisible et de stimulant, tout de même. Il y a un espoir dans tout cela. » Puis, ce faisant, les parents créeront d'autres relations et les enfants verront un jour leurs parents amoureux. Il est très important que les enfants puissent voir les parents amoureux, même s'ils ne sont pas amoureux l'un de l'autre.

Ça fait du bien de l'entendre parce que, dans l'état actuel des choses, c'est plus d'un couple sur deux avec des enfants qui ne tient pas la route. Ça crée beaucoup de culpabilité chez les parents.

Ce qui est le plus important, c'est que l'enfant voie ses parents heureux, même s'ils ne sont pas ensemble. Puis, lorsque les parents ont des difficultés, intérieurement et avec leur partenaire, quel qu'il soit, il faut qu'ils puissent, à leur façon, amener l'enfant à comprendre qu'il n'est pas responsable de cela.

Dans l'union ou dans la séparation, nous invitons les Êtres à vivre cette remise en question pour se retrouver. Tout le parcours vers la fin de cette première phase de vie, vers la fin de la quarantaine, est un parcours de réassociation à soi, c'est-à-dire de réduction de l'écart entre ce qu'ils sentent qu'ils sont et ce qu'est réellement leur vie.

Est-ce à dire que toute la quarantaine est une grande décennie de turbulences, quand on n'a pas été guidé à partir de la naissance à vivre selon ses idéaux ?

La remise en question, la pulsion énergétique se produit souvent vers la dernière année de la trentaine, et puis, selon la façon dont c'est vécu, selon l'espace que se donne un Être, cela pourra durer quelques mois ou plusieurs années.

Ainsi, la période de la fin de la trentaine et du début de la quarantaine sera pour plusieurs Êtres une période où les signaux intérieurs et extérieurs les invitant à se retrouver seront très, très intenses et explicites. La non-écoute ou la non-compréhension de ces signaux entraînera souvent des ruptures, des pertes importantes dans tous les aspects de leur vie. Les conséquences des ruptures seront ressenties pendant des années, voire pendant des décennies. Certains en verront même toute l'ampleur à la dernière période de leur vie.

Durant cette période cruciale, il est donc naturel et essentiel pour les Êtres de mettre un terme à ce qui n'a plus de sens dans leur vie.

Lorsque l'Être est conscient de ce qui se passe en lui et qu'il s'offre une période de transformation de la relation avec lui-même et de ses relations avec les autres, toute la quarantaine sera une période d'amour de lui où, progressivement, il posera des gestes et sera dans des états qui le réassocient à lui-même. Ce sera une période merveilleuse! Toutefois, si l'Être ne fait que tenter de répondre à ses désirs, alors certes, toute la quarantaine sera une période de turbulences.

Est-ce que les hommes et les femmes vivent cette période différemment?

La femme est, de façon générale, plus près de ses sensations. Chez l'homme, il y a une plus grande proximité avec la connaissance intellectuelle. C'est une généralité, mais c'est souvent le cas. Plusieurs femmes, quels que soient leurs choix, se rendent compte, à la fin de la trentaine, qu'elles se sont éloignées d'elles-mêmes. Elles ont souvent l'impression qu'elles n'ont pas pu être et faire ce qui leur correspondait, de par leur fonction de mère, de par la fonction que leur attribuait la société ou leur environnement social. Sans être une victime, la femme se sent emprisonnée et a de la difficulté à faire ses choix, compte tenu de toutes les structures. La sensation de ce qu'elle est vraiment est donc souvent plus claire.

L'homme, de son côté, a plus tendance à subir la situation, c'est-à-dire qu'il a souvent plongé dans la vie que nous décrivons sans se questionner, mais dans l'intention d'aller retrouver une reconnaissance, une satisfaction. Ce faisant, il ne s'est pas vraiment rendu compte qu'il s'écartait de lui-même. De façon générale, plusieurs femmes, à ce moment de crise, se rendent compte qu'elles se sont écartées de qui elles sont, alors que plusieurs hommes ne s'en sont pas rendu compte. Ce qui fait en sorte qu'un bon nombre d'hommes chercheront plutôt, à cette étape, à satisfaire leurs désirs. Ils vont vouloir aller vers des satisfactions de surface parce qu'ils ne se sentent pas heureux, alors que la plupart des femmes chercheront des solutions plus profondes. Plusieurs femmes voudront aussi explorer plus en profondeur pour entendre des voix intérieures leur proposant des solutions, alors que, souvent, l'homme aura l'impression qu'il va en profondeur en faisant des choix plus superficiels qui lui donnent une impression de liberté.

Justement, on voit souvent, chez les hommes beaucoup plus que chez les femmes, l'envie de tout balancer et de recommencer, notamment avec des partenaires plus jeunes. Est-ce lié à cette envie de liberté?

Souvent, l'homme s'implique intensément dans ses activités pendant la trentaine et, lorsqu'il vit ce remue-ménage à 40 ans, il se rend compte qu'il a des envies auxquelles il n'a pas répondu. Il n'a pas vu la transformation s'opérer en lui, et il croit qu'avec de jeunes personnes, il va pouvoir retrouver des sensations intenses qu'il ne s'est pas autorisé à vivre durant les dernières années. Donc, il se sentira attiré par la jeunesse, qui lui offre plus de liberté. En effet, la vingtaine est une période où l'Être s'offre en général plus de liberté. Alors souvent, vers la fin de la trentaine, au début de la quarantaine, l'homme est attiré par des Êtres plus jeunes parce qu'il a envie de s'offrir plus de liberté. Il a l'impression que les partenaires de son âge veulent plus de profondeur, et lui, il veut plus de liberté et de légèreté. Or, profondeur et légèreté ne sont pas des opposés, au contraire, mais il a l'impression que la profondeur signifie plus de lourdeur. Il se sent emprisonné par sa vie, il sent la lourdeur des responsabilités. Il veut s'alléger, et pour ce faire, il se sentira attiré par des Êtres plus jeunes.

La femme, elle, se rend compte qu'elle n'a pas pu vraiment être elle-même, pour tout un ensemble de situations, alors elle veut approfondir. Elle veut souvent aller vers un homme qui a justement cette envie de profondeur, d'intensité et, bien sûr, de joie. Pour la femme, la légèreté et la profondeur s'opposent beaucoup moins que pour l'homme.

On a aussi l'impression que les femmes ont plus de facilité à demander de l'aide, quand elles se retrouvent dans ces périodes de crise. Les hommes, eux, vont souvent vouloir régler ça tout seuls. Comment l'expliquer?

Là, il faut observer une dimension plus cosmique, plus universelle, de la chose. Le principe masculin est celui qui apporte le germe, la nourriture, la connaissance, alors que le principe féminin est celui qui utilise les matériaux qu'on lui a donnés pour construire. Pour l'homme, demander de l'aide est donc souvent entendu comme une faiblesse. Non seulement il n'a pas les matériaux, mais il n'aurait pas non plus toute la connaissance? C'est comme cela qu'il l'entend et cela veut dire, pour lui, se présenter comme vulnérable. Alors que, pour la femme, aller chercher de l'aide, c'est simplement se rendre compte que les matériaux qui lui ont été apportés ne sont pas complets. Son œuvre est de créer à partir de matériaux. Alors, s'il lui manque des matériaux, il y a beaucoup moins de gêne à en demander. Est-ce qu'on se suit bien?

C'est une belle façon de l'exposer.

Dans une perspective plus spirituelle, la remise en question n'est pas une période de réaction psychologique. C'est d'abord et avant tout une question énergétique. C'est de l'énergie de vie qui s'exprime. C'est la pulsion de vie. C'est l'Être véritable dans l'homme et la femme, que nous nommons la « présence Je Suis », qui les secoue pour les réveiller et qui veut les entraîner à se retrouver, à se ressentir, à se reconnaître, pour retrouver leur chemin vers leur mandat d'incarnation.

Et c'est cette même poussée énergétique qui secoue l'Être à différentes périodes.

C'est-à-dire à 29, 39 et 49 ans?

Plus que cela. Cela se passe chaque jour, chère Âme. Prenons un exemple, une métaphore. Imaginons qu'il y ait en vous une pulsion pour vous nourrir d'aliments sains, vivants, mais que, à cause de tout un ensemble d'influences intérieures et extérieures, vous utilisiez des aliments qui sont moins sains, moins vivants. À la fin du jour, il y a tout de même à l'intérieur de vous une sensation, une conscience que la nourriture n'était pas exactement ce dont vous aviez besoin. Disons que demain, à cause de ces influences, vous utilisiez encore la même nourriture, vous aurez encore cette sensation! Mais bien sûr, vous vous distrayez aussi et, ce faisant, vous n'êtes pas très à l'écoute de vos voix intérieures. La sensation est présente, mais vous en faites fi un autre jour, et puis le jour suivant, et le jour suivant, et le jour suivant... L'intensité du déséquilibre augmente. À quel moment le déséquilibre sera-t-il suffisamment intense pour provoquer en vous une douleur? Après un certain temps, n'est-ce pas? Et comme il y a un système digestif différent pour chacun, vous direz: « Ce ne sera pas le même moment pour tous les Êtres. » Mais comme c'est tout de même un système similaire d'un Être à l'autre, nous vous dirons: « Votre corps réagira ainsi après approximativement dix ou vingt ans et, par la suite, il y aura telle autre réaction. » Pourquoi? Parce que ce système suit une certaine logique.

Est-ce que vous nous suivez bien?

Très bien.

Un système mal utilisé entraîne chez vous des réactions après un certain temps, et d'autres réactions après un plus long laps de temps. Alors, il en est de même pour la pulsion de vie qui est associée à l'Univers et à toute sa structure, à sa puissance, et qui est un système logique, universel. Ainsi, lorsque l'Être ne répond pas à sa pulsion de vie, à l'Être véritable qui veut émerger, il en aura des indices chaque jour qui s'intensifieront avec le temps.

Nous voulons conclure cette période en vous disant que quoi qu'il en soit, dans la conscience ou dans la non-conscience de ce qui est, l'Être, jusqu'à la fin de la quarantaine, a envie de se réapproprier sa vie. Souvent, il projette vers l'extérieur la responsabilité de la prison qu'il s'est créée. Soit qu'il a bien « réussi », mais que tout ce qu'il a réussi ne le rend pas heureux, soit qu'il n'a pas « réussi » et qu'il n'est pas plus heureux. Ce qui est important, c'est qu'il est le créateur, l'acteur principal de sa vie. Il doit s'en rendre compte, même s'il y a des agents extérieurs qui influencent sa vie et auxquels il doit répondre. Tant et aussi longtemps que l'Être tentera de justifier que c'est à cause de ceci ou cela, il aura de la difficulté à se réassocier à lui-même. Il ne s'agit pas de se culpabiliser. Il s'agit de comprendre que chaque Être fait ses choix et que, souvent, ces choix sont influencés par l'extérieur. Progressivement, il devra retrouver la voie qui lui convient, et toute la quarantaine est une période de réassociation à lui-même. Si elle n'est pas vécue ainsi, comme c'est le cas de plusieurs, l'Être arrivera ensuite, vers la fin de la quarantaine ou au début de la cinquantaine, dans une crise majeure. Car même ceux qui feront des efforts, parfois inconscients, pour répondre à la pulsion, à l'envie de transformation, mais qui ne seront pas persévérants, vont simplement perpétuer ce qu'ils ont mis en place.

Chapitre 10

La cinquantaine (49-59 ans)

Une deuxième phase de vie débute à la fin de la quarantaine et se déploie sur plusieurs décennies par la suite. À cette étape, l'Être vit une transformation profonde, une bascule. Il sent qu'il a établi des bases, qu'il a acquis des connaissances, qu'il est inspiré de ses expériences et qu'il sait davantage qui il est. Il ressent aussi ce qu'il peut vraiment s'offrir à lui-même et à la vie qui l'entoure. Du moins, c'est ce qu'un Être équilibré vit à cette période. Si l'Être a renoncé ou n'a pas été à l'écoute de lui-même, il va plutôt vivre une sensation de passage important, aura l'impression qu'une étape se termine et voudra aller vers une autre vie qui a plus de sens pour lui.

Ainsi, quel que soit leur parcours jusqu'à la cinquantaine, les Êtres se sentent à cette étape disponibles soit à amorcer une autre phase, soit à changer leur vie. C'est une période de renaissance, une période d'émergence de l'Être qui veut se reconnaître davantage, une période associée à une envie profonde de se respecter soi-même. Il ne tient pas nécessairement ce langage, mais l'énergie qui l'habite est une énergie qui l'entraîne à se retrouver, à se reconnaître, et ainsi à pouvoir s'aimer lui-même. Tout ce qui se trouve dans sa vie et qui ne le fait pas vibrer va, à cette étape, l'alourdir encore davantage. Il le ressentira comme inutile, et quelquefois, il réalisera qu'il a erré : il prend conscience de tout ce qui ne respecte pas qui il est réellement. Il lui arrivera de blâmer les autres, mais très souvent, il se rend compte que, sous une forme ou sous une autre, c'est lui qui a permis que cela existe.

En ce sens, il peut vivre de grandes désillusions, de grandes culpabilités. Il peut plonger dans ses méandres intérieurs et vivre des périodes difficiles, mais peu importe son parcours, il rencontrera l'envie d'être lui-même. C'est pourquoi nous disons que c'est une période de renaissance. Et nous invitons tous les Êtres à renaître à eux-mêmes en utilisant cette étape pour aller retrouver ce qu'ils ont envie d'être et ce qu'ils ont envie de faire.

Là encore, il y a plusieurs confusions. Arrivés à 50 ans, les Êtres ont créé leur vie. Ils ont des possessions, ils se sont attachés à ces biens et à leur vie, en ressentant toutefois que tout cela n'est pas eux. Bien sûr, souvent dans vos sociétés actuelles, plutôt que de sentir qu'une nouvelle vie va débuter pour eux, ils ont l'impression qu'ils se dirigent vers la phase qui mène à la fin de leur vie, et cela les insécurise et suscite une grande controverse en eux.

Vous vous rappelez que la période précédente de fin de quarantaine est une période de réassociation ?

Oui, après la crise de 40 ans !

L'Être qui s'est réassocié à lui-même renaît pour vouloir vraiment se centrer sur ce qui lui correspond. Celui qui ne s'est pas réassocié éprouve un grand malaise, parce qu'il ressent la pulsion de se respecter lui-même. Toutefois, s'il a l'impression qu'il se dirige vers la fin de sa vie, il ne veut pas tout changer. Il ne veut pas perdre sa sécurité, ses assises. C'est un moment de grande turbulence.

Plusieurs éléments entrent en jeu. D'abord, chez la femme, cette période correspond à ce que vous nommez la ménopause, ou la pré-ménopause, c'est-à-dire une période de transformation hormonale. Or, il faut bien comprendre que les ovaires, qui sont des glandes au cœur du système reproducteur, sont aussi des glandes associées à l'énergie de vie, à l'énergie de création.

Est-ce qu'il faut relier la ménopause à la fin de la création ?

Au contraire, c'est une intensification du mouvement créateur, qui se détache alors complètement du processus de procréation. C'est une transformation. Le changement hormonal, qui est associé aussi aux ovaires, amène la femme à ressentir que sa contribution par la procréation sera beaucoup moindre, ou ne sera plus, et que sa création sera d'un tout autre ordre. Cela va donc intensifier l'envie de s'exprimer, l'envie de créer selon ses talents profonds. Comprenez bien que, pour une femme, la création, que nous nommons aussi « l'expression de la vie en elle », est associée à la fois à la procréation et au déploiement de ses talents. Ces facultés de procréation font partie des talents, des dons de la femme. À la ménopause, il y a une transformation et, de façon générale, la faculté de procréer va diminuer jusqu'à s'estomper, ce qui va intensifier l'envie et la pulsion de créer à partir de tous ses autres talents.

C'est une façon beaucoup plus intéressante d'aborder la ménopause !

C'est intéressant car, dans vos sociétés, cela correspond souvent à une période où la femme se sent moins responsable de ses enfants, une période durant laquelle elle retrouve beaucoup plus d'espace pour elle. Elle s'est beaucoup occupée de ses enfants, bien qu'elle ait eu d'autres activités. Elle s'est aussi souvent beaucoup occupée du père de ses enfants, qui était très centré sur ses activités professionnelles. Maintenant, les enfants sont beaucoup plus autonomes, son conjoint a beaucoup plus de sécurité, et elle retrouve plus d'espace pour créer.

Il est possible, bien sûr, qu'elle vive une grande crise, car si elle ne s'est pas rencontrée durant les deux ou trois décennies précédentes, si elle s'est oubliée au profit de ses enfants, de sa famille, de son travail et de l'harmonie de tout cela, il se peut qu'elle ne sache plus qui elle est. Il est très possible qu'elle ne se sente pas, qu'elle ne se connaisse pas, qu'elle ait oublié quels sont ses goûts, ses envies, ses talents, ce qui la stimule, ce qui la fait vibrer. Elle vivra alors une grande crise existentielle, elle aura l'impression de ne plus être utile, de ne plus savoir qui elle est, de ne plus savoir quoi faire de sa vie.

Cette crise, bien qu'elle puisse être importante, est saine et bénéfique, car c'est un moment d'éveil. Nous disons que la Femme va renaître dans la femme. La femme qui a été amoureusement au service des autres peut maintenant aller à la rencontre d'elle-même pour servir ce qu'elle est par son processus créateur. Nous l'invitons à laisser émerger ses véritables dons et talents. Bien sûr, cela peut se faire sur plusieurs années, pendant lesquelles elle pourra s'autoriser à être elle-même, sans chercher à sauver le monde, mais plutôt à exister telle qu'elle est, à se retrouver.

Et comment ça se passe pour l'homme?

L'homme, au début de la cinquantaine, vit aussi une bascule. Elle se présente souvent sous forme de tension et de fatigue physique ou psychique, ou les deux, ce qui fait en sorte qu'il commence à remettre en question toute son implication dans son travail, parfois même dans l'ensemble de ses activités. Il a envie de plus de temps et d'espace, lui aussi, pour exister. Son drame, c'est qu'il ne s'en est pas offert au fil des ans et qu'il ne sait pas comment s'orienter. Il a été souvent si actif qu'il n'ose pas s'offrir des moments d'inactivité, mais plutôt, il veut aller vers d'autres activités, toutefois sans savoir non plus ce qui a du sens pour lui.

Très souvent, l'homme fait cette prise de conscience, mais il continue tout de même ce qu'il a entrepris, parce que changer tout cela est trop complexe. Il va vivre cette crise très intérieurement, en tentant de ne pas la voir, alors que la femme va vouloir se donner du temps et en parler.

Quelles sont les conséquences, pour l'homme qui vit cette nouvelle crise intérieurement?

Les conséquences sont le stress, une tension sur le système nerveux, une tension artérielle plus élevée et une pression sur la structure du corps. C'est une période où les hommes peuvent devenir très vulnérables sur le plan physique, alors que chez la femme, c'est une période où elle se sent abandonnée sur le plan émotionnel. Elle a besoin de se retrouver et va affirmer sa difficulté. L'homme va l'occulter. Ce sont des généralités, bien sûr, puisqu'il y a des hommes qui, au contraire, seront dans une véritable remise en question. Toutefois, une proportion importante d'hommes dans vos sociétés occidentales va tenter de nier cette remise en question, parce que cela est douloureux. Ils vont se centrer davantage sur leurs activités quotidiennes pour ne pas entendre les voix intérieures. La femme, au contraire, va tenter de se détacher de ses activités pour aller retrouver quelque chose en elle, mais elle est souvent désemparée. Plusieurs ressentiront qu'elles ne savent plus qui elles sont et ce qu'elles veulent.

Plusieurs ne savent plus par où commencer quand les enfants volent enfin de leurs propres ailes.

Voilà ! C'est extraordinaire, en fait, puisque les Êtres, à cette étape, ont acquis plus d'expérience, donc, en principe, un peu plus de sagesse. Nous leur proposons d'aller déguster la vie, un peu comme ce que nous proposons aux enfants. Rappelez-vous, dans l'enfance et le début de l'adolescence, nous avons proposé que les parents puissent mettre leurs enfants en relation avec une diversité d'éléments de la vie, afin qu'ils puissent ressentir ce qu'ils aiment, ce qui les appelle, ce qui les attire.

L'Être, à cette étape, peut aussi se mettre en relation avec plusieurs éléments de la vie, afin d'aller ressentir ce qui l'appelle, ce qui le fait vibrer. À 7 ans, à 8 ans, vous amenez vos enfants au cirque, vous les amenez au théâtre pour enfants, vous les amenez à un concert de musique, vous les amenez vers différentes activités, même sportives, et vers des paysages nouveaux. En somme, vous les mettez en relation avec la vie pour qu'ils sentent ce qui les anime davantage et ce qui correspond à leur Être.

Eh bien, pendant tout le début de la cinquantaine, nous disons aux Êtres : « Allez déguster davantage la vie. » Vous n'avez pas à renoncer à votre travail pour autant. Toutefois, plutôt que d'aller toujours vers les mêmes activités, puisque vous avez l'impression qu'elles ne vous conviennent plus tout à fait, explorez. Explorez à votre rythme, selon le temps dont vous disposez, selon les moyens que vous pouvez vous offrir. Dans cette perspective, cela devient très intéressant. Ne mettez pas trop de limites. Les Êtres, souvent, vont se concentrer sur ce qu'ils connaissent et sur ce qu'ils aiment, mais à la fois, ils sont dans une forme de crise parce qu'ils ne savent plus ce que pourrait devenir leur vie. C'est un paradoxe ! Allez explorer. Par exemple, allez vers une conférence sur une façon de capter la vie par la photographie. Allez vers un concert de musique que vous ne connaissez pas, vers une nouvelle forme de théâtre, vers une nouvelle activité. Allez vers l'exploration du Tai Chi que vous ne connaissez pas, vers un peu de yoga, vers une danse qui vous fait bouger un peu. Allez vers différentes explorations, sans tenter de trouver tout de suite « l'activité qui va faire en sorte que je pourrai me passionner ». Détendez-vous ! Explorez comme si vous dégustiez différents mets, sans toutefois vous disperser.

C'est une période où vous pouvez déguster davantage, et vous allez vous rendre compte que, tant sur le plan intellectuel, social que physique, vous allez peu à peu redécouvrir ce qui vous anime, et vous pourrez inscrire de nouvelles activités dans votre vie. Puis, beaucoup d'Êtres vont tant découvrir ce qui les anime qu'ils se présenteront à la mi-cinquantaine disponibles à modifier de manière assez importante leurs activités centrales, leur travail, en fonction de tout ce qu'ils auront découvert.

Attention ! Il ne s'agit pas que de découvrir à l'extérieur ce qui va vous permettre d'être en action, mais aussi de vous découvrir. C'est une grande période pour découvrir, comme l'enfant, quels sont vos talents, vos dons, ce qui est intéressant à déployer pour vous, en somme, ce qui vous fait vibrer. Voilà le début de la cinquantaine.

Mais les Êtres vivent souvent cette période comme une crise majeure. Ils sont perdus, parce qu'ils ont moins envie de tout ce qu'ils ont créé. Ils se retrouvent dans la crainte de ne plus ressentir les choses avec autant d'intensité et de ne plus se retrouver, et même dans une peur de rater leur vie, car ils n'ont pas encore touché ce qui était exaltant et passionnant pour eux.

En début de chapitre, vous avez parlé de bascule. Pour beaucoup de gens, cette bascule correspond à une forme de déclin et non pas à une renaissance. Comment, à partir de cette exploration du début de la cinquantaine, peut-on changer cette perspective ?

Cela se fait dans la deuxième partie de la cinquantaine, lorsque les Êtres ont mieux redécouvert qui ils sont. Souvent, la première phase de leur vie, c'est-à-dire de la naissance à 49 ans, est utilisée pour inscrire leurs assises, leur sécurité. Dans une perspective spirituelle, nous vous avons dit que la première phase permet à l'Être de découvrir qui il est et quel est ce monde dans lequel il évolue. Toutefois, la majorité d'entre eux l'utilisent plutôt pour sécuriser leur vie dans le but d'« assurer leurs vieux jours », comme vous dites. Cela ne leur permet pas vraiment d'être, de s'exprimer et de se déployer dans ce qu'ils sont.

Alors, la deuxième phase qui, sur le plan spirituel, universel, est une intensification de ce déploiement sur une base de sagesse et de compréhension de la vie, de leur environnement et d'eux-mêmes, devient une phase d'émergence pour plusieurs Êtres. Après être allés, dans la première demie de la cinquantaine, vers les retrouvailles de qui ils sont, après avoir permis des bifurcations de leurs activités, la deuxième demie de la cinquantaine devient un parcours de reconstruction de leur vie, et non pas de préparation à la fin. Aucun Être ne prendra plaisir à préparer la fin ! Tous les Êtres veulent préparer la continuation. Cette perspective de continuer une vie active avec des activités qui correspondent davantage à l'Être est beaucoup plus intéressante, plus réjouissante.

Dans vos sociétés actuelles, les humains auront la possibilité, par une plus grande conscience et des connaissances plus vastes sur la santé et le corps, de prolonger leur vie. Bientôt, les Êtres pourront vivre facilement cent années en santé. Alors, lorsqu'ils sont dans la cinquantaine, ce n'est que la demie d'une vie, n'est-ce pas ?

Est-ce que ça veut dire qu'il sera possible de ralentir le vieillissement du corps ? Parce que présentement, on vit jusqu'à 100 ans, mais souvent, on est vieux de 70 à 100 ans !

Bien sûr ! Présentement, il y a un vieillissement du corps causé par les états émotionnels des Êtres. Leurs états, qui sont le reflet de leur relation avec eux-mêmes et avec la vie, sont les véritables sources du vieillissement prématuré. Si l'on combine cela au stress, à une nourriture incomplète, à des comportements qui ne sont pas sains et à un manque d'exercice, les Êtres sont souvent dans une détérioration physique entre 70 et 100 ans. Simplement dit, si l'Être se nourrit mal, bouge mal et ne respecte pas son corps, c'est parce qu'il le connaît mal. Avec une respiration beaucoup plus naturelle, une alimentation et une nourriture émotionnelle et mentale plus saines, une meilleure compréhension du corps pour favoriser sa souplesse et son tonus, l'Être va vivre en santé beaucoup plus longtemps. Il apprendra aussi, à partir de ses capacités énergétiques, à activer la régénérescence des cellules.

Il faut comprendre que les cellules s'usent et qu'elles se reproduisent. Le processus de vieillissement signifie que la détérioration, la dégénérescence cellulaire se déroule à un rythme plus élevé que la régénérescence. Vous pouvez tout de même observer aujourd'hui que les Êtres, dans vos sociétés, sont déjà beaucoup plus souples et forts pendant plus longtemps qu'il y a cinquante ou cent ans, n'est-ce pas ?

Tout à fait.

Actuellement, vous entrez dans une période de conscientisation. Dans les années à venir, les Êtres humains réapprendront à respirer, à se nourrir, à bouger et à respecter leur corps. Ils réapprendront aussi à retrouver ce qui les anime, ce qui les fait vibrer, ce qui fait en sorte qu'ils sont en vie. Ils vont diminuer le stress, qui est un agent important de contraction et de vieillissement, de telle sorte qu'ils seront en santé plus longtemps, et ainsi, il y aura de moins en moins d'Êtres en difficulté à cause du vieillissement durant cette deuxième phase de vie.

C'est plutôt encourageant.

Bien sûr que cela est encourageant, mais il y a tout de même une prolifération des maladies.

Vous voulez dire dans la période actuelle ?

Certes, et les maladies affectent les Êtres parce que leur système immunitaire n'est pas suffisamment fort. Le système immunitaire peut se renforcer par une santé émotionnelle, mentale et spirituelle adéquate. Actuellement, malgré les apparences, il y a dans vos sociétés une ouverture de conscience. Cela se manifeste par une envie beaucoup plus nette et claire d'apprécier la vie, de s'en réjouir, de bénéficier de tout ce qui est offert par la nature. Il y a un retour à ce qui est simple, naturel, sain. Et cela va vous permettre de vivre plus longtemps et plus en santé.

Bien sûr, dans la transition qui correspond à la période de transformation, vous vivez presque l'opposé. Les Êtres se sont investis avec beaucoup d'intensité dans leur travail, et ils ont été de façon très importante dans une recherche de performance et de productivité pour être reconnus socialement et pour pouvoir sécuriser leurs assises matérielles. Mais le monde se transforme.

Les Êtres vont pouvoir travailler beaucoup plus longtemps, c'est-à-dire bien au-delà de ce que vous nommez « l'âge de la retraite », mais avec moins d'intensité et de stress. Dans des conditions où il y a moins de recherches de performance, ils n'auront plus à délaisser leur travail dans la cinquantaine ou la soixantaine. Bientôt, et vous allez le voir dans ce siècle, ils vont délaisser leur travail vers l'âge de 70 ou 80 ans, parce qu'ils seront mieux dans leur corps, mieux dans leur cœur, mieux dans leur tête.

Alors, la cinquantaine est une période pour retrouver ce qui a du sens pour l'Être, retrouver ses dons, et faire en sorte que la deuxième moitié de la cinquantaine soit une période de reconstruction de sa vie en fonction de ce qui a du sens.

Vous nous suivez bien ?

Oui. Mais il y a une tendance lourde dans nos sociétés pour promouvoir la retraite à 55 ans. Comment rendre le travail attirant jusqu'à 80 ans ?

Bon, il faut comprendre deux choses. D'une part, notre propos tient compte du fait que vos sociétés vont délaisser progressivement l'intensité du travail dans la recherche de performance, ce qui crée les tensions, les douleurs, les inconforts et les maladies, psychiques et physiques. Il y a tant de souffrance sur cette Terre que les Êtres vont en venir à comprendre que c'est toute cette recherche de performance pour la sécurité des uns, pour le profit des autres, qui altère leur qualité de vie. Donc, des changements vont s'opérer.

Ainsi, le travail deviendra progressivement une façon de déployer ses talents, plutôt qu'une charge, un devoir, un mal nécessaire dont ils ont hâte de se départir. Tout notre propos invite les Êtres à comprendre le travail dans ce sens.

Et d'autre part ?

D'autre part, comme tout cela se fait progressivement, et si vos lecteurs voient cette période comme un délaissement de ce travail, nous suggérons qu'ils n'envisagent pas une retraite dans le sens d'arrêter d'être actifs et créatifs en fonction de leurs dons et leurs talents. Parce qu'arrêter d'être actif signifie arrêter le mouvement, cela signifie aussi créer la contraction, l'alourdissement, le vieillissement et la destruction.

Alors, nous proposons que ce soit là une période de transformation. Que les Êtres utilisent cette période d'abord pour s'assurer de respecter ce qu'ils sont dans leur essence, non seulement dans leur travail, mais aussi dans leur organisation de vie de telle sorte qu'à la mi-cinquantaine, ils puissent commencer à mettre en place ce qui correspond vraiment à leur Être. Vous vous rappelez lorsque nous vous disions : « La fin de la vingtaine est associée à un grand mouvement énergétique qui provoque une dévalorisation, une déstructuration de votre vie » ?

Oui.

Eh bien, entendez ceci. Dans la deuxième moitié de la cinquantaine, le même mouvement est provoqué. Il y a une autre intensification d'énergie qui vient provoquer un retour sur les valeurs et les structures. Se prépare ensuite une grande période où l'Être va poser un regard très critique sur sa vie, ses structures, ses valeurs. Il doit, comme il l'a peut-être fait à la fin de la vingtaine, choisir à nouveau ses valeurs, ses structures et ce qu'il veut mettre en place qui lui ressemble.

D'accord, mais il y a une petite confusion pour moi. Si, au début de la cinquantaine, il y a cette crise associée à une renaissance, pourquoi y aurait-il une restructuration après ?

Il y a deux épisodes distincts, que certains vivront comme des crises, chère Âme.

Ah, deux crises dans la cinquantaine. Merveilleux !

Intéressant, n'est-ce pas ?

Un peu essoufflant surtout, non ? Sont-elles semblables ?

Non, sinon, ce serait une reproduction. Fin de la quarantaine, il y a une crise qui amène l'Être à vouloir aller vers une compréhension de lui-même. Il est bousculé. Il a beaucoup moins envie de tout ce qu'il a créé dans sa vie, s'il ne s'est pas réassocié à lui-même durant la quarantaine. S'il s'est réassocié à lui-même, il voudra vraiment intensifier son déploiement. Mais dans vos sociétés, la majorité des Êtres vont vivre une crise qui est associée à une surcharge.

Et par l'usure aussi?

L'usure, certes, et d'autres vont même ressentir une forme de vide, parce qu'ils se sont beaucoup activés. Plusieurs ont senti qu'ils ont fait ce qu'ils avaient à faire. Il y a donc une crise, un passage qui invite à une renaissance. Là, les Êtres vont utiliser plusieurs années pour aller retrouver qui ils sont, ce qui les anime, ce qui les fait vibrer, ce qui a du sens pour eux. Nous l'avons dit : allez diversifier vos activités, vous nourrir de différentes choses pour ensuite choisir une direction. Et souvent, à la mi-cinquantaine, ils vont mettre en place différentes activités plus ciblées.

Puis, vers la fin de la cinquantaine, une nouvelle crise. C'est fascinant! Les Êtres vont remettre en question une partie de ce qu'ils ont inscrit depuis le début de cette période.

C'est décourageant, il me semble! Est-ce que ça veut dire qu'on recommence à zéro?

Pas du tout! C'est évolutif, chère Âme. Pourquoi? Simplement parce que plusieurs ont vécu toute une turbulence dans cette période, et ils n'ont souvent que pansé leurs blessures dans l'illusion qu'ils transformaient leur vie. Faisons une analogie. Imaginons que, pendant cinquante ans, vous utilisiez toujours la même garde-robe, des vêtements qui correspondent à tout ce que vous avez à être et à faire. Puis, à cette étape de la fin de la quarantaine, vous vous sentez fatiguée, épuisée, et vous vous rendez compte que, cette garde-robe, ce n'est pas vous. Vous l'avez utilisée pour jouer votre rôle, mais elle ne vous convient pas. Vous ne l'aimez pas vraiment. Or, vous vous rendez compte aussi que vous ne savez plus ce que vous aimez. « Cela fait trente ans que j'utilisais les mêmes types de vêtements, les mêmes couleurs. »

Un renouvellement s'impose?

Il faut d'abord que vous compreniez qu'il y a vraiment un malaise plus profond, même dans notre analogie qui semble naïve et superficielle. D'une part, vous vous rendez compte que vous n'aimez pas ou plus du tout ce qui constitue votre garde-robe. D'autre part, vous constatez que vous ne savez pas ce que vous aimez. Il y a là une crise importante, majeure. Vous ne vous y retrouvez plus. Vous ne savez plus dans quelle direction aller et vous pouvez en être désemparée. Par contre, même si vous savez que vous voulez vous respecter profondément, vous ne savez plus comment, alors vous portez les mêmes vêtements en attendant. Vous les portez, mais vous n'êtes pas à l'aise parce que vous ne les aimez plus, mais vous ne savez plus ce que vous aimez. Cela ne se résout pas en un jour, chère Âme, même dans l'exemple naïf.

Au début de la cinquantaine, plusieurs Êtres sont désemparés et vont tenter d'oublier cela, et continuer à porter la même garde-robe. Certains vont aller vers des compensations, encore une fois, et d'autres, désemparés, vont s'alourdir. Nous disons aux Êtres : « Prenez le temps d'aller explorer quelles sont les différentes opportunités et quelles sont les différentes couleurs, les différents modèles. » Mais l'Être ne se connaîtra pas du jour au lendemain. Malgré notre avis, ils vont aller vers de nouvelles couleurs, des nouveaux vêtements, et ils vont constituer une nouvelle garde-robe. Puis, vers la mi-cinquantaine, ils auront l'impression qu'ils savent ce qu'ils aiment, que la nouvelle garde-robe est choisie. Or, durant tout ce parcours, il y a des éléments qui sont vrais et d'autres qui ont été influencés.

Lorsque vous ne savez plus où aller, bien sûr que vous êtes influencée par les autres. Vous avez l'impression que c'est ce nouveau-là que vous aimez, parce que vous avez vu des Êtres le porter, parce que c'est la mode, parce qu'on vous a dit qu'ils vous allaient bien, parce que c'est ceci ou cela. Donc, vous reconstituez votre garde-robe et vous êtes heureuse et vous avez l'impression que vous vous êtes retrouvée. À un moment donné, un nouvel élan se présente en vous. Vous vous rendez compte que parmi vos choix, il y a des couleurs que vous n'aimez pas, que vous vous êtes fait influencer, et vous souhaitez encore un renouveau.

Rappelez-vous, fin de la vingtaine, vous vous êtes rendu compte qu'une grande partie de ce qui composait votre vie était influencée par l'extérieur et par vos mémoires aussi. Il en est de même à la fin de la cinquantaine. Vous vous rendez compte que vous avez voulu renaître, vous avez voulu délaisser la garde-robe qui appartenait à des activités du passé. C'est une nouvelle vie que vous vouliez entreprendre, vous avez vécu plusieurs influences et, là, il est temps de faire un tri.

Ah, c'est ça, la restructuration? On ne jette pas tout, quand même?

Mais non, vous ne jetez pas tout. Mais vous vous rendez compte: « Tiens, là, il y a beaucoup d'influences de l'extérieur, il y a beaucoup de ceci, il y a beaucoup de cela. »

Évidemment, vous aurez compris que ce n'est pas d'une garde-robe physique, mais d'une garde-robe plus subtile dont nous vous entretenons. C'est associé à ce que vous êtes, à ce que vous faites et à des connaissances que vous avez acquises, dont plusieurs connaissances spirituelles et psychologiques. Vous vous êtes laissée influencer.

Mais qu'est-ce que la nouvelle vie, maintenant? Quelles sont les nouvelles valeurs? Et vous vous retrouvez, vers l'âge de 57 ans, 58 ans, en vous disant quelque chose comme: «Attention, j'ai suivi différents courants, j'ai inscrit différentes connaissances, je les ai portées comme si elles étaient réellement en moi, et là, il y a un élan intérieur qui me dit de faire la part des choses. De tout ce renouveau que j'ai inscrit, il y a des éléments qui ne me conviennent pas, qui ne me font pas vibrer. »

Il y a une épuration, tout comme à la fin de la vingtaine. À la fin de la vingtaine, on ne vous disait pas: « Jetez tout. »

On vous disait : « Attention, c'est un moment d'épuration, un nettoyage. Il y a des éléments à nettoyer. » Vous alliez revoir vos parents, notamment, pour leur dire : « Là, il y a certaines influences que je n'apprécie plus. »

Ici, il en est de même. Depuis le début de la cinquantaine, fin de la quarantaine, vous avez accepté de nouvelles influences, acquis de nouvelles connaissances que vous avez voulu intégrer, et vous vous rendez compte que cela ne convient pas, que ce n'est pas vous. C'est un moment extraordinaire. C'est une énergie intérieure de feu. Certains Êtres, qui ne comprennent pas, se sentent abattus. Ils se disent : « J'ai tout renouvelé et, à nouveau, je ne me sens pas bien dans ma peau. » Lorsque les Êtres comprennent, ils se disent plutôt : « Bon, j'ai tout renouvelé. Maintenant, faisons un tri. » Et si « faire le tri » est une façon un peu trop simple de dire les choses, elle est très claire aussi, n'est-ce pas ?

On voit l'image.

« Je fais le tri dans ces nouvelles connaissances, ces nouvelles visions, ces nouvelles orientations, ces nouvelles activités. De tout cela, je choisis les valeurs et les formes qui me conviennent. » À partir de cela, vous recréez une vie.

Ce que vous dites là, c'est extraordinaire, mais dans la réalité, c'est plus vers la sortie qu'on pousse les gens à la fin de la cinquantaine, ou au début de la soixantaine. On les pousse vers la retraite de la vie active, et non à réinventer leur vie.

Non, ce n'est pas juste, chère Âme. Nous vous entendons bien, mais votre propos est associé déjà au passé.

Ah oui ?

Maintenant, dans vos sociétés, les Êtres seront invités à œuvrer, ou travailler, comme vous le dites, plus longuement. Alors que les Êtres se préparaient à prendre leur retraite au début ou à la mi-soixantaine, cela va prolonger la vie active de dix ou quinze ans. Ce qui est heureux, c'est que ça repousse l'idée du vieillissement. Ce qui pourrait être malheureux, c'est que l'on continue à entraîner les Êtres dans la performance. Il faut délaisser l'intensité de la performance même si les Êtres sont encore en santé.

D'accord. Ça, c'est pour celui qui n'a pas été guidé depuis la naissance. Mais j'aimerais qu'on parle de celui qui aurait été guidé et qui arrive à 50 ans, avec un autre parcours. Quelle est l'intensification à la fin de la quarantaine et l'intensification à la fin de la cinquantaine ?

Alors, voilà qui est intéressant. L'Être qui est dans une voie éclairée s'est beaucoup déployé, déjà, dans la première phase de sa vie. Lorsqu'il entre dans la deuxième phase, souvent, il ira vers un deuxième mandat de vie.

Est-ce que ça veut dire carrément une autre carrière ?

Pourquoi les extrêmes ?

Je ne sais pas, je pose la question. « Un deuxième mandat », qu'est-ce que vous voulez dire ?

Un deuxième mandat, c'est-à-dire que l'Être va vouloir renaître et orienter sa vie dans une autre perspective, dans un autre déploiement de lui-même. Il ressentira qu'un autre aspect de lui a envie d'émerger et de se déployer. Prenons de nouveau votre exemple. Vous avez utilisé, dans ce premier mandat, tous vos talents pour animer et pour éclairer les Êtres. Vous êtes dans une certaine joie, une certaine satisfaction à la fin de la quarantaine, puisqu'il y a beaucoup d'éléments que vous avez pu déployer, certains même réaliser. Mais tout n'est pas accompli. Vous voulez continuer, et là, vous sentez que vous avez envie d'explorer de nouvelles facettes de vous-même.

Ces nouvelles facettes pourraient être l'aventure et la découverte du monde. Des envies qui étaient là depuis longtemps, sans être centrales, mais qui étaient importantes. Maintenant, elles semblent prendre plus de place, tout comme s'il y avait une transformation, une transmutation. Or, il y a plus de sagesse, plus de connaissances, plus d'expériences, plus d'équilibre, plus d'harmonie en vous. Ces autres facettes vous permettent d'aller vers plus d'intensité dans votre expression, plus de joie encore, et certainement vers une façon d'être à la fois plus ancrée dans la matière et plus en contact avec le monde invisible. C'est-à-dire que vous avez plus de facilité à aller vers des activités qui vous permettent de sentir la joie d'être sur cette Terre, et que vous ressentez aussi une joie plus subtile dans votre déploiement. Votre joie n'est plus seulement dans la création concrète, mais aussi dans ce qui est subtil, dans ce que vous apportez, dans les atmosphères que vous transmettez. Donc, vous allez vers une deuxième expression de votre Être.

L'Être conscient, dont la première phase de vie a été vécue dans l'équilibre et l'harmonie, ressent l'appel pour que son expression renouvelée serve davantage l'humanité et soit plus inspirée par le monde subtil.

C'est pourquoi des Êtres qui se sont vraiment sentis au centre de leur vie, sans toutefois avoir atteint le niveau des maîtres, ont envie, dans cette deuxième phase à partir de 49 ans, d'aller explorer autre chose. Ils vous diront dans leurs mots qu'ils ont envie « d'une nouvelle carrière », certes.

Et par la suite, le même Être dans une voie éclairée devra-t-il tout restructurer à la fin de la cinquantaine?

C'est très nuancé à cette étape. Généralement, il aura envie que son parcours serve autant sa joie que celle des autres.

Est-ce qu'il y a un moment dans le parcours où on peut « s'asseoir sur nos lauriers » puis dire: « Bon, parfait, là, je suis arrivé »? Est-ce qu'on est en paix, à un moment donné, là-dedans?

Vous posez là une question fondamentale, essentielle. Elle est importante. Et la réponse est simple: oui.

Ah oui. Quand?

Chaque jour. Dans un parcours de vie harmonieux et équilibré, quelles que soient les expériences que vous viviez, chaque jour vous êtes arrivé. C'est-à-dire que chaque jour, vous pouvez vous réjouir de ce que vous avez été, de ce que vous avez fait, car il n'y a pas de résultat à atteindre. C'est la voie, c'est le chemin qui est le but. La paix émerge de l'intérieur et est ressentie à chaque instant lorsque vous vous respectez.

Prenons un exemple. Vous rencontrez un Être qui vous fait vibrer d'amour. Vous choisissez de former un duo amoureux. Vous vivez ensemble maintes expériences. Puis, vient la question : « Y a-t-il un moment, dans notre duo amoureux, où nous pouvons nous dire : voilà, nous sommes arrivés ; nous pouvons nous réjouir de ce duo ? » Nous vous répondons : « Bien sûr, ce moment existe : chaque jour, à chaque instant. »

Là, vous comprenez mieux, n'est-ce pas ?

Ce que je comprends, c'est qu'il faut voir le parcours de toute une vie comme une relation amoureuse, mais avec soi. C'est ça ?

Voilà, vous avez compris. Avec votre amoureux, vous ne voulez pas construire, encore et encore, pour qu'un jour, dans dix, vingt, trente ou cinquante ans, vous puissiez vous asseoir et vous dire : « Voilà, nous avons atteint un duo amoureux et nous pouvons nous en réjouir. » Vous voulez chaque jour être dans la joie de ce duo amoureux et que toutes les activités servent votre relation. Vous voulez qu'à tout moment de votre journée, vous puissiez prendre une seconde, une minute ou tout le temps que vous voulez, pour vous dire : « J'aime cet Être et je m'aime aussi dans ce duo amoureux », quelles que soient les activités. Si vous avez un projet comme celui de construire une demeure avec votre partenaire amoureux, vous voulez être en amour chaque jour, et non pas simplement lorsque la demeure sera construite, n'est-ce pas ?

Évidemment.

Si vous voulez procréer, vous voulez être en amour maintenant, et non pas simplement lorsque l'enfant sera né. Il en est de même pour toute votre vie. Que vous puissiez chaque jour vous réjouir de votre vie, quels que soient les événements, les situations. Votre question est essentielle, car elle amène la plus spirituelle des réponses.

En résumé, la période de la cinquantaine est le début d'une deuxième phase de vie qui invite l'Être à une véritable renaissance. Il doit s'alléger, se détacher de ce qu'il a accumulé du passé et qui pèse sur lui. Il peut ensuite poser les assises de sa nouvelle vie, en choisir la nouvelle orientation, les valeurs et les structures. Il met en place de nouvelles activités qui, tout en étant une expression de lui-même, servent davantage la collectivité ou l'humanité, ou les deux. Il fait en sorte que ses talents, non déployés, puissent s'exprimer. Il choisit un lieu de vie qui correspond à sa nouvelle façon d'être et de vivre. S'il résiste à cette pulsion de vie, son vieillissement s'accélérera et sa santé sera plus vulnérable.

Fort de son expérience de la première phase de sa vie, il est invité à édifier une nouvelle vie, joyeuse et lumineuse, qui lui ressemble vraiment. Les choix de cette période influenceront tout le reste de sa vie.

Chapitre 11

Le début de la soixantaine (60-65 ans)

La fin de la cinquantaine a été marquée par un intense passage de remise en question pour l'Être. Une épuration importante de ce qui ne lui correspond plus lui a permis de se dégager de ses fausses croyances. Certains éléments, par contre, même s'ils correspondent à sa première phase de vie, continuent d'être importants pour lui. Puis, d'autres valeurs qui le font vibrer, d'autres façons d'être et de faire ont été découvertes ou redécouvertes durant les dernières dix années. L'Être va donc rassembler tout ce qui a du sens pour lui, tout ce qui l'inspire pour créer la prochaine grande phase de sa vie.

S'il a pu vraiment éclairer ses idéaux, cela le stimulera dans la continuité de sa vie, car dans la première phase, soit les premières cinquante années, il y a eu beaucoup de buts, d'objectifs à atteindre. Mais dans la deuxième phase, ce sont ses idéaux qui vont beaucoup plus l'animer. À partir de ses idéaux, il va mettre en place une façon de vivre à travers des activités, des relations, des lieux de vie et les objets qui l'entourent et qui ont du sens pour lui. Dans ce nouveau contexte, bien sûr, il aura l'impression d'être un peu plus le créateur de sa propre vie.

C'est ainsi que l'Être entre dans une nouvelle période de sa vie. Présent à lui-même, il va ici se rendre compte qu'il peut aussi s'ouvrir à de nouveaux aspects de qui il est. Tout comme la cinquantaine correspond à une renaissance et à l'enfance d'une nouvelle phase de vie, la soixantaine en est l'adolescence.

L'adolescence à 60 ans, c'est prometteur!

Certes, parce qu'il y a à la fois des envies de se déployer, mais aussi des limites qui peuvent être physiques, matérielles ou même spirituelles, tout comme l'adolescent réalise qu'il a des limites. Mais à 60 ans, l'Être a acquis plusieurs expériences, plusieurs connaissances et une certaine sagesse qui favorisent son entrée dans une nouvelle vie.

À cette étape, il aura des envies d'aller dans beaucoup d'actions, si son corps physique est encore fort et souple. Mais quelquefois, le corps ne suit pas parce qu'il l'a négligé, et s'il est très fatigué, il voudra se retirer. Toutefois, s'il a pu conserver une vigueur physique et psychique, il aura le goût de se déployer. Il aura vraiment envie d'aller vers différents projets, comme des envies de voyager ou de partager ses connaissances avec les autres, par exemple.

Au début de la soixantaine, non seulement il a envie de découvrir le monde comme un adolescent, mais il a aussi envie de partager ce qu'il retrouve et ce qu'il a compris depuis le début de sa vie. Il devient à la fois l'étudiant et le professeur. La communication et les nouvelles relations l'animeront, mais s'il résiste à cet appel, son vieillissement s'accélérera.

Ainsi, certains développeront des projets de diffusion, d'enseignement de leurs connaissances. Ils s'intéresseront à mettre en images ou en livres des récits de leur parcours, non seulement passé mais présent. Il y a une forme d'effervescence, d'envie de transmettre, de communiquer. Chacun à sa façon, bien sûr. Les Êtres n'ont pas tous envie de devenir de grands enseignants devant des foules, mais ils veulent néanmoins communiquer avec leur environnement. Ils ont le désir de vivre intensément, et ce n'est pas la performance qu'ils recherchent, mais plutôt le partage qui les amène dans une forme de communion. Ils vont ressentir davantage la vie en communiant, en communiquant.

Alors, si l'Être vit des fatigues, si son corps ou sa psyché est plus usé, il a souvent envie de se retirer. Là, il y a un piège important.

Lequel?

Le piège de l'arrêt du mouvement, qui est un arrêt d'évolution. Il faut qu'il y ait une continuation dans le mouvement, c'est-à-dire que l'Être continue d'être réceptif, d'émettre, de se transformer. Il doit avoir l'envie que tout circule, que tout continue à changer.

Le retrait et le besoin que tout se stabilise font en sorte qu'il y a un vieillissement prématuré. Rappelez-vous que la circulation, le mouvement permet la régénérescence, tant sur le plan physique que psychique. Tant qu'un Être est actif physiquement, intellectuellement, énergétiquement et spirituellement, il assure sa jeunesse. Bien sûr, il y a une usure naturelle avec le temps. Toutefois, lorsque l'Être arrête de se nourrir, tant sur le plan intellectuel que spirituel, et de nourrir les autres de sa contribution, cette usure est accentuée.

C'est classique dans notre monde moderne de voir des gens, surtout des hommes, tomber malades et mourir dans les mois et les années qui suivent la retraite. On entend souvent, d'ailleurs : « Mon Dieu, il venait de prendre sa retraite. » Est-ce que c'est l'arrêt du mouvement qui provoque le départ précipité?

Sous un angle, oui. Mais il ne faut pas interpréter l'arrêt du mouvement comme un arrêt du mouvement physique. Nous parlons d'un mouvement global, à la fois physique, psychique et énergétique.

Faisons une analogie. Si vous utilisez un véhicule de façon régulière, toutes les pièces, tous les éléments du véhicule sont en mouvement. Les huiles sont en mouvement aussi, favorisant vraiment l'équilibre et l'harmonie du véhicule.

Certes, plus il est en mouvement, plus il y a une usure. Toutefois, arrêtez votre véhicule pendant un bon moment et vous allez vous rendre compte que rapidement, il y a une autre forme de détérioration.

Observez une maison. Vous vivez dans votre maison. Vous sentez la vie, vous la nourrissez de votre propre vibration. Votre maison est vivante, elle vous nourrit. Bien sûr, il y a une usure. Vous voyez bien que les parquets, la structure et les murs s'usent par l'usage. C'est normal. Quittez votre demeure pour une année, pour deux années, laissez-la sans habitants. Est-ce que la demeure arrête de s'user ? Non. Vous observerez même qu'elle semble se détériorer plus rapidement, n'est-ce pas ? Il n'y a pas de vie. Et lorsqu'il y a un ralentissement de la vie, le rythme de détérioration s'accroît vraiment.

Il en va de même pour les Êtres humains. Lorsque l'Être s'engage dans des activités, il y a une stimulation et l'énergie circule en lui. Quelquefois trop ! Vous le constatez bien dans vos sociétés actuelles : la performance crée des tensions, des stress, et l'Être doit se rééquilibrer. Toutefois, s'il s'arrête, cela ne fonctionne plus non plus.

Appliquons notre exemple au corps humain. Imaginons que vous utilisiez beaucoup votre bras pour effectuer un certain mouvement. Vous constatez une usure, une friction dans votre coude, et une douleur vous indiquera peut-être que vous surutilisez votre bras. Pendant un moment, vous allez donc détendre votre bras pour que les cellules affectées puissent se réparer, guérir. Puis, par la suite, vous en faites une utilisation qui est plus équilibrée. Maintenant, arrêtez de bouger le bras. Ne bougez plus votre bras pendant un très long moment, et vous vous rendrez compte que l'articulation se détériore et qu'après un certain temps, vous aurez de la difficulté à bouger. C'est simple. Tous les Êtres comprennent cela. Arrêtez de marcher pendant plusieurs jours et vous allez vous rendre compte que vous aurez de la difficulté à marcher par la suite. Les muscles s'affaissent, les articulations semblent se souder.

À l'opposé, si vous utilisez trop votre corps, vous vous usez aussi. Alors, lorsque les Êtres parviennent à cette étape de vie, soit le début de la soixantaine, ils constatent qu'il y a un peu d'usure. Rappelez-vous que cette usure est souvent augmentée par des tensions du système nerveux beaucoup trop importantes qui, elles, sont le produit de votre recherche de performance. Ou c'est le produit de l'identification au personnage en vous qui veut exister et des frustrations que cela crée. Et nous revenons au point de départ, c'est-à-dire au conflit avec vous-même, à l'espace de non-paix créé par la division entre l'Être véritable et le personnage.

Cependant, s'il y a eu une usure plus intense, un vieillissement prématuré, bien sûr que les Êtres sont appelés à se rééquilibrer, c'est-à-dire à réduire l'intensité pour répondre à ce que leurs corps physique, émotionnel et mental demandent. Il est bien intéressant, à toutes les étapes de la vie, que les Êtres puissent entrer dans un processus d'auto-guérison, mais il est surtout très important à cette étape-ci de ne pas enregistrer que la fin s'en vient. Et même s'il y a une usure, il est essentiel de rester en mouvement. Un mouvement physique, bien entendu, mais aussi un mouvement d'énergie, une implication de l'Être. L'Être doit s'impliquer dans sa propre vie en répondant à ses élans et en faisant taire les peurs qui l'ont jusqu'à maintenant déjà beaucoup limité et emprisonné. Trop souvent, à cette période, des Êtres écoutent davantage leurs peurs et enregistrent les peurs collectives. Des programmations concernant la vieillesse les assaillent et détruisent ce qu'ils voudraient être et faire. S'impliquer signifie oser offrir les fruits de ses expériences pour collaborer à l'équilibre et à l'harmonie de la collectivité. Ainsi, au début de la soixantaine, l'une des activités créatrices les plus naturelles est la communication aux plus jeunes, comme aux plus âgés, d'oser créer sans crainte du jugement. Cela peut se manifester dans le concret par des consultations, de l'aide directe ou une forme d'enseignement, par exemple.

Rappelez-vous que pour conserver un équilibre physique, psychique et spirituel, l'Être humain doit également donner place dans sa vie à des moments de ressourcement. Qu'est-ce que cela signifie ? Cela signifie des moments où il se ressent lui-même et où il ressent la vie, par la méditation ou la contemplation. Il va communier avec la vie pour en être inspiré. Il y a des moments, donc, d'inspiration, de ressourcement, puis des moments d'expression, de création, d'action, d'expiration. Tout cela est naturel, tout comme le mouvement naturel de la respiration, avec l'inspiration et l'expiration.

Pouvez-vous nous donner un exemple ?

Imaginons qu'un ouvrier veuille aller vers un nouveau métier, installer des toitures sur les demeures, par exemple. Il va d'abord observer le travail des Êtres expérimentés pour obtenir certaines informations, puis il ira vers la pratique. Dans la pratique, il peut se rendre compte qu'il y a des techniques qu'il ne connaît pas. Il va donc de nouveau aller chercher de l'information pour connaître ces façons de faire. Puis, il retourne vers l'action. En expérimentant ces techniques, il peut se rendre compte qu'il ne connaît pas tous les matériaux. Alors, il va encore chercher de l'information, puis essayer différents matériaux. Et il réalise que les matériaux réagissent différemment aux techniques. Il retourne apprendre différentes techniques pour différents matériaux.

Que fait l'Être, dans cet exemple ? Continuellement, il est dans un mouvement entre le ressourcement, l'acquisition de connaissances (c'est-à-dire l'inspiration) et l'expérience, la création (c'est-à-dire l'expiration).

Dans l'ensemble de votre vie, il en est ainsi. Il y a des moments pour accueillir, ressentir, retrouver la sensation de vous-même pour vous assurer que vous êtes bien inspiré par vos idéaux, par votre pulsion de vie, et aussi inspiré par tout ce qui existe, notamment la nature et les autres Êtres. Vous allez méditer, contempler, prendre des moments pour être présent à vous-même. Puis, il y a les activités de création où vous œuvrez, où vous créez.

Ainsi, à cette période de la vie, alors que vous voulez souvent ralentir le rythme pour respecter l'usure de votre corps, soyez vigilant. N'arrêtez pas le mouvement physique, intellectuel, émotionnel, spirituel et énergétique. Donnez-lui une forme plus équilibrée, plus harmonieuse, certes, mais continuez. Cela signifie, de façon claire, de vous impliquer. Vous pouvez vous impliquer différemment, avec moins de tensions, mais en conservant une intensité, qui est le mouvement énergétique. Lorsque vous vous impliquez, l'intensité est associée à l'envie profonde qui vous anime, la passion même. Soyez passionné. Non pas une passion déséquilibrante, mais une passion dans le sens d'intérêt intense. Cela fera en sorte que vous serez plus en équilibre et qu'il y aura plus de joie.

Un autre piège qui guette les personnes entrant dans la soixantaine est de négliger certains aspects de leur vie, parce qu'ils croient qu'il est trop tard pour les rééquilibrer.

Nous ne saurons insister suffisamment sur tous les éléments de l'équilibre d'une vie. Il y a des éléments physiques, d'autres qui sont émotionnels, d'autres d'ordre mental, d'autres spirituels. Tous les éléments doivent être harmonisés. Vous ne pouvez pas simplement vous centrer sur votre corps physique. Vous ne pouvez pas non plus vous centrer seulement sur l'intellect ou la spiritualité. Pour être en santé, il faut que tous les éléments soient équilibrés.

À 60 ans, vous sentirez donc en vous une envie de continuer d'être actif, impliqué. La fatigue, qui fait en sorte que plusieurs Êtres veulent se retirer, doit être comprise comme une usure ou une surutilisation. Elle peut inviter les Êtres à un moment de repos pour, par la suite, reprendre de véritables activités de façon plus équilibrée. Soyez actif.

Est-ce que ça veut dire qu'on peut rêver d'une activité professionnelle passionnante, passé le cap de 65 ans?

Bien sûr. Votre question est juste. Lorsque nous parlons d'action, nous entendons le déploiement de vos talents, de vos qualités profondes. Par exemple, si, au plus profond de vous, vous êtes un communicateur ou un animateur, nous vous parlons d'activités de communication et d'animation. Si, au plus profond de vous, vous êtes un enseignant, nous vous parlons d'activités d'enseignement. Si, au plus profond de vous, vous êtes un Être qui accompagne les Êtres dans leur guérison, alors que ce soit des activités en ce sens.

Lorsque nous disons « action », nous ne parlons pas, ici, de loisirs ou de moments sociaux agréables. Tout cela est intéressant, par ailleurs, et favorise la communion. Toutefois, être actif signifie plutôt un véritable déploiement de l'Être pour favoriser l'utilisation de ses qualités, de ses dons. Pourquoi? Pour la joie! Et pour la communion. Rappelez-vous que ce qui crée la joie chez un Être, c'est le fait d'utiliser ce qu'il est véritablement. Bien sûr, il y a des activités sociales qui lui permettent beaucoup de communion. Toutefois, s'il n'y a que des activités sociales, il sentira qu'il n'est plus utile, ni à lui-même ni à son environnement. S'il n'est plus dans une véritable évolution sur le plan socio-spirituel, alors il va ressentir une lourdeur. Il faut qu'il se sente créateur, utile, en évolution, pour vivre la joie et la sensation d'être uni.

De cette façon, plus il avance en âge, plus il y a de l'usure, et plus il équilibrera ses activités de création. Vous savez, un Être qui est un enseignant, par exemple, peut jusqu'à la fin de sa vie transmettre des enseignements aux plus jeunes autour de lui, tout simplement. Un autre qui est un soignant peut offrir aussi des soins par sa vibration, par son regard, par son sourire, par ses paroles. Un autre qui est un animateur mais qui, vers la fin de sa vie, a de la difficulté avec son corps, peut tout de même animer à partir de ses suggestions, de ses propositions ou de son regard expérimenté. Si un Être continue, sous forme de paroles ou d'écriture, à s'exprimer et à transmettre ce qu'il a expérimenté, ce qu'il a compris ou ce qu'il y a encore à comprendre pour lui, il continue d'être utile et de se sentir créateur jusqu'à la fin de sa vie.

Vous avez parlé d'autoguérison au début du chapitre. Je comprends que le sujet pourrait faire l'objet d'un livre en soi, mais ce serait intéressant d'expliquer aux gens comment fonctionne l'autoguérison. Est-ce possible ?

Pour bien comprendre l'autoguérison, il faut que les Êtres conscientisent l'autodestruction et le sabotage. La santé physique et psychique est le fruit de l'énergie qui circule librement dans l'Être. L'énergie qui circule librement signifie que l'Être utilise ce qu'il est. Il utilise son corps, il utilise son intelligence, il utilise son énergie de façon harmonieuse. Dès qu'il y a une surutilisation ou une sous-utilisation, il y a une sensation de malaise. C'est tout simple. S'il y a une trop grande tension provoquée par trop de travail ou par un conflit entre deux personnes, par exemple, l'Être sent un malaise. Cela signifie que l'énergie ne circule pas bien à l'intérieur de lui. Il devra donc réduire une activité, clarifier ou pacifier une situation avec quelqu'un de son entourage, être à l'écoute des sensations dans son corps, des sensations provoquées par les émotions ou des tensions sur le plan intellectuel. Cela permet à l'Être de continuellement rééquilibrer sa vie.

Comment ? Il devra faire en sorte que ses activités et ses ressourcements l'amènent à ressentir que tout est fluide en lui. Ainsi, lorsqu'il sent des malaises, il devra bien les écouter pour modifier soit sa façon d'être, soit sa façon de penser, soit ses attitudes, ses humeurs, ses comportements et ses gestes. Il apporte des modifications jusqu'à ce qu'il ressente qu'il a retrouvé l'aisance, un confort. Plus il a été à l'écoute de cela depuis le début de sa vie, plus c'est simple pour lui. Lorsqu'il y a vraiment des inconforts, des maladies importantes, alors, plus que jamais, il aura à rétablir la circulation en lui et à créer la complicité avec son corps avec plus d'intensité.

Il faut comprendre aussi cette notion de complicité. Si l'Être n'a pas été à l'écoute des signaux, alors l'autoguérison passe par la complicité avec ses cellules, entre autres. Par exemple, vous avez mal au niveau de vos articulations, vous avez des douleurs arthritiques ?

C'est un exemple au hasard, bien sûr, même si c'est mon cas ! [rire]

Évidemment ! Vous savez qu'un réalignement est nécessaire dans votre vie, c'est-à-dire qu'il faut vous assurer d'aimer votre Être. Progressivement, vous faites des transformations dans votre vie pour être vivante et vibrante et vous respecter profondément. De façon physique, il vous faut être complice avec vos cellules, donc vous êtes amené à parler à vos cellules. Voyez-les vivantes, dansantes, lumineuses, et vous allez collaborer à votre guérison. Il ne s'agit pas simplement d'une visualisation des cellules qui se réparent. Il s'agit d'une véritable communication avec vos cellules.

Prenons un autre exemple. Imaginons qu'un Être ait des problèmes d'articulation aux genoux et qu'il ait de plus en plus de difficulté à marcher. Nous lui disons : « Parlez à vos cellules. Visualisez vos cellules en mouvement et en régénérescence, pour que les tissus se rajeunissent. » L'Être peut facilement avoir cette simple visualisation, mais ce ne sera pas suffisant. Il faut aussi qu'il soit à l'écoute de ses inspirations. Ses cellules peuvent bien se régénérer, mais elles vont aussi lui communiquer des changements qu'il doit apporter à son alimentation, par exemple, ou dans ses états, ses attitudes et ses comportements. Car son mal de genou est le produit de tout un ensemble d'éléments qui ne sont pas en harmonie dans sa vie. Alors, s'il ne fait que visualiser ses cellules, c'est mieux que rien, mais ce n'est pas cela qui le guérira totalement. Ce n'est pas suffisant.

Pour entrer dans un processus d'autoguérison, il vous faut aimer vos cellules, être à l'écoute de ce qu'elles transmettent à l'intérieur de vous. Vous allez vous rendre compte encore une fois de l'importance de l'intimité avec vous-même, à travers la méditation ou la contemplation, pour ressentir qu'il y a un appel à changer des façons d'être, des façons de faire, à répondre à qui vous êtes. Tout cela contribue à ce que l'énergie circule dans tout votre corps et aussi dans les cellules de votre genou.

Vu comme ça, on peut espérer faire de grandes choses dans la soixantaine, et même à 70, puis à 75 ans, et jusqu'à la mort, non ?

Certes, jusqu'à la mort, nous invitons les Êtres à rester actifs et créateurs. La création va se moduler en fonction de l'usure du corps. Toutefois, vous allez vous rendre compte que le corps s'use beaucoup plus progressivement et que tout l'accès à ce qui est plus subtil, c'est-à-dire le plan des sensations, des perceptions intellectuelles et énergétiques, ne fait que s'ouvrir davantage.

Ainsi, plus il y a une usure du corps et plus vous êtes disponible aussi à ressentir votre relation avec la vie subtile. Souvent, les Êtres ont l'impression que ce n'est que leur expérience qui leur permet de mieux savoir, de mieux comprendre, mais c'est plutôt l'ensemble de leur ouverture à la vie. Vous avez souvent pu observer comment les grands-parents semblaient mieux comprendre leurs petits-enfants, n'est-ce pas ?

Il y a souvent une complicité intéressante.

En fait, c'est que les Êtres qui sont demeurés actifs voient aussi leur capacité à ressentir le subtil s'intensifier. S'ils sont ouverts, bien sûr. Lorsque vous êtes fatigué, après toute une journée d'efforts physiques et psychiques, et que nous vous suggérons de vous détendre et d'écouter vos voix intérieures, vous les entendez mieux à ce moment-là que lorsque vous êtes stimulé à aller dans l'action, n'est-ce pas ? Il y a une ouverture provoquée par la détente. Il en est de même pour les Êtres qui avancent dans leur vie. Il y a bien sûr leur expérience, les retrouvailles de leurs idéaux, une forme de sagesse qui va émerger en eux. Mais il y a aussi, si l'énergie circule tel que nous l'avons proposé, une intensification de leur relation avec la vie sous toutes ses formes. Ils sentiront davantage l'expression de la vie sur cette Terre, ils auront davantage de perceptions. Ils seront souvent beaucoup plus réceptifs aux éléments subtils de la nature, tout comme s'ils avaient l'impression d'entendre les arbres parler, d'entendre le vent parler et, bien sûr, ils seront aussi plus disponibles à écouter leur Âme. Un dialogue intérieur peut alors s'installer pour préparer le départ.

Le début de la soixantaine est donc une période où tous les Êtres sont invités à reconnaître ce qu'ils peuvent offrir. Leur expérience leur permet d'être de sages conseillers pour les plus jeunes en les encourageant à être eux-mêmes. Leur empathie leur permet d'aider les plus âgés à continuer leur création pour se sentir utiles. La recherche d'équilibre dans tous les aspects de leur vie assurera leur santé.

Chapitre 12

La suite du parcours

La période qui vient après 65 ans peut être vécue de deux façons. Soit l'Être vit dans un merveilleux déploiement, inspiré par ce qu'il a enfin reconnu et ressenti de vibrant en lui, et libéré de ses attaches, de ses inhibitions, de ses contraintes et de ses peurs, soit il vit dans les malaises du moment et dans l'appréhension du futur. C'est à lui qu'il appartient de s'alléger mentalement, d'exprimer naturellement ses émotions et d'écouter les signaux de son corps pour profiter de cette deuxième phase de vie, plutôt que de la subir.

Les croyances collectives face à cette période de vie et le peu d'attention accordée véritablement aux Êtres qui la vivent contribuent à intensifier les angoisses des Êtres vieillissants.

Quelles sont les angoisses des personnes vieillissantes ?

Certes, nous avons déjà transmis l'importance pour les Êtres d'aller vers une autre forme de vie très active pour ne pas se retrouver en attente ou en observation du vieillissement. De tout temps, dans les différentes sociétés, on a établi dans la pensée collective qu'il existe une certaine espérance de vie, donc un âge associé au départ. Lorsqu'ils approchent cet âge, les Êtres anticipent leur départ. Cela a toujours été le cas. Votre société actuelle ne fait pas exception.

Au contraire, il y a même toute une industrie reliée à la mort.

Et bien que les Êtres soient en général en meilleure santé physique, il y a de grandes maladies et de grands déséquilibres psychiques qui font en sorte que, souvent, ils vieillissent difficilement. Plus l'Être sera dans un mouvement créateur, même si son rythme extérieur est un peu réduit, plus il sera en santé. Mais lorsqu'ils ressentent les signes du vieillissement, plusieurs voient aussi l'angoisse se présenter.

Nous vous rappelons que les signes du vieillissement sont des signes physiques ou émotionnels qui indiquent à l'Être qu'il ne respecte pas totalement ses besoins. Ces signes commencent à se présenter au tout début de la vie, dès qu'il commence à creuser un écart avec son Être véritable. Lorsqu'il ne les a pas écoutés, bien sûr qu'il pourra y avoir une usure prématurée du corps. Les Êtres humains ont la capacité de vivre bien au-delà de cent années sur cette Terre. Les abus font en sorte qu'il y a des difficultés et, lorsque le vieillissement commence à se présenter, différentes peurs créent l'angoisse.

Il est important de comprendre ces peurs pour, d'une part, réduire le rythme de détérioration, de dégénérescence, et d'autre part, pour être plus serein durant cette période de vieillissement. Nous insistons pour que vous entendiez que la période de la sixième décennie vers le premier centenaire n'est pas, de façon naturelle, une période de vieillesse. Mais le conflit personnel intérieur, les tensions importantes sur le système nerveux des Êtres humains et leurs habitudes quant à leur nourriture physique, émotionnelle et intellectuelle, qui ne sont pas totalement respectueuses des besoins du corps, provoquent ce vieillissement prématuré.

Ainsi donc, une des peurs qui créent l'angoisse est la peur de mourir. La peur de la mort peut être entendue d'abord comme la peur de souffrir avant le passage ou même durant le passage.

Il me semble que ça peut être plus que ça aussi. La peur de ne plus être là, entres autres pour ses proches, encore plus que celle de souffrir, par exemple ?

Certes, nous y allons, chère Âme, par étapes. Alors, nous disons que chez une proportion importante d'Êtres, il y a la peur de souffrir, physiquement, psychiquement ou psychologiquement. Plusieurs associent la détérioration du corps à la vieillesse, donc ils voient comme normaux les maladies ou les inconforts qui se poursuivent jusqu'au passage de la mort. D'autres, par contre, bien que leur corps vieillisse, avancent en âge de façon assez équilibrée. Ils peuvent toutefois craindre la solitude ou la perte de la mémoire, qui sont aussi des souffrances, puisqu'elles sont des pertes de relation avec la vie. Ces peurs provoquent bien sûr des angoisses de plus en plus importantes chez les Êtres.

La peur de la mort, sous un autre angle, est aussi celle de ne plus exister. Cette peur de ne plus exister prend sa source dans le besoin de reconnaissance. Nous vous avons déjà dit que, durant la grossesse, le besoin de reconnaissance de l'Être est son premier besoin. Non pas le besoin d'un statut social ou de reconnaissance de ses qualités, mais celui de son appartenance à une grande famille universelle. C'est le besoin universel qui fera naître par la suite sa recherche d'amour.

Le besoin de reconnaissance est en soi comblé par une sensation intérieure d'être non seulement un corps, mais aussi une Âme et un Esprit dans l'Univers. La réponse à ce besoin va ainsi dissoudre la peur de ne plus exister. C'est cette même peur de ne plus exister qui va souvent amener des Êtres à craindre les espaces méditatifs et les moments d'intériorisation dans lesquels ils « n'existent plus », du moins en fonction de stimulations extérieures, mais durant lesquels ils existent en fonction de la sensation de la vastitude ou bien de sensations vibratoires de leur Être.

Tant d'Êtres, pour des raisons dont ils n'ont pas à se culpabiliser mais qu'ils ont à comprendre, vivent cette vie en fonction de l'extérieur uniquement, en faisant fi du monde subtil et spirituel. L'extérieur est important, puisque l'Être veut s'unir à tout ce qui existe au-delà de lui-même. Toutefois, pour y parvenir, il devra aussi s'unir à lui-même, sentir qu'il existe, qu'il a en lui une pulsion de vie, une envie de vivre, une envie d'être, et qu'il a une individualité propre. Il devra aussi vivre cette sensation d'exister dans le Tout que lui procure la méditation.

Or, si l'Être, en se projetant dans des espaces plus subtils, a l'impression de ne plus exister, il va les craindre et chercher l'union toujours à l'extérieur de lui-même. Et ainsi, lorsqu'il voit se présenter bientôt la fin de la vie sur cette Terre et qu'il a vécu en fonction de l'extérieur, il est tout à fait normal qu'il ait des craintes.

Parce qu'il a toujours existé en fonction du regard des autres ?

Certes, du regard des autres, de la vie extérieure, même aussi en fonction des lieux, des biens, des objets auxquels il s'identifiait et tout le reste. Alors, dans ce cas, il n'y a pas eu de vie intérieure, ou bien elle n'a pas été très riche. Plusieurs Êtres vont centrer leur vie intérieure sur les émotions, mais les émotions sont aussi créées par leur relation avec l'extérieur ! En d'autres termes, plusieurs Êtres n'ont comme vie intime vibratoire intérieure que les émotions. Cela les ramène aussi à la vie terrestre. De toute leur vie sur Terre, ils n'ont pas créé ou recréé une relation consciente avec leur Source. Alors, la mort, qu'ils appréhendent, constitue une fin de leur existence. Et même s'ils croient en un paradis après la mort, ils peuvent vivre ces pressions avant le passage, bien que, dans une voie religieuse, la croyance en une vie après la mort puisse permettre de calmer certaines angoisses. Toutefois, si cette vie après la mort est encore perçue comme quelque chose à l'extérieur d'eux, la diminution des angoisses ne sera que partielle. C'est donc un parcours qui peut être fort difficile. C'est comme si nous vous disions : « Bientôt, vous n'existerez plus. » Alors, non seulement vous avez peur de ne plus exister, mais cette peur va influencer de façon négative le moment actuel où vous existez encore.

À partir de l'instant où l'Être se sent vieillir et porte cette peur, sa vie se détériore de façon importante et sa qualité de vie aussi. Nous lui proposerons d'enrichir sa vie intérieure afin de se rendre compte qu'il existe. Ainsi, si son corps ou sa mémoire est moins vivace, sa lumière intérieure et son envie d'aimer, elles, le demeurent. Il n'est jamais trop tard pour vivifier, intensifier sa vie intérieure, ce qui permet à l'Être de mieux ressentir et découvrir une vie universelle, donc de comprendre qu'il se dirige vers une autre vie.

On se suit bien?

Y a-t-il d'autres peurs?

Une autre peur qui est importante et qui crée des angoisses est celle d'avoir raté sa propre vie, en tout ou en partie. En d'autres termes, nous dirons que c'est une insatisfaction partielle de sa vie. Or, l'insatisfaction de soi, de sa création, de sa façon d'être et d'agir peut exister depuis la naissance. Vous pouvez être insatisfait de votre vie jusqu'à ce jour. Plusieurs Êtres, lorsqu'ils sentent les signaux du vieillissement de plus en plus intenses et en éprouvent les effets de façon plus importante, ont l'impression qu'il y a de moins en moins de temps pour répondre à leur élan de vie. Plusieurs ont l'impression qu'il est trop tard, surtout que l'angoisse, associée à la peur de mourir, va altérer aussi leurs états intérieurs.

À partir de l'instant où l'Être inscrit en lui la croyance, et même la conviction, qu'il est trop tard pour réussir sa vie, il y a une angoisse très importante. Parce que, bien sûr, qu'il en soit conscient ou non, il est venu sur cette Terre pour se déployer à partir de ses dons et collaborer à une création commune.

Cependant, nous dirons à tout Être qu'il a réussi sa vie, puisqu'il en a vécu l'expérience. C'est le chemin qui est important. Il n'a peut-être pas été conscient de tout ce qu'il pouvait créer et de tout ce à quoi il pouvait collaborer. Mais il a été dans l'expérience et chaque situation qu'il a attirée à lui, qu'il a créée, a été l'occasion de prendre conscience de ce qu'il était. S'il ne le faisait pas, d'autres situations se présentaient. C'est un parcours.

Vers la fin de leur existence, les Êtres doivent se conscientiser du fait qu'ils ont suivi le chemin comme ils le pouvaient. Vous vous rendez compte souvent que plusieurs, vers la fin de leur existence, expriment ce qu'ils changeraient de leur vie s'ils pouvaient recommencer. Parmi ces changements, vous constatez qu'il y a surtout des regrets de ne pas avoir passé plus de temps à sentir et à déguster la vie, avec les autres et dans la nature. Plus l'Être s'approche d'un éventuel départ, moins il a envie de performance, moins il a envie de recommencer sa vie dans une carrière différente pour obtenir des reconnaissances sociales, ou même affectives, et plus il a envie de vivre intensément dans l'union avec la vie.

Est-ce un des enseignements qu'ils ont justement à livrer aux plus jeunes?

Certes, cela est un message important, essentiel aux autres Êtres qui ne sont pas à cette étape de la vie. Et c'est pourquoi nous disons souvent que tous les Êtres ont un message à livrer aux autres, jusqu'à leur départ. Alors, ajoutons que la peur de ne pas réussir sa vie est aussi associée à une croyance que la réussite ne peut être qu'extérieure selon un rythme social intense et imposé. Un propos philosophique, la poésie ou l'enseignement, par exemple, sont pourtant une collaboration majeure à ce monde. Les Êtres qui ressentent le vieillissement et qui se préparent au départ ont beaucoup d'expérience et de connaissances. Ils ont aussi beaucoup de sensations. Même s'ils n'ont plus les mêmes habiletés, même s'ils n'ont plus la même vitesse d'action ou de réaction, leur faculté de ressentir et de percevoir n'est pas nécessairement réduite. Certes, elle l'est pour certains, particulièrement lorsqu'ils se sabotent eux-mêmes en ne reconnaissant pas ce qu'ils sont. Par contre, chez d'autres qui se reconnaissent, il y a une réceptivité très importante.

Plus grande que lorsqu'ils étaient jeunes ?

Elle peut être plus grande, parce qu'il y a plus d'expérience. D'une part, ils ont pu explorer davantage leurs capacités de réceptivité et, d'autre part, ils sont généralement moins pressés par l'action extérieure. Ils sont donc beaucoup plus disponibles pour recevoir.

Nous tenons toutefois à transmettre à ces Êtres qu'il est important qu'ils puissent équilibrer la réceptivité et l'émissivité, c'est-à-dire qu'ils reçoivent autant qu'ils émettent. Cela dit, ce qu'ils émettent, ou leur création, peut être d'un autre ordre. Plus l'Être est réceptif, plus l'Univers peut s'ouvrir à lui. Ce n'est pas ce que ressentent la majorité des Êtres, qui voient plutôt leur relation avec la vie se refermer. Leur univers semble se réduire. Pourtant, lorsque l'Être s'accorde de l'attention et de l'amour, il est sensitif, perceptif, et son regard peut être une « claire-vision » de ce qui existe sur cette Terre. Il peut aussi s'ouvrir à des plans subtils et, à ce moment, devenir un guide et un enseignant. De façon naturelle, les Êtres qui se dirigent vers le départ sont des sages et des guides.

N'est-ce pas ce que plusieurs sociétés ancestrales reconnaissaient d'emblée, et qu'on ne reconnaît plus aujourd'hui dans la nôtre ?

Bien entendu. Si les Êtres perdent des facultés physiques ou intellectuelles (nous disons bien « si », car ce n'est pas normal ni obligatoire), cela ne signifie pas qu'ils perdent leur nature et leur essence. Ils sont importants et peuvent contribuer par leur vision et tous leurs autres sens qui captent de façon encore plus ample ce qu'est la vie et ce qu'est l'Univers. D'une part, la société – l'ensemble des Êtres humains – doit reconnaître la potentielle sagesse des aînés, et d'autre part, les aînés doivent s'autoriser à exister et à continuer d'être en mouvement, donc ne pas être dans l'attente du départ.

Il y a là souvent, dans vos sociétés, un cercle vicieux. Les plus jeunes considèrent leurs aînés comme inhabiles, inadéquats, inefficaces. Ils sont de ce fait de moins en moins en relation avec eux. Quant aux aînés, à qui l'on fait de moins en moins confiance, ils ont de moins en moins confiance en eux. Il faut que l'ensemble se transforme.

Les aînés, qui comprennent ce que nous entendons par « peur de rater le rendez-vous avec eux-mêmes », sont aussi appelés, comme tout Être humain depuis son adolescence, à écouter la pulsion de vie à l'intérieur d'eux. Cela signifie écouter la voix intérieure qui leur traduit ce qu'ils sont venus faire et quels sont leurs dons. Si, à 20 ans ou à 30 ans, vous aviez un talent particulier pour animer, pour soigner, pour faire des recherches scientifiques ou encore pour un travail manuel, eh bien, à 80 ans, à 90 ans ou à 100 ans, votre essence est toujours la même. Vous ne vous déploierez pas de la même façon extérieurement, mais vous pouvez avoir la même intensité intérieure. Vous pouvez ressentir la même envie d'animer, la même envie de faire des recherches. Toutefois, vous pouvez les faire à votre mesure, et surtout, vous pouvez être un guide pour les plus jeunes qui ont choisi ces voies que vous avez suivies.

En somme, c'est un changement dans les relations humaines qui est nécessaire. La vie sur cette Terre sera de plus en plus longue. Il y aura non seulement deux grandes phases de vie, mais progressivement, une troisième phase va s'ajouter. Jusqu'à maintenant, les gens pouvaient se dire : « Il y a une première phase de la naissance en passant par la croissance jusqu'au déploiement très créateur, puis une deuxième phase davantage associée à la dégénérescence et au vieillissement. » Comme si vous faisiez l'ascension d'une montagne, puis la descendiez. Or, vous vous rendez compte par nos propos qu'il y a une première phase de vie, aussi associée à la croissance de l'Être et au développement de son expression créatrice. Puis, une deuxième phase s'amorce, plus associée à un choix de vie équilibré où les Êtres sont actifs, beaucoup plus en relation avec leur mandat de vie, ce qu'ils sont venus exprimer sur cette Terre. Enfin, une troisième phase se présente, qui est la phase de la sagesse où les Êtres vont servir de guides.

Va-t-on vivre jusqu'à 150 ans pour faire tout ça, si on calcule actuellement qu'on peut vivre jusqu'à 100 ans ?

Pas nécessairement, bien que cela soit possible à moyen terme. C'est simplement que la phase médiane sera plus ou moins longue. La période de croissance durera encore cinquante années, et puis il pourra y avoir par la suite trente, quarante, cinquante, soixante, cent années d'un mouvement créateur harmonieux équilibré, et une dernière phase de sagesse et de guidance.

Cela n'a pas de sens d'oublier les personnes âgées. Il faut vraiment un accord commun, c'est-à-dire que les cadets comprennent que les aînés portent une expérience, des connaissances, et surtout une envie de vivre et d'être utile. Il faut aussi que les aînés comprennent qu'ils ne sont pas des Êtres diminués. Même si certaines de leurs facultés le sont, l'Être dans toute sa beauté et sa puissance ne l'est pas. Son envie d'amour, son envie d'union est intacte. On se suit bien, chère Âme ?

Ça renforce le besoin d'une réflexion profonde à ce sujet.

Voilà comment les peurs peuvent se résorber, et les angoisses aussi. Pour diminuer la peur de la souffrance, tous doivent être beaucoup plus conscients de leur santé tout au long de leur vie. Ils doivent aussi mieux accueillir les signaux que leur envoient leur corps et leur psyché, qui les invitent à un rééquilibre continu sur le parcours, ce qui passe souvent par la nourriture. De quoi se nourrissent les Êtres physiquement, psychiquement et spirituellement ? Puis, le rééquilibre passe par le respect. Il faut respecter le corps par un mouvement continu, afin qu'il garde sa souplesse et son tonus. Respect également de la psyché et de l'énergie qui doit être utilisée, être en mouvement, car ce qui n'est pas utilisé ou qui ne l'est pas suffisamment se bloque, se détériore.

Quand vous parlez d'énergie, que voulez-vous dire ?

Nous vous parlons d'être vivant, énergique. Nous parlons aussi de tous les pouvoirs des Êtres, soit les pouvoirs énergétiques de guérison, de création et, bien sûr, leurs capacités de réception du subtil. Ainsi, pour que les Êtres soient en santé et qu'ils arrivent à dissoudre la peur de souffrir ou de ne plus exister, ils ont à créer une relation avec eux-mêmes et avec le subtil. D'autre part, pour diminuer et dissoudre la peur de rater leur vie, ils ont à être à l'écoute d'eux-mêmes, de ce qu'ils sont venus vivre, offrir et créer durant toute leur existence. Ils ont à faire en sorte qu'il n'y ait pas de fin à cela, c'est-à-dire qu'ils répondent toujours, durant toute leur vie, à la pulsion de vie, à l'envie de s'exprimer dans leur individualité. De cette façon, les angoisses vont diminuer, même se dissoudre chez les aînés.

Justement, parlant d'angoisses, on voit de plus en plus de dépressions chez les personnes âgées. Est-ce que les deux phénomènes sont liés ?

La dépression est différente de l'angoisse. Même si c'est de la même famille et de source similaire, la dépression, elle, est de plus en plus fréquente, non seulement chez les Êtres âgés, mais chez tous les Êtres humains. Cette maladie survient toujours quand l'Être ne voit plus quel est le sens de sa vie. Ce peut être par rapport à ce que vous faites comme travail, par rapport aux Êtres que vous fréquentez, à votre façon de vivre, à votre lieu de vie ou bien par rapport à la vie elle-même. Lorsqu'il y a une perte de sens, il y a d'abord des fatigues, puis des lassitudes, puis, par la suite, des dépressions.

Bien entendu, chez les Êtres âgés qui, comme nous l'avons dit, d'une part ont peur de ne plus exister et, d'autre part, croient qu'il est trop tard pour se présenter au rendez-vous avec eux-mêmes et ressentir leur vie, il y a presque nécessairement une perte de sens.

Voyez-vous, ils craignent la mort et, à la fois, ils ne se sentent plus aussi alertes. Ils craignent de ne pas avoir réussi leur vie, et ils ont l'impression par ailleurs de ne plus avoir toutes les capacités pour continuer à se déployer. Alors, ils ne savent plus quoi faire dans cette vie. De plus, ils sont souvent repoussés. Ils se sentent inutiles, mais à la fois, ils ont peur d'aller vers un autre monde. Cette vie, pour eux, perd donc de son sens, et il y a des dépressions.

Il est essentiel que dans la période de vieillissement, les Êtres continuent d'être créateurs. Leurs expressions créatrices ralentissent le processus de vieillissement et nourrissent la reconnaissance d'eux-mêmes et la sensation de collaborer encore à la collectivité. La société doit transformer sa vision et sa relation avec les Êtres qui avancent en âge. Il est si naturel de reconnaître leur beauté et de faciliter leur vie. Plutôt que de les rendre coupables de leur vulnérabilité, soyez à l'écoute de leur sagesse.

Vous avez l'impression qu'ils sont concentrés sur leurs déséquilibres et leurs souffrances. Ne serait-ce pas une façon inconsciente d'attirer votre attention?

Les Êtres vieillissants doivent communiquer par leurs paroles, leurs écrits et leurs actions ce qu'ils comprennent comme ayant du sens dans une vie. Ils doivent exprimer quelles sont pour eux les conséquences de ne pas se recon-naître soi-même, et les profondes joies à le faire. Ils ont à expliquer aux plus jeunes ce qu'ils ajouteraient dans leur vie, à la lumière de leur expérience, s'ils pouvaient le faire.

La société doit accompagner ces Êtres en leur offrant non seulement un environnement digne de leur apport sur cette

Terre et respectueux de leur vulnérabilité, mais aussi un milieu où ils sont en relation avec la vie quotidienne et dans lequel leurs expériences sont reconnues et leurs conseils, sollicités.

La qualité de la vie des Êtres âgés influence la qualité de la vie de toute l'humanité.

Chapitre 13

Préparation à la mort

Tous les Êtres humains se préparent à la mort, qu'ils en soient conscients ou non. Bien sûr, il faut entendre qu'ils se préparent à un changement de forme ou, plus clairement, à une autre vie. Durant toute leur incarnation, ils vivent des changements importants. Ils ont d'ailleurs pu expérimenter leur propre résistance au changement, leur résistance à l'inconnu. Ils ont aussi pris conscience de la notion de détachement, de la nécessité de lâcher prise pour aller vers l'inconnu et découvrir d'autres facettes de leur monde leur permettant d'exprimer d'autres facettes d'eux-mêmes.

Les Êtres ont pu également se rendre compte à quel point ils ont peur de la mort, peur de ne plus exister, ou peur de l'inconnu. Pourtant, se préparer quotidiennement à la mort permet une pacification, et c'est ce qui se produit tous les soirs quand vous vous endormez.

Ainsi, de façon toute naturelle, chaque Être humain se prépare au passage de la mort ou de la vie après la mort jour après jour, lorsqu'il s'endort. Chaque nuit est comme une autre vie dans un autre plan de conscience, dans une autre dimension. Nous pourrions nommer la nuit un « grand voyage cosmique parallèle ». Lorsque l'Être s'endort, jusqu'à un certain point il meurt à sa vie quotidienne. Bien sûr, son corps est toujours vivant. Il peut être considéré comme dans une forme de léthargie qui permet à l'Esprit de rencontrer la vie sous d'autres angles, dans d'autres dimensions.

Par analogie, nous dirions que, pendant que vous dormez, votre Esprit voyage. Durant ce voyage, il va rencontrer d'autres Êtres, d'autres Esprits et des lieux associés à cette Terre ou à d'autres dimensions. Durant ce parcours, il va vivre certaines expériences qui lui permettent de mieux comprendre sa vie incarnée, de mieux se comprendre lui-même et de mieux comprendre l'Univers.

Bien entendu, certains Êtres fort attachés, préoccupés, envahis ou submergés par leur quotidien, vivent des rêves créés par leur inconscient qui sont souvent des répétitions ou des continuations de ce qu'ils vivent dans la vie sur cette Terre. Toutefois, lorsqu'un Être est plus apaisé, moins troublé par ses soucis, et qu'il s'endort dans une intention de repos et d'expansion, le quotidien de sa vie terrestre va le délaisser pour lui permettre d'aller dans d'autres espaces.

Souvent, vous dites que « la nuit porte conseil », lorsque vous avez un choix à faire, n'est-ce pas ?

C'est une expression courante, mais est-ce vraiment le cas ?

C'est le cas. Mais pourquoi la nuit porte-t-elle conseil ? Évidemment, dans un premier temps, parce que vous pouvez vous détendre. Intellectuellement, vous pouvez vous apaiser. Cela est juste. Mais c'est aussi parce que l'Esprit libéré rencontre d'autres facettes de la vie et de l'Univers. Pendant ce passage cosmique nocturne, il se produit un nettoyage, certaines tensions peuvent se relâcher, et il peut même se produire des guérisons, sur le plan physique ou psychique. Ainsi, lorsque l'Être se réveille, en début de jour, nous lui proposons de concevoir ce moment comme une naissance. Qu'il accueille le jour levant comme une autre vie pour expérimenter ses dons, ses talents, ses qualités pour guérir ce qui l'accable. De la même façon, à chaque fin de jour, de nouveau, il meurt à cette vie pour aller vers d'autres expériences qui enrichiront sa vision et ses connaissances.

À partir de l'instant où un Être conçoit le sommeil comme une période de mort transitoire, il se prépare à la mort (ou à une autre vie, c'est la même chose) avec beaucoup plus de paix. Il se rend compte que, pendant la nuit, même si son identité au corps ou à l'incarnation n'est pas là, il continue à exister puis il renaît le lendemain.

Or, lorsqu'un Être va mourir, il en sera de même. Tout à fait de même. Son Esprit va quitter son corps, va vivre dans d'autres dimensions, d'autres plans de conscience. Il ira rencontrer la connaissance vaste, de nouveaux angles, pour renaître par la suite. Lorsque l'Être le ressent, qu'il comprend cela, la mort est alors moins mystique pour lui et moins oppressante.

Ça transforme le concept de finalité aussi.

Bien sûr, puisqu'il s'agit d'une continuation, d'un parcours duquel il renaîtra. Et lorsque l'Être renaît, en début de jour, il est généralement renouvelé, rafraîchi, réveillé. Il en est de même lorsqu'il se présentera de nouveau pour une prochaine vie sur cette Terre. Il y renaîtra renouvelé, rafraîchi, réveillé, et de nouveaux choix se présenteront à lui, bien que tout n'ait pas été résolu pendant la période entre les deux vies. Exactement comme c'est le cas durant la nuit. Même si vous êtes allégé, lorsque vous vous réveillez le matin, les consé-quences de vos choix passés sont toujours présentes. Vous pouvez les concevoir différemment, adopter une nouvelle perspective pour y faire face, moins les porter comme une charge, mais les effets sont présents. Il en sera de même lorsque vous allez vous réincarner.

C'est très intéressant comme analogie.

En comprenant cette comparaison, les Êtres se préparent véritablement à une autre vie. Il ne s'agit pas simplement de penser que vous mourez et que vous allez renaître au matin, mais plutôt de comprendre que vous mourez à cette vie pour renaître à une autre. La mort est un passage. Vous renaissez à une autre vie dans d'autres dimensions dont vous n'aurez pas tout le souvenir lorsque vous allez vous réveiller, mais vous saurez que vous avez existé.

J'aimerais comprendre où va l'Esprit quand on dort.

D'abord, sachez que l'Esprit, c'est vous, chère Âme, beaucoup plus que le corps. Alors, où va l'Esprit ? Il va dans différents plans de conscience. Il peut rencontrer l'Esprit d'autres Êtres qui dorment ou qui sont éveillés sur cette Terre. Il peut rencontrer des Esprits qui ne sont pas associés à des Êtres incarnés, et voyager dans d'autres dimensions où la vie se manifeste de façon totalement différente. Il va vivre des expériences : communion, communication, découverte.

Dans quelle phase du sommeil se passent ces rencontres ?

Pendant le sommeil profond, lorsque l'Être n'est pas envahi ou submergé par son quotidien. Par exemple, imaginons que vous soyez très, très identifié à ce que vous avez vécu durant la journée. Il y a des joies, mais il y a aussi des soucis qui accaparent votre Être. Il y a des ennuis ou il y a des peurs. Alors, vous vous endormez et votre journée semble continuer. Vous y rêvez.

Parfois, on a même l'impression de travailler toute la nuit !

Bien sûr. Il y a plusieurs Êtres qui ne se reposent pas. Alors, même si votre Esprit s'élève pendant le sommeil, votre inconscient fait en sorte qu'il est associé à votre vie quotidienne qui vous accapare, vous attache, vous contrôle, vous emprisonne. Lorsqu'il n'y a pas toute cette tension sur votre système nerveux, votre Esprit peut alors aller ailleurs.

Faisons une analogie. Vous avez vécu une période de travail intensive. Vous choisissez de prendre des vacances. Vous avez le choix de passer vos vacances chez vous et de penser, de réfléchir à tout le travail que vous avez fait et qui est encore à faire. Vous pouvez aussi aller dans un autre lieu et être tout aussi accaparée. Par exemple, vous pouvez être sur le rivage de l'océan, mais votre pensée est continuellement absorbée par votre travail, par ce que vous avez fait, par ce que vous auriez pu faire, par ce qu'il y a à faire encore. Vous pouvez aussi être dans votre demeure, mais ne plus penser à votre travail ou à vos obligations et aller vers un autre processus créateur ou de détente. Tout comme vous pouvez aller à l'étranger pour vous détendre et rencontrer de nouveaux Êtres.

Il en est de même dans le sommeil. Êtes-vous attaché à votre journée, à votre quotidien, ou vous permettez-vous d'aller au loin ? Vous nous direz : « Mais comment puis-je choisir ?!! » Est-ce que vous choisissez, lorsque vous prenez une période de vacances, d'être envahi par les pensées de votre travail ? Ce n'est pas un choix. Vous ne vous dites pas : « Je vais être envahi. » Vous ne choisissez pas en vous disant : « Là, je vais délaisser mon travail. » Même si vous vous le dites, s'il vous envahit, il vous envahit.

Comment changer ça pour vraiment se reposer ?

Il faut vous préparer à une période de vacances. Il faut vous préparer et faire en sorte qu'il y ait une période de transition. Aussi courte soit-elle, cette période vous permettra de délaisser progressivement votre travail et de porter votre attention sur les éléments qui vous font vibrer, sur ce que vous voulez vivre dans vos vacances.

Il en est exactement de même pour le parcours nocturne. Si, pour vous endormir, vous vous allongez centré sur vos tracas, c'est ce que vous allez reproduire en rêves. Plusieurs Êtres utilisent cette période avant le sommeil pour réfléchir à leurs soucis. Dans cet état, il y a une propension importante à ce que leurs rêves ou leur parcours nocturne soit la continuation d'une réflexion. Alors, nous disons : « Vivez une période de transition, lorsque vous vous allongez. Délaissez vos soucis, vos tracas, même pour une courte période. Portez plutôt votre attention sur ce qui est lumineux, joyeux, sur ce que vous voulez vivre, et endormez-vous ainsi. Vous allez préparer votre autre vie, la vie nocturne. »

Est-ce que la préparation au sommeil assure aussi une meilleure qualité de voyage nocturne et une meilleure journée le lendemain ?

Mais certainement puisque, plutôt que d'être harassé, contrôlé ou emprisonné par les éléments de votre vie quotidienne, vous allez vers la découverte. Dans cette découverte, puisque vous êtes disponible, il y a aussi des formes d'épuration, de lâcher-prise et de révélations qui vont vous servir durant le jour suivant.

Bien sûr, tout cela est subtil. Une des réactions des Êtres humains, lorsque nous faisons ce type d'énoncé, est de dire « Mais le lendemain, je n'ai pas de réponse ou de solution à mes problèmes ! » Cela ne se présente pas de façon intellectuelle. C'est plutôt un état d'être. Ce sont des sensations, des vibrations de vous qui attirent d'autres situations, proposent de nouvelles avenues dans votre vie.

Si on fait l'analogie avec la mort, j'imagine que c'est la même chose ; plus on est préparé à la mort, mieux sera la transition, et le voyage qui s'ensuit ?

Certes. Lorsque vous préparez ainsi chacune de vos nuits, vous vous préparez naturellement à la mort, à une nouvelle vie après la mort et à une nouvelle vie après la nouvelle vie de la mort, c'est-à-dire à une nouvelle incarnation. La préparation est naturelle puisque chaque Être, chaque jour, vit un passage vers l'inconnu. Lorsqu'il en prend conscience, alors il peut préparer la nuit comme une nouvelle vie. Il se prépare en étant plus disponible, en étant plus reposé. Il se repose avant d'aller vers la nuit, tout comme il peut se reposer avant d'aller vers des vacances, pour être vraiment disponible à vivre différentes expériences. Ce faisant, il sait aussi comment préparer la mort et la vie après la mort. S'il le fait chaque jour, l'anticipation de la mort va se dissoudre progressivement. La peur de l'inconnu de la mort va se transformer parce qu'il est habitué à l'inconnu de chaque nuit.

Il peut aussi, lorsqu'il sent qu'il s'approche de la fin, s'assurer de ne pas se concentrer sur les difficultés qu'il a connues dans sa vie. D'une part, il voudra plutôt porter son attention sur les éléments de sa vie qui lui ont permis de se déployer, d'utiliser ses dons, ses talents, d'être amoureux, parce que ce sont ces éléments qui lui ont apporté une véritable joie. D'autre part, il aura avantage à porter son attention sur ce qu'il veut comprendre et explorer après cette vie. Il sait qu'il n'a pas tout solutionné. Toutefois, il est extrêmement intéressant qu'il puisse observer, à la fin de sa vie, ce qu'il a apprécié, ce qu'il a aimé, ce qu'il a ressenti comme joyeux et vibrant.

Alors, l'Être se prépare à la mort en portant l'attention sur tous ces éléments de sa vie dans une perspective non pas de culpabilité ou de jugement de lui-même, mais d'envie de comprendre. C'est comme si vous aviez mal compris aujourd'hui un élément de votre vie. Vous pouvez vous juger, vous faire du tracas, mais vous pouvez aussi aller vers la nuit en vous disant : « Tiens, comme j'aimerais comprendre le sens de cela », ce qui vous place dans une perspective de beauté, de lumière, de douceur et de paix.

Voilà comment le sommeil de chaque jour prépare l'Être à un grand passage. C'est une première préparation.

Une autre préparation est celle apportée par la méditation et la contemplation. Pourquoi ? Parce que, encore une fois, un des éléments qui fait naître la peur de la mort ou de la vie après la vie est l'inconnu. Lorsqu'un Être médite de façon quotidienne, il s'unit avec la vie sous toutes ses formes, avec l'Univers. Progressivement, la sensation de la vastitude s'inscrit en lui. Lorsqu'il quitte ce monde, il va retrouver d'autres dimensions en ayant déjà en lui la sensation d'un univers vaste. Dans la contemplation, l'Être s'unit à d'autres formes de vie. En contemplant les arbres, les nuages ou les étoiles, par exemple, il ressent intérieurement ce que sont ces éléments de la nature. Ce n'est pas une connaissance intellectuelle, mais une sensation d'une autre forme de vie. Plus il aura vécu la sensation d'autres formes de vie, lorsqu'il va quitter ce monde, moins il résistera à aller vers de nouvelles sensations. Il sera donc mieux préparé à rencontrer de nouveaux espaces.

Est-ce aussi l'heure des bilans ?

Pas dans le sens que vous l'entendez, mais il est intéressant que l'Être puisse consciemment définir quels sont les aspects de lui qu'il a bien utilisés et quels sont ceux qu'il n'a pas utilisés. Sans jugement, mais dans une observation très fine, de telle sorte qu'il puisse quitter ce plan de conscience en étant beaucoup plus clair face à lui-même. Nous suggérons que les Êtres n'aient pas de culpabilité. Si, par exemple, un Être se rend compte qu'il n'a pas fait ce qu'il aurait dû faire, s'il se rend compte qu'il a été violent, par exemple, ou qu'il n'a pas été à la hauteur, selon ce qu'il ressent à la fin de sa vie, il lui sera possible d'imaginer, de visualiser certaines situations comme s'il les revivait maintenant à partir de cet état de conscience.

Imaginons un instant qu'un Être ait été assez dur et assez absent dans sa relation avec ses enfants. Dans son état actuel de conscience, il se rend compte qu'il aurait été préférable d'être plus souple, plus présent, plus amoureux. Alors, il peut s'imaginer être auprès de ses enfants à différents âges, dans un état de présence amoureuse, souple.

Lorsque les Êtres avancent en âge, qu'ils sentent le vieillissement et le départ se préparer, ils ont du temps, parce qu'ils sont moins sollicités par des activités de vos sociétés actuelles. Alors, ils peuvent revivre en vibration des passages de leur vie. Plutôt que d'être tendus en pensant à ce qu'ils n'ont pas été, à ce qu'ils n'ont pas fait, nous leur disons : « Délaissez la culpabilité ; délaissez aussi les justifications, qui sont souvent une expression de la culpabilité, puis revivez vibratoirement ce que vous auriez aimé vivre. Imaginez comment, à partir de votre cœur, vous revivriez la situation, si cela était possible. » Cela va favoriser un état de joie, une pacification, et préparer les différentes étapes de la vie après la vie.

Les mourants ont souvent aussi ce qu'on appelle des moments de lucidité, à la toute fin de leur vie. Que se passe-t-il réellement pendant ces moments?

Plus l'Être s'approche du moment du passage, plus il a des moments de lucidité, qui sont quelquefois de très courte durée. S'il a développé, durant sa vie, la faculté et la facilité à être présent à lui-même, il va de mieux en mieux reconnaître les moments de lucidité. Ce sont des moments durant lesquels son Esprit et son Âme l'éclairent pleinement. Sa vision est claire.

Bien entendu, si un Être n'a pas développé cette complicité avec lui-même, ce que nous nommons l'intimité avec lui-même, par la méditation ou la contemplation, il ne s'en rend pas compte. Il croit que c'est une pensée, une idée parmi tant d'autres. Plus un Être est intime avec lui-même, plus il se rend compte que, tout à coup, il a une vision claire, une sensation nette.

De quoi, au juste?

Ce peut être de sa vie, d'expériences de sa vie, de conséquences d'éléments de sa vie, ou ce peut être de la vie après la vie. Il peut avoir une vision claire de l'espace dans lequel il sera après sa mort et des Êtres qui seront autour de lui. Mais, de façon générale, durant les moments de lucidité, l'Être a une vision et une sensation de ce qu'est sa vie ou d'un épisode de sa vie.

Par exemple, imaginons qu'un Être soit dans une difficulté relationnelle avec un de ses enfants ou un frère. C'est assez conflictuel. Les deux projettent la cause vers l'autre. Un jour, se préparant à la mort, il vit un moment de lucidité. Un moment durant lequel son mental et ses émotions cèdent la place à une vision intérieure claire et à une sensation de ce qui est vraiment. L'Être voit au-delà de leurs difficultés respectives.

Il voit et ressent les peurs de chacun, leurs blessures et leurs attaches. Il ressent et comprend instantanément la cause de leur conflit et ce qui l'a nourri. La sensation est beaucoup plus nette et intense que celle apportée par une longue réflexion intérieure sur les causes et les effets de leur querelle ou encore un film intérieur de tous les événements démontrant les torts de l'un et de l'autre.

La lucidité va bien au-delà de qui a tort et qui a raison. L'Être ressent les deux Êtres blessés et les deux Êtres de lumière. En un instant, l'Être comprend que la situation qu'ils évoquent comme étant celle qui a créé le conflit n'est qu'un déclencheur. Ce sont leurs blessures mutuelles qui se révèlent dans leur conflit. Mais dans le moment de lucidité, ils n'ont plus envie du conflit ; ils se sentent près l'un de l'autre.

Souvent, un Être sera dans un espace de léthargie profonde, de sommeil ou d'inconscience, mais il vivra tout de même ces états de lucidité. Quelquefois, juste avant la mort, en observant un Être inconscient, vous avez l'impression qu'il est très vivant, très actif. Tous les Êtres, avant le passage, ont une fraction de seconde durant laquelle vous avez l'impression qu'ils renaissent. Lorsque vous les accompagnez, les yeux s'ouvrent ou sont très clairs et, dans leur regard, vous avez l'impression que tout est saisi.

Ces moments sont si importants, dans tout l'épisode de vieillissement jusqu'au passage de la mort, que l'Être a tout avantage à s'y préparer pour être plus près de lui-même. Il est essentiel qu'il reconnaisse mieux ces moments d'éclairages de l'Esprit et de l'Âme qui le mettent en relation avec lui-même, avec les autres et avec la vie. Ainsi, il pourra se réjouir de ces moments et y vivre une véritable guérison, afin de goûter la paix avant de quitter ce monde. Les moments de lucidité sont donc une préparation naturelle au passage de la mort, mais beaucoup d'Êtres ne les reconnaissent pas ou ne les reconnaissent qu'à la toute dernière seconde.

Les accompagnants en soins palliatifs témoignent souvent, par exemple, que leurs patients parlent à des Êtres de lumière qu'ils voient dans leur chambre peu de temps avant la mort. J'ai entendu toutes sortes d'histoires là-dessus, mais la science ne reconnaît pas ces moments comme une preuve de vie après la mort.

Certes, cela est juste. Les moments de lucidité sont à deux niveaux. D'abord, lucidité quant à des éléments de votre vie terrestre, et ensuite lucidité quant à des espaces de l'au-delà, soit des Êtres de lumière, des formes lumineuses, des couloirs lumineux, la sensation ou même la vision d'Esprits ou d'Êtres qui sont présents.

Comment départager ce qui est réel de ce qui ne l'est pas ? Les sceptiques prétendent que les médicaments, dont la morphine, causent ces « hallucinations ».

Non, non, non, cela est une réalité. Est-ce que l'Être, lui, l'entend comme une réalité ? Cela est relatif à chacun. Bien sûr, il faut comprendre que la réalité cosmique est très différente de la réalité de votre monde actuel. Lorsque vous nous dites : « Est-ce que cela est réel ? », vous vous trouvez dans un rapport tridimensionnel qui est si différent que cela est difficile à expliquer. Votre question sous-tend : « Est-ce que vraiment, il y a exactement ce couloir de lumière avec ces Êtres de lumière de cette façon ? », et à cela nous vous disons : « Non. » Mais est-ce que cela signifie que ce n'est pas la réalité ? Non plus ! C'est la réalité de l'Être qui est encore sur cette Terre, selon ses concepts tridimensionnels. Alors, ces visions sont métaphoriques.

Métaphoriques, je veux bien, mais sont-elles tout de même en relation avec une autre forme de vie après la vie ?

Les Êtres sont certes en relation avec ce qu'il y a de l'autre côté de leur vie terrestre. Bien sûr, il y a des mourants qui, sous l'effet de drogues, vivent des hallucinations. On ne peut pas, ici, affirmer que tous les Êtres ne vivent pas d'hallucinations. C'est le cas de certains, mais pour la majorité, ces visions sont celles d'une réalité autre que la vôtre. Maintenant, leurs visions sont métaphoriques.

Dites-vous « métaphoriques » parce que, dans nos concepts humains, on ne peut pas vraiment comprendre ce qui se passe de l'autre côté, et que ces images métaphoriques sont utilisées pour qu'on puisse l'expliquer ?

Voilà. Si nous vous disions, par exemple : « Imaginez un véhicule multidimensionnel », vous allez imaginer une forme, propulsée peut-être par une énergie quelconque. Alors, nous vous dirons : « Ce que vous imaginez est bien sûr une métaphore, en fonction de votre cadre actuel, mais il existe vraiment des véhicules multidimensionnels. »

D'accord. Maintenant, quelle est l'importance de pacifier avant le départ, c'est-à-dire d'être en paix dans toutes nos relations ?

De façon générale, nous transmettons aux Êtres qu'il est essentiel de pacifier à chaque instant de sa vie. Parce que chaque conflit avec soi ou avec les autres crée une tension importante et un obstacle au déploiement de l'Être pour sa joie pure, son bonheur. Tant qu'il y a un conflit, il ressentira qu'il y a une entrave à sa liberté totale. Alors, avant de quitter ce plan, il est intéressant, comme à chaque instant de sa vie, que l'Être puisse pacifier. S'il pacifie, il sera libre dans l'autre vie. Maintenant, la pacification n'est pas qu'une expression intellectuelle ou un pardon. Nous vous avons déjà fait part de ce que sont le pardon et la rédemption (voir ce chapitre dans *Le Maître en soi*). Pacifier pourrait être entendu comme une reconnaissance de qui vous êtes et de ce qu'est chaque Être humain, de telle sorte que vous ne soyez plus la victime de qui que ce soit ou de quoi que ce soit. Plus l'Être pacifie, plus il devient léger et libre. De toute façon, il continuera le parcours de pacification dans l'autre vie.

Et quelles seraient les conséquences de ne pas le faire ? Que se passe-t-il quand on quitte notre corps en colère ou avec amertume face à des relations conflictuelles non résolues ?

Il y a différentes conséquences, dont l'inconfort et l'attachement à une situation qui restera présente en vous. Imaginons que vous quittiez votre demeure dans un état de colère, dans un conflit avec votre partenaire. Durant tout le jour, il y a un inconfort. Non seulement vous êtes dans un malaise, mais vous savez que l'attachement à la situation qui a créé ce malaise se répercute dans d'autres relations et sera toujours présent lorsque vous serez de retour chez vous, même si la situation est occultée.

En ces termes, nous disons que lorsqu'un Être quitte ce plan avec un inconfort, il a l'impression d'un rendez-vous raté avec lui-même, avec sa vie. Cela l'amènera bien sûr à aller vers une pacification quand il sera dans les étapes transitoires de l'autre vie. Toutefois, lorsque cela n'est pas complété, c'est une charge qui sera à revoir, qui sera retrouvée dans la prochaine incarnation.

J'ai interviewé beaucoup de gens qui ont vécu des expériences de mort imminente. Il y a des expériences communes à chacun d'entre eux, notamment le fameux tunnel et l'impression qu'il y a une lumière qui les accueille. Il y a cette sensation aussi de béatitude et d'amour inconditionnel qu'ils sont incapables de décrire, la sensation de sortir de leur corps, de flotter au-dessus de la pièce et de voir ce qui s'y passe. Bref, il y a beaucoup de choses qui se ressemblent d'une expérience à l'autre. Est-ce que tout ça correspond à la vie après la mort ?

Certes, tout cela correspond à la mort. C'est le début d'une nouvelle vie. C'est une naissance. Tout comme si vous demandiez à des Êtres qui en ont la mémoire de décrire leur naissance dans cette vie. Ils vous parleraient tous d'une poussée, d'un tunnel à franchir, d'un éclatement dans la lumière, de respiration, des Êtres qui les attendent... Tous les Êtres qui naissent sur cette Terre feraient une narration qui est similaire, avec quelques nuances, bien sûr, dans les passages, selon ce qu'eux-mêmes ont expérimenté. Mais de façon générale, plusieurs éléments seraient similaires.

Alors, il en est exactement de même pour la mort. Il y a des Êtres qui vivent un passage de naissance dans une autre vie, un passage qui ne sera pas complété, à une étape ou à une autre, et qui reviennent à la vie ici. Nous pourrions dire qu'ils meurent prématurément à l'autre vie et qu'ils restent dans cette vie-ci. Il est tout à fait naturel que les éléments dont ils vous font part aient des similarités. Bien sûr, les nuances sont associées au fait que ces Êtres, lorsqu'ils vous en font la narration, sont dans une vie humaine sur la planète Terre et qu'ils cherchent des mots pour vous exprimer ce qu'ils ont vu dans une autre dimension, dans une autre vie. Il y a des similitudes, mais à la fois, il y a des disparités, puisque les mots expliquent souvent mal ce qui n'existe pas sur votre Terre. De plus, les Êtres sont revenus à partir d'étapes différentes, mais en général, ils vous décrivent le premier monde de passage.

Que veut dire « le premier monde de passage » ?

Bon, voilà, nous allons vous entretenir en fonction de « mondes de passage » ou de niveaux, comme vous voulez. Lorsqu'ils reviennent à la vie ici, ils vous parlent du premier niveau. Tout comme si vous choisissiez de monter dans une échelle et que, à partir du premier barreau, vous retombiez sur le sol. Alors, ils vous parlent de ce qu'ils ont vu à partir du premier barreau.

D'accord, nous y reviendrons dans le prochain chapitre. Pour l'instant, j'aimerais qu'on prenne les étapes de la mort une à une. Par exemple, la sensation de sortir de son corps par la tête, soit par le chakra de la couronne, est-ce que c'est réellement ce qui se passe ?

Certes.

Certains affirment aussi que l'énergie part des pieds, puis qu'elle sort par la tête ?

Certes.

Que se passe-t-il exactement ?

C'est le fluide vital qui quitte le corps. Lorsque l'Être vit des expériences de sortie du corps sans mourir, il vous dira souvent qu'il y a un cordon d'argent attaché à lui. C'est ce que nous nommons le « fluide vital », qui est toujours en relation avec le corps.

Quand les Êtres font de la plongée sous-marine, ils utilisent un équipement complexe et un tuyau pour que l'oxygène puisse continuer à circuler jusqu'à eux et qu'ils continuent à vivre dans un autre monde, c'est-à-dire sous l'eau. Lorsqu'il y a une sortie de corps et que l'Être ne meurt pas, il y a ce fil. Ce n'est pas de l'oxygène, c'est le fluide vital qui permet de faire en sorte que l'Esprit soit en contact avec l'incarnation. Lorsque la mort survient, le cordon d'argent, ou le fluide vital, est coupé. Cela vous rappellera bien sûr le cordon ombilical coupé à la naissance. Vous voyez ?

Je vois le lien entre la naissance et la mort, qui est une autre naissance finalement.

Lorsqu'il s'agit d'une autre dimension, vous pourriez nous dire qu'il y a un « cordon ombilical » qui sera aussi coupé, lorsque l'Être va pénétrer l'autre vie. Il sort de son corps. En réalité, c'est son fluide vital, associé à l'Esprit, qui sort du corps par la couronne, et le cordon peut être coupé.

Merveilleux. Maintenant, quelle est cette fameuse lumière que tous voient mais qu'ils ne peuvent pas décrire en mots ? Est-ce que c'est la Source, c'est-à-dire Dieu, ou est-ce leur Âme ?

C'est l'énergie pure de lumière, dont ils sont. C'est l'Amour pur qui réunit les Âmes. Les Êtres vont l'identifier à une présence lumineuse, à un Maître de lumière. Mais ce Maître de lumière est uni au Maître de lumière qu'ils sont, eux, donc uni à ce que nous nommons la présence « Je Suis ». C'est l'ensemble de la vie amoureuse. Alors, vous pouvez l'appeler « la Source qui est présente en toute particule de vie ».

Si nous pouvions, ici, vous amener à pénétrer l'une de vos cellules, vous auriez la même sensation, celle d'une explosion lumineuse. Que vous pénétriez une de vos cellules ou que vous entriez dans le cosmos, dans l'Univers multidimensionnel, vous rencontrez cette lumière. Il est possible pour un Être incarné de vivre un tel état d'éveil cosmique, quelquefois pendant quelques secondes, quelques minutes ou même quelques heures. Durant l'éveil cosmique, l'Être voit les structures énergétiques et lumineuses de l'Univers et, bien sûr, il voit aussi l'intensité de cette lumière amoureuse. C'est pur Amour.

Alors, on n'a pas à vivre une expérience de mort immi-nente pour se connecter à cette lumière ?

Exactement.

Alors, lorsqu'un Être vit une mort partielle, il y a son fluide vital qui s'échappe, par la couronne. Le lien avec la vie n'est pas rompu automatiquement. Même si son corps semble arrêter de vivre, le lien, lui, n'est pas rompu. L'Être vit les premières étapes de la vie après la vie, que nous vous décrirons ultérieurement. Mais au départ, la plupart des Êtres voient ce que nous nommerons un « Maître de lumière », qui leur offre la perspective de retourner à la vie pour continuer leur mandat d'incarnation.

Lorsque les Êtres reviennent sur cette Terre, leur relation à la vie est nécessairement transformée. Leur vision est plus claire, leur compréhension de la vie et de l'Univers aussi, même s'ils ne savent pas toujours l'exprimer et que, pour plusieurs Êtres autour d'eux qui comprennent la vie à partir d'une autre perspective, cela semble ambigu. Souvent, aussi, des couloirs de réceptivité se sont ouverts. Les Êtres peuvent avoir une claire-vision plus nette, une claire-audience, une sensitivité ou une perceptivité accrue.

Autrement dit, leurs facultés psychiques se développent. C'est plutôt déstabilisant, non ?

Certes. D'ailleurs, après avoir vécu une telle expérience, ce que les Êtres poursuivent dans l'incarnation perd souvent de son sens. Plusieurs Êtres ressentiront dès lors l'importance de collaborer à la transformation de la vie sur cette Terre, une vie qu'ils voient souvent comme inconsciente. Certains utiliseront leurs dons, d'autres iront vers des œuvres humanitaires, et d'autres s'emploieront davantage à développer leurs talents qui furent négligés. Certains vont vouloir propager l'amour par une vie simple et humble. Toutefois, leur vie est désormais différente.

Merveilleux. On peut aller vers le passage de la mort elle-même maintenant?

Certes.

Chapitre 14

Le passage de la mort

Après le dernier instant de lucidité et juste avant la mort, le fluide vital s'élève pour sortir de l'Être par la couronne et se détacher totalement. L'Être pourra, pendant un instant, avoir des visions de la vie qui continue autour de son corps, comme s'il s'était élevé au-dessus de lui temporairement. Il est fluide vital maintenant, et il sentira qu'il est appelé, aspiré même, dans un autre espace. Souvent, vous utilisez le mot « en haut » pour signifier cette « élévation » du fluide vital vers la couronne, mais en soi, c'est un changement de dimension. Et comme dans chaque changement de dimension, il y a une sensation de franchir une porte ou un couloir. Cette porte devient fort lumineuse, tout comme si vous alliez traverser un voile de lumière, un couloir de lumière. Pour certains Êtres, qui sont à l'entrée de ce couloir, il y a une sensation de présence intense et amoureuse, et pour d'autres, une sensation d'être le couloir lui-même.

L'Être sent le rythme s'intensifier de façon exponentielle. Au début, il peut y avoir une impression de ralenti, de vitesse très lente qui par la suite s'accélère, et il sera projeté dans le second espace transitoire. Le premier espace est donc celui de la porte, du couloir, que vous dites souvent, vous les humains, être « le tunnel ». L'Être ascensionne dans un couloir.

Le deuxième espace, que nous appelons «l'espace de transition», est en réalité plusieurs espaces que vous visitez simultanément avant la réincarnation, parce que vous n'êtes plus dans le même rapport de temps et d'espace. L'Être est alors en relation avec sa vie sur Terre, celle qu'il vient de quitter. Il entre dans un espace que nous nommons le «Diamant» au cœur duquel il va prendre conscience, capter les effets de tout ce qu'il a été et de tout ce qu'il a fait durant son incarnation.

De quelle façon?

Imaginons, par exemple, que vous ayez parlé durement à un proche. Vous avez bien vu qu'il en a été un peu secoué, et que cela a eu des conséquences sur sa vie, peut-être même pour d'autres Êtres autour de lui. Lorsque vous entrez dans cet espace de transition, en un instant, vous prenez conscience de tous les effets que vous avez entraînés sur cet Être et sur ceux autour qui en ont été aussi touchés. Vous prenez aussi conscience de tout ce que vous avez été, de tout ce que vous avez fait, de tout ce que vous avez exprimé dans toute votre vie.

Est-ce dans cet espace que les gens revenant d'une EMI disent avoir vu le film de leur vie se dérouler sous leurs yeux?

Exactement. Lorsqu'un Être approche de sa mort, soit parce qu'il est très malade ou qu'un accident est imminent, il voit sa vie se dérouler comme un film. À ce moment, il est en relation avec cet espace transitoire nommé le Diamant. Non pas en relation totale, puisqu'il est encore vivant, mais en relation partielle.

Si la mort ne survient pas, vous n'y pénétrez pas complètement, mais si elle survient, vous allez visiter cet espace où vous voyez toute votre vie se dérouler et, simultanément, vous êtes aspiré vers la porte lumineuse pour aller vers une autre dimension. Il n'y a plus d'espace-temps et ces deux éléments sont simultanés.

Mais est-ce toujours au premier niveau, c'est-à-dire le premier monde, premier palier de l'autre vie?

Non, ces deux éléments sont à deux niveaux différents, car vous êtes dans un espace multidimensionnel. Tout comme s'il y avait une échelle horizontale et une autre verticale. Vous avez déjà entamé votre élévation et vous êtes aussi sur l'échelle horizontale, tout cela simultanément. Ce sont donc deux étapes simultanées. Il y en a une dans laquelle vous revivez toute votre vie et tous les effets de ce que vous avez entraîné, et simultanément, vous entrez dans une porte multidimensionnelle.

D'accord. Quel est l'objectif de revoir sa vie et tous les effets de nos gestes et paroles ?

Nous entendons bien votre question « terrestre », mais elle n'existe pas dans l'Univers. Il n'y a pas d'objectif.

Mais il doit y avoir une raison de vivre tout ça. Il n'y a pas de raison ?

Certes, c'est un passage d'épuration, chère Âme. Épuration, c'est-à-dire de détachement, de connaissance pure, de sensation de ce qui est.

Est-ce bien cette étape que les chrétiens ont appelée le Jugement dernier, en rapport avec cette impression d'être jugé quand on voit les conséquences de nos gestes ?

Certes, exactement, mais il n'y a pas là de jugement. Cet espace correspond à une prise de conscience et à une vision de sa vie à partir d'une autre dimension. L'interprétation d'un Jugement dernier, non seulement par les chrétiens mais aussi par d'autres religions, est en soi une conception des hommes selon des valeurs terrestres. Le jugement n'existe pas dans la structure cosmique ou universelle.

Il me semble que c'est important de le dire.

Imaginons que vos enfants aient maintenant 18 ans. Ils sont avec des amis dans leur chambre et ils discutent de l'impact des règles de vie en famille, des façons d'agir de leurs parents depuis leur naissance. Supposons qu'il n'y ait aucun jugement de leur part. Ils ne font qu'exprimer « Voici comment c'était ». Puisqu'ils sont adultes, ils vont quitter votre demeure et ne seront plus sous votre responsabilité. Alors, imaginez que vous ayez la possibilité d'être présente, invisible, dans leur chambre, avec leur accord, pour entendre tout ce qu'ils vont dire de la façon dont ils ont vécu vos règles et vos façons d'être. Ils ne seront pas dans le jugement et ils sont d'accord que vous soyez là. Il y a tout un avantage à y être, n'est-il point ? Parce que cela vous permet, pour la continuation de votre vie, qui est éternelle, de vous resituer. Cela vous permet d'abord de lâcher prise sur des sensations de culpabilité face à vos enfants, puisque vous entendez qu'ils ont vécu des difficultés, mais ils ne sont plus dans l'émotion de la chose, et d'autre part, cela vous permet de prendre conscience de certaines façons d'être ou de faire qui heurtent autour de vous.

Alors, accepteriez-vous l'invitation ?

Certainement, si c'est dans un but d'évolution.

Dans un but d'évolution, dans un but de compréhension, de sensation de ce qui est et d'épuration. Vous comprenez bien l'analogie ?

Oui, et je comprends aussi « l'objectif », même si c'est un terme terrestre !

Voilà ! Et tout cela est simultané, ce qui est très difficile à faire comprendre aux Êtres humains. Ils ont l'impression qu'il y a un jugement, alors que d'autres diront : « Non, il y a le passage et le couloir avant. » Tout cela est simultané. Ce sont les deux premières étapes. À la suite de ces étapes, il y aura vraiment un grand parcours d'épuration sur le plan émotionnel. C'est le troisième niveau.

Et de quelle façon cela se passe-t-il ?

Ce sont des plans de conscience où l'Être est en relation avec ses peurs, ses blessures et ses charges émotionnelles. Il recontacte les sensations de trahison et d'incompréhension qui lui appartenaient dans sa vie, afin de les dissoudre. Faisons encore une analogie. Il y a devant vous un lainage tissé très,

très serré, et là, vous avez la possibilité d'ouvrir les fibres un peu pour observer comment s'est tissé ce lainage, ce qui s'y est infiltré. Cette observation vous permet de bien comprendre que ce grain de sable, entre les fibres du lainage, ne fait pas partie de ce tissu. Il s'y est inséré, mais il n'en fait pas partie. Pourtant, vous avez eu l'impression qu'il faisait partie de la fibre, que « c'est comme ça la vie » !

Or, dans cette dimension, vous allez vraiment vers une forme d'épuration, d'ouverture, d'allégement de toutes les charges émotionnelles qui appartenaient à cette dernière vie.

Parallèlement, il y a un quatrième niveau, qui est justement celui du mental et de toutes les inscriptions de type croyances comme « c'est ainsi que ce doit être ».

À quoi sert cet autre niveau ?

Dans cet espace, le quatrième niveau, les structures qui appartiennent à l'organisation intellectuelle dans ce monde sont épurées. Entendons-nous pour dire que ces structures mentales peuvent être en partie intéressantes pendant votre vie sur Terre, si elles ne sont pas trop rigides. Mais si elles sont trop rigides, l'Être ne peut plus comprendre la vie, l'Univers ou comprendre qui il est. Donc, ce parcours à travers tout le tissage intellectuel et mental permet là aussi une épuration. C'est une compréhension, une vision de ce qui est encore inscrit comme croyances terrestres.

Parallèlement encore, il y a un cinquième niveau que nous appelons le plan causal. Dans le plan causal, l'Être est en relation à la fois avec les raisons pour lesquelles il s'incarnait et ce qu'il découvre parallèlement dans le plan émotionnel et le plan mental. Le plan causal se rééquilibre.

Je ne suis pas sûre de saisir. Pouvez-vous élaborer ?

Nous allons utiliser une analogie. Imaginons que vous soyez en train de nettoyer les fauteuils de votre demeure. En nettoyant, vous constatez que vous avez fait des taches en renversant un liquide parce que vous étiez en colère et que vous avez manqué d'attention pendant un moment.

Toujours pendant que vous nettoyez les fauteuils et que vous constatez que vous avez fait des taches parce que vous étiez en colère et que vous n'étiez pas attentive au liquide que vous teniez dans les mains, simultanément, vous conversez avec votre partenaire. Toujours simultanément, vous comprenez, dans cette conversation, que vous vous sentez inférieure à lui parce que vous avez mal choisi vos mots.

Cela se passe simultanément. Reprenons. Vous vous rendez compte qu'il y a des taches sur le fauteuil et qu'il y a des taches en vous. En même temps, vous préparez la continuité de votre vie et vous réalisez qu'il aurait été intéressant d'être plus vigilante pour ne pas tacher ce fauteuil. Vous vous rendez compte aussi que vous voulez explorer une communication plus libre qui vous permettrait plus de joie avec ce conjoint, et vous êtes en train de faire le choix, dans la prochaine expérience, d'être plus vigilante quant à votre fauteuil et à votre choix de mots.

Tout cela vous semble complexe, mais ça ne l'est pas. C'est ainsi que vous fonctionnez tous. Vous êtes présent à plusieurs éléments simultanément. Alors, lorsque vous êtes dans l'autre vie, il en est ainsi également. Parallèlement, vous prenez conscience de charges émotionnelles qui existent et de celles qui se sont libérées, et vous prenez conscience de structures mentales cristallisées et d'autres qui se sont libérées. Et vous prenez conscience aussi de la raison pour laquelle vous étiez incarné, de votre mandat, tout en étant déjà en train d'établir quels sont les effets de tout ce que vous avez libéré, de tout ce que vous avez cristallisé et de ce que cela signifiera comme prochaine incarnation.

Ouf! Alors, si je comprends bien, le plan causal, c'est un plan où on prépare la prochaine incarnation à partir de tout ce qui est?

Exactement. Pour préparer la prochaine incarnation, vous devez comprendre les sources profondes de ce qui existait au cœur de la vie que vous venez de quitter. Dans le plan causal, vous prenez conscience des relations de cause à effet des principaux thèmes de votre vie passée et de celle à venir. Cela est fascinant. En expliquant la vie après la mort, les Êtres peuvent mieux comprendre les multiples réalités de leur vie sur cette Terre.

En plus, lorsque l'Être vit tout cela, ce n'est pas lui qui choisit intellectuellement, comme vous le faites actuellement en choisissant votre fauteuil ou votre partenaire. Dans les autres dimensions, ce qui se vit, ce sont des rencontres d'énergie. Les éléments émergent d'eux-mêmes. Comme lorsque vous entrez dans l'océan et que l'eau est trop froide, vous sentez le froid et vous sortez de l'eau. Vous saisissez? C'est naturel. Vous êtes accompagné, aussi. Vous sentez les Êtres de lumière en vous, autour de vous. Parallèlement, vous pourriez entrer en relation avec les Êtres de la Terre.

Pour que les Êtres comprennent bien, il nous faut séparer le tout en niveaux ou paliers, mais tout cela se déroule en même temps.

Quel est le sixième palier?

Le sixième palier est celui de la conscience. C'est un espace de pure lumière. C'est l'espace de l'Esprit et de l'Amour. Nous vous dirons: c'est l'espace bouddhique. L'Être vit dans un état bouddhique une sensation d'illumination, de compréhension de tout ce qui est. Même s'il y a encore des inscriptions mémorielles, l'Être comprend parallèlement ce qu'il est.

Imaginons que nous vous disions: « Chère Âme, vous avez inscrit une mémoire de trahison et d'abandon. » Et pendant que nous vous entretenons, vous savez que vous êtes dans un parcours pour mieux la comprendre, pour vous en libérer et, à la fois, nous pouvons vous parler d'amour et vous pouvez ouvrir votre cœur et être tout amour, n'est-ce pas?

J'aimerais bien, oui, être tout amour, mais je ne sens pas que ce soit le cas très souvent!

C'est-à-dire que vous pouvez envisager, ressentir que vous êtes tout amour même si ce qui vous attache à l'inscription de votre mémoire fait en sorte que ce n'est pas déployé à l'infini. Alors, il en est de même pour l'Être dans l'espace bouddhique. Il comprend et ressent ce qui fut, ce qui est, ce qui s'est accéléré et cristallisé et, à la fois, il est dans une clarté totale, tout est éclairé en rapport avec tout cela.

C'est ça le fameux « état bouddhique » ?

Voilà. Et puis, de cet espace, il va éventuellement se réincarner.

Mais quel est le septième niveau ?

Il y a un septième espace, qu'on pourrait comparer à une salle. En fait, chaque espace est comme une salle, et l'Être est sur le seuil de cette dernière salle avant de se réincarner. C'est le septième ciel!

Le septième ciel des chrétiens ?

Certes.

Est-ce que c'est celui dont on ne revient pas ? Est-ce que si on se retrouve au septième ciel, on n'a plus besoin de se réincarner ?

Voilà! C'est l'espace atmique, ou Atma. Vous êtes dans le Tout. Vous sortez de la roue de la réincarnation. Alors, lorsqu'il y a vraiment une libération totale, c'est-à-dire physique, émotionnelle, mentale, et lorsqu'il n'y a plus d'effet, parce qu'il n'y a plus de cause, alors l'état bouddhique et l'état atmique se confondent, vous êtes Un dans l'Univers et vous ne vous réincarnez plus sur cette Terre.

Et que veut dire « atmique » ?

L'Atma est l'Univers tout entier, le Tout, l'Âme universelle.

Pour ceux qui se réincarnent, combien de temps tout cela prend-il ?

Le temps n'existe plus dans ce parcours. Toutefois, si vous entendez « combien de temps terrestre peut s'écouler entre la mort et la réincarnation ? », alors la durée varie entre quelques jours à quelques millénaires !

Pendant le parcours entre deux vies, l'Être est en relation avec différentes dimensions, dont celle de sa vie précédente et de ce qui s'y déroule actuellement, tout en étant en relation avec d'autres formes de vie et d'autres espaces de vie. Tant que l'Être n'est pas réalisé dans le Soi*, tant qu'il n'est pas au septième niveau, il entre en relation avec d'autres espaces, d'autres formes et d'autres façons de vivre, non seulement sur la Terre mais aussi dans d'autres dimensions de l'Univers.

Toutes les salles sont visitées en simultané et, en même temps, l'Être existe en relation avec la vie sur la Terre. Il peut transmettre des vibrations, des faisceaux de lumière sur cette Terre, des messages à ses proches, et il peut aussi simultanément projeter sa vibration dans d'autres formes de vie, comme vous le faites durant la nuit.

Les six niveaux de transition sont présents simultanément, sous la forme matricielle*, et, par analogie, correspondent à six salles. L'Être y découvre d'autres espaces et d'autres connaissances. Il découvre aussi dans ces autres mondes des Êtres vivants, différents de lui, avec lesquels il communique et s'exprime. Il est donc encore un créateur. Toutes ces explorations sont fascinantes pour l'Esprit et ne sont pas nécessairement pénibles. Elles le sont seulement pour l'Être attaché encore à la vie terrestre qui ressent la douleur provoquée par l'incompréhension de l'expérience.

Il faut expliquer tout cela. Si vous quittez la Terre imprégné de vos frustrations, envahi par la colère et victime de tout ce que vous croyez s'être acharné sur vous, ce que vous créerez dans les mondes parallèles sera aussi teinté du même état.

Si vous avez pu vous alléger avant la mort et poser un regard beaucoup plus amoureux sur vous et sur les autres, un regard créateur, vous allez alors circuler dans les différentes dimensions plus librement et vivre des expériences réellement créatrices, tout en ressentant les charges dont vous ne vous êtes pas libéré durant l'incarnation.

Ce ne sera pas pénible. Ce ne sera que des constatations. Et, bien sûr, puisque vous n'êtes pas prisonnier de ce que vous rencontrez, de ce que vous constatez, vous continuez votre parcours de libération comme vous le faisiez sur cette Terre. Par exemple, s'il y avait en vous des charges de trahison qui entraînaient des colères sur la Terre et que vous continuez votre parcours cosmique dans d'autres dimensions, vous allez vivre certaines expériences en relation avec ce thème, mais totalement différentes. Dans ces autres dimensions, vous allez donc continuer votre libération de ce thème. Cela ne signifie pas que vous allez vous en libérer nécessairement totalement, mais vous pouvez l'alléger, le comprendre différemment. En d'autres termes, vous continuez à vivre. Toutefois, vous êtes encore dans la roue de la réincarnation. Vous allez vous réincarner, et le thème de la trahison sera présent à nouveau.

Alors, pour revenir à votre question, tout cela peut prendre entre trois jours terrestres et plusieurs millions d'années, en temps terrestre.

Alors on peut se réincarner après trois jours? Intéressant!

Parce que vous n'êtes plus dans le même espace-temps. Dès que vous quittez ce monde, dès que le cordon d'argent se détache, se dissout, vous n'êtes plus dans l'espace-temps terrestre. Une vie est un souffle, une respiration, dans l'espace cosmique multidimensionnel.

Finalement, la question ne se pose même pas?

Exactement. Tout comme lorsque, à votre question « Combien de temps faut-il à un Être pour vivre l'illumination? », nous répondons: « Une fraction de seconde. » Mais il se peut que de multiples vies soient nécessaires, de multiples expériences, pour que cette microseconde se présente, tout comme quelques heures d'expériences et de réflexions peuvent faire en sorte que vous soyez disponible à vivre l'illumination. Il en est de même pour le passage vers une nouvelle incarnation.

Pourriez-vous nous parler de la relation qu'entretient un Esprit avec la Terre après la mort ?

Certains Êtres sont très attachés à la Terre. Ils s'identifient beaucoup à leur corps, à la matière, c'est-à-dire qu'ils ont peu ou pas de relation consciente avec l'Âme et l'Esprit qu'ils sont. Certains peuvent y croire sans avoir de relation, et certains n'y croient pas du tout. Pour eux, il n'y a que la matière, c'est tout. Plus un Être s'identifie à son corps et à son incarnation, plus il a de la difficulté à vivre l'espace matriciel de l'Univers quand il quitte la Terre.

Imaginez que nous vous disions : « Entrez dans la grande salle. » Aux côtés de vous, il y a une multitude d'explorations possibles, mais vous, vous étiez si attaché à votre fauteuil dans votre chambre que, dans cette nouvelle salle, vous vous retrouvez assis dans un fauteuil similaire, sans découvrir le reste.

Est-ce que vous nous suivez bien ?

C'est clair.

Alors, il y a des Êtres qui quittent le plan terrestre en s'étant si identifiés à la matière que, au premier niveau, ils se sentent encore vivants sur cette Terre lorsqu'ils voient leur corps et la vie qui continue autour. Ils restent attachés à des personnes, à des lieux, à des objets. Les Êtres humains toujours vivants vont les ressentir, ils vont ressentir leur vibration. Quelquefois, les défunts sont si attachés que leurs vibrations vont créer certains mouvements d'objets, certains parfums, certaines ambiances. Ils vivent sur cette Terre, sans y être.

Qu'en est-il des gens qui meurent subitement ?

En effet, certains Êtres partent prématurément ou abruptement sans avoir préparé leur mort. Un incident cardiaque ou un accident, par exemple, et l'Être ne se rend pas compte de ce qui se passe. Pendant un moment après la mort, il va vers des individus qu'il a connus, il va vers sa vie comme elle était. Il est dans l'effroi, perdu.

Il y a aussi les Êtres qui se sont suicidés. Au moment du passage, dans la première salle, ils saisissent l'ampleur de leur geste et tentent d'être présents, de récupérer la situation, de transformer quelque chose sur la Terre.

Tous ces Êtres sont près de la Terre, ils sont présents, même s'ils sont tous invités à suivre le parcours. Ils sont invités à franchir la porte multidimensionnelle ou à « s'élever », selon vos mots, à continuer leur parcours cosmique.

Invités par qui et comment?

Ils sont invités par leur Âme, par les Êtres de lumière et par les Êtres de la Terre qui comprennent cette réalité, qui les ressentent. D'ailleurs, dès qu'un Être quitte la vie, nous vous suggérons de l'inviter à vivre librement son parcours de l'autre côté. Il est préférable de ne pas le retenir à vous par vos attachements, par vos peurs, par vos propres tristesses et contractions. Nous vous proposons de bien comprendre que ce défunt peut toujours être en relation avec vous, mais qu'au moment de son passage, il vit la naissance dans un autre monde. Alors, permettez-lui de naître, avant d'exiger qu'il soit là. Invitez-le à vivre pleinement sa naissance et son parcours dans l'autre vie.

Lorsqu'un Être meurt abruptement, naturellement ou par suicide, transmettez-lui votre amour, transmettez-lui qu'il n'y a pas de tort, qu'il n'y a pas de tare, qu'il peut continuer son parcours. Car ces Êtres peuvent voir votre douleur, votre peine, et ils voudraient être présents à vous, ou bien ils voudraient faire différemment. L'Être qui s'est suicidé voudrait revenir en arrière. Dites-leur de continuer leur parcours.

Alors, les Âmes errantes sont les Âmes qui ont de la difficulté à choisir de continuer le parcours dans la matrice. Souvent, ces Êtres se sont suicidés ou étaient très attachés à certaines substances comme l'argent, l'alcool, les drogues. Cet attachement à la matière fait qu'ils ont l'impression d'être encore vivants. Attention, ce ne sont pas tous ces Êtres qui sont errants, et l'errance peut être temporaire. Les Âmes errantes, ce sont des Êtres qui ne se rendent pas compte qu'ils sont morts.

C'est difficile à comprendre. On se dit : « Mais comment est-ce possible de ne pas se rendre compte qu'on est mort ? »

Nous utilisons ce terme, « Âmes errantes », comme vous le dites souvent, mais en fait, ce sont des entités, des Esprits. Prenons un exemple terrestre pour vous aider à comprendre. Vous êtes fatigué de votre monde, épuisé de votre travail, désillusionné de vos amours, vos enfants vous ont quitté et vous choisissez de partir dans un autre pays, de recommencer à zéro.

Vous quittez ce monde et vous vous dirigez, par exemple, vers l'Inde. Puis, voilà, vous êtes en Inde. Vous avez rompu avec tout votre passé, mais vous y pensez toujours. Vous pensez à vos enfants, vous pensez à votre travail. Ce monde autour de vous est si différent, mais vous n'avez même pas envie de le découvrir parce que vous êtes accroché à votre passé. Alors vous errez, en tentant d'avoir des nouvelles, d'entrer en communication avec votre ancienne vie.

Plusieurs Êtres partent ainsi pour un long voyage et tout ce qu'ils cherchent, c'est d'être en communication avec leur vie dans leur pays, n'est-ce pas ? Avec difficulté, quelquefois, parce qu'ils sont éloignés.

Mais ceux qui ont décidé de partir savent qu'ils sont morts, non ?

Ils ne le savent pas nécessairement immédiatement. Les Êtres qui ont choisi de quitter la vie sur cette Terre ne sont pas tous conscients de ce choix au début du parcours de transition. Lorsque vous vous envolez vers un autre pays et que vous vous endormez pendant le vol, à votre arrivée il se pourrait que vous vous croyiez encore dans votre pays. Lorsque vous décidez, par exemple, de vous endormir le soir, il vous arrive d'être dans un rêve et de croire que vous êtes réveillé!

Les Êtres qui se sont suicidés l'ont fait parce qu'ils ne rencontraient pas la beauté, l'intensité de ce qu'ils savaient pouvoir vivre sur cette Terre. Vous avez souvent l'impression que les suicidés sont des Êtres qui ne voient que la noirceur. Même eux croient voir la noirceur, mais c'est qu'ils ont une telle sensation de la beauté et de la lumière à l'intérieur d'eux, qu'ils sont totalement désillusionnés de toutes ces cristallisations, de toutes ces ombres dans leur monde extérieur. Ce sont des Êtres qui ont un grand sens de la lumière, de l'amour, de la joie, mais ils ne la trouvent pas sur cette Terre, et donc ils sont perdus. Ils choisissent, par désespoir, de quitter ce plan. Ce ne sont pas des Êtres qui n'aiment pas la vie. Souvent, ils l'aiment tellement qu'ils portent une désillusion, un désespoir que la vie ne soit pas ce qu'elle pourrait être. Toutefois, dans la turbulence du passage, ils peuvent avoir l'impression qu'ils sont toujours vivants l'espace d'un moment.

Mais il y en a d'autres qui ont choisi de suivre le parcours de la grande matrice, et qui font tout de même ressentir leur présence. Lorsque des Êtres sont dans le parcours matriciel multidimensionnel, nous vous avons déjà dit qu'ils vivent des expériences dans d'autres plans de conscience et qu'ils peuvent aussi, simultanément, être en relation avec la vie sur cette Terre. Certains voudront offrir une guidance, un éclairage, une vibration qui réjouit, qui enchante, qui allège.

Les Êtres qui sont venus sur cette Terre, ne l'oubliez pas, vivent des instants de lucidité au moment de leur départ. Puis, dans l'autre monde, ils vivent à la fois une épuration et des rencontres lumineuses et intenses. Ne voyez pas les niveaux de transition comme des salles de purgatoire ou des salles de torture. Ce sont de grands espaces de lumière et d'amour. Alors souvent, ces Êtres veulent aussi offrir leur guidance. Bien sûr, ils ne sont pas seuls. Ils s'unissent. Quelquefois, vous ressentez votre grand-mère, par exemple, qui est pour vous un Guide, mais elle est en soi associée à un égrégore* de lumière qui offre sa guidance, à vous et à d'autres Êtres. Tout comme si – encore une fois, c'est une analogie – il y avait dix grands-mères qui s'étaient unies et qui, par leur lumière, leurs vibrations, offraient une guidance. De ces dix grands-mères, vous reconnaîtriez la vôtre, et votre voisin ressentirait ou percevrait la sienne.

Est-ce qu'on se suit bien ?

Oui, mais j'aimerais comprendre les différents rôles que peuvent jouer les Âmes de l'autre côté. Par exemple, dans le premier livre que j'ai écrit, On ne meurt pas *(aux éditions Libre Expression), mon père décédé me disait, à travers les lettres d'une médium, qu'il était médecin de l'Âme de l'autre côté, alors qu'il était médecin dans sa vie sur Terre. Est-ce possible ?*

Certes. C'est un médecin du ciel.

Qu'est-ce que ça veut dire ?

Les médecins du ciel sont ceux qui choisissent d'aider les Êtres à se décristalliser, c'est-à-dire à se guérir de blessures sur cette Terre. Ils le font en transmettant des inspirations, soit aux soignants, soit aux Êtres qui sont en difficulté. Dans nos enseignements, nous disons toujours aux soignants, les médecins de la Terre, qu'ils doivent être en relation avec l'Être devant eux, mais aussi avec l'Esprit de l'Être devant eux et avec les médecins du ciel. Ils sont des intermédiaires, et les médecins du ciel, eux, sont des Esprits qui vont se présenter par le moyen de leurs voix intérieures, par exemple.

Lorsque vous avez une inspiration, c'est cela qui se produit. Supposons qu'aujourd'hui, vous entendiez une voix intérieure vous transmettre qu'il serait sage que vous consommiez plus de verdure dans votre alimentation. C'est magnifique, n'est-ce pas ? Mais cette voix intérieure, d'où provient-elle ? Elle provient de vos cellules, qui sont intelligence universelle associée à votre Esprit, à votre Âme et, bien sûr, aux médecins du ciel aussi.

C'est intéressant de le préciser.

Vous savez, il faut bien comprendre que l'organisation multidimensionnelle cosmique n'est pas celle de la Terre. Sur cette Terre, vous consultez un médecin et vous en consultez un autre, puis vous vous faites une opinion. Cela est très tranché, très compartimenté, n'est-ce pas ? Dans l'espace multidimensionnel, il y a l'union des formes. L'expression du médecin du ciel s'unit à votre Âme et à votre Esprit. Ce ne sont pas des personnalités, ce sont des Êtres de lumière. Alors, ils s'infiltrent dans vos inspirations. N'ayez crainte ! Encore une fois, les Êtres humains vont dire : « De quel droit s'infiltrent-ils ? » De quel droit un Être qui aime la vie peut-il l'émettre sans réserve ? Vous êtes unis de toute façon. Alors, les médecins du ciel vont inspirer les médecins de la Terre et ceux qui en reçoivent les soins. Ils inspirent les soignés et les soignants. Il y a aussi des Êtres qui vont inspirer les philosophes, les enseignants, les créateurs, les constructeurs, les scientifiques. Vous les nommez des « Guides ». Ainsi, votre père est un Guide. Et on peut imaginer différents types de guides. Encore là, les Êtres humains, rapidement, établissent une hiérarchie de Guides : de premier niveau, de deuxième niveau, les Grands Maîtres ou autres. C'est encore une vision terrestre.

Bien sûr, il y a des Êtres qui sont encore dans la roue de la réincarnation tout en étant des Guides. Cela signifie qu'il y a encore des attachements sur cette Terre. Maintenant, tout cela paraît fort complexe, chère Âme, lorsque vu de la Terre. Mais nous vous avons souvent transmis que votre Âme s'est manifestée à la fois sur cette Terre et sur d'autres plans de conscience, dans d'autres dimensions. Elle existe, elle est partout en vous, mais aussi partout dans l'Univers.

Oui, c'est le principe de la multidimensionnalité ?

Voilà, et c'est ainsi que votre père s'est déjà réincarné et qu'il existe à la fois dans tout l'Univers. C'est une autre perspective de l'Âme.

C'est très vaste, tout ça, et ce sera l'objet d'un livre en soi, mais on en saisit l'essentiel. Maintenant, avant qu'on arrive au choix de la réincarnation, j'aimerais aborder le sujet du rituel de la mort qui est pratiquement évacué dans nos sociétés. Aujourd'hui, on fait incinérer les corps dans la journée même, puis il y a une cérémonie quelques jours plus tard, et c'est terminé. Il n'y a pas si longtemps pourtant, on pouvait laisser le corps exposé pendant trois jours, à la maison ou au salon funéraire, puis il y avait tout un rituel associé à cette pratique.

Est-ce qu'on a évolué dans le bon sens ou a-t-on abandonné nos rituels à nos dépens?

De façon générale, nous vous disons qu'il y a eu une déshumanisation de la mort, et il en est de même du rituel. Toutefois, actuellement, cette tendance tend à se renverser. Lorsque l'Être part pour l'autre vie, il est encore présent à son corps. Non seulement il le voit, mais il est aussi en relation avec les Êtres qui l'entouraient dans sa vie. Alors, nous proposons que, pendant trois jours, les proches puissent être en relation avec cet Être qui est parti. Non pas pour lui demander de rester ici, non pas pour lui demander ceci ou cela, mais simplement pour lui livrer leur amour, parler de lui amoureusement. Sinon, ne parlez pas de lui, parce que vous allez le retenir, le rattacher à la Terre. Parlez de lui amoureusement et transmettez-lui de s'élever, de continuer son parcours. Le corps a tout avantage à être honoré pendant trois jours avant l'incinération. Durant ce temps, il y a une célébration de la nouvelle vie.

Quel est l'impact d'incinérer le corps dans les premières heures?

Il faut permettre que toutes les structures subtiles puissent se dissoudre. Il s'agit simplement d'une marque de respect envers l'Être, qui manifeste encore sa vibration, afin qu'il puisse établir un mouvement d'éloignement sans provoquer de rupture. L'Être est toujours présent, sous une autre forme. Il va continuer son parcours. Le corps va progressivement permettre que tous les fluides secondaires et les structures énergétiques puissent se dissoudre. Présentement, avec vos protocoles, vous précipitez une dissolution, vous créez une rupture abrupte avec l'Être. Cela fait en sorte que la relation est rompue prématurément. Il s'agit au fond de permettre une douceur dans la transformation et d'honorer l'Être qui part. Bien sûr, vous pouvez l'honorer sans le corps, mais toutefois, les structures énergétiques, elles, sont encore en place.

Mais il y a aussi des situations où le corps va brûler, par exemple, dans un incendie ou dans un accident. Que se produit-il dans ces cas-là?

Il y a une rupture choc, bien sûr. L'Esprit est en désarroi, comme chaque fois qu'il se produit un incident brutal. Il ne sait plus ce qui se passe. Le désarroi est moins grand lorsque l'Être part en sachant qu'il va mourir bientôt, mais personne ne connaît exactement l'heure de sa mort. Alors, chaque Être vit un désarroi plus ou moins grand. Lorsque vous brûlez le corps immédiatement, vous ne permettez pas à ce désarroi de se dissoudre. Le choc est donc plus grand.

D'accord. Quelle est l'importance du rituel, de la célébration qui s'ensuit?

C'est la célébration de la vie. C'est l'expression de l'amour, la reconnaissance de l'Être, même dans l'autre dimension. Vous reconnaissez sa vie, son mouvement. L'Être en est témoin et cela lui permet de se détacher dans l'amour. Évidemment, nous vous suggérons de célébrer la vie chaque jour. Certains Êtres s'offusquent lorsqu'ils constatent qu'il y a une grande célébration au moment du décès d'un Être, alors qu'il a été l'objet de critiques toute sa vie.

Je n'osais pas le dire!

Cela est aussi étonnant, bien sûr. Toutefois, la célébration permet aux Êtres encore vivants de se détacher du personnage pour célébrer la lumière, l'Esprit, l'Âme, et cela est merveilleux, n'est-ce pas ? C'est très amoureux. Les humains n'ont pas toujours cette réflexion. Pourtant, dans la sensation, c'est souvent ce qu'ils vivent. Ils délaissent leur colère, leur frustration face à un Être qui vient de mourir. Il est parti, alors ils veulent simplement que cet Être soit dans toute sa lumière, dans tout son amour, comme ils auraient voulu le voir toute leur vie, de toute façon.

Bien sûr, nous invitons les Êtres à célébrer la vie chaque jour. Mais ce n'est pas parce qu'ils ne l'ont pas fait qu'ils ne peuvent pas le faire au moment du départ. Nous ne parlons pas d'une célébration insouciante, d'un défoulement, d'une forme de leurre parce que les Êtres ressentent une peine vive ou bien parce qu'ils sont dans l'indifférence. La joie véritable associée à l'amour peut être au rendez-vous pour célébrer l'Être qui commence une autre vie et aussi pour célébrer la vie qui se continue.

Il est très intéressant que l'on puisse éclairer certaines qualités de l'Être qui est parti, pour s'en imprégner, pour les accueillir, comme s'il s'agissait de son véritable héritage. Un Être était particulièrement patient, à l'écoute ? Eh bien, que cela puisse être dit et que les autres puissent s'en inspirer, l'inscrire en eux et célébrer amoureusement cette patience et cette écoute, par exemple.

Alors, la célébration peut être un éclairage de toute la beauté que cet Être a laissée en héritage. C'est très délicat, car il ne faut pas le faire dans la tristesse qu'il soit parti, mais plutôt dans la joie devant ce qu'il a offert. Cela facilite aussi l'émancipation de l'Être dans le cosmos multidimensionnel et la continuation sur Terre de ceux qui le connaissaient. Cela rapproche les Êtres. Ils célèbrent aussi la vie qui continue pour eux sur cette Terre et qui est en relation avec la vie dans l'au-delà.

En somme, la célébration au moment de la mort est une célébration de la vie dans l'au-delà, de la vie sur cette Terre, d'union entre les dimensions terrestre et céleste, et de l'empreinte qu'un Être laisse chez les autres qui les stimule à leur beauté. C'est extraordinaire. Bien sûr, il vous faut chanter et danser avec respect et dans la conscience d'un geste sacré.

Maintenant, ce que nous vous proposons est que vous puissiez accueillir la vibration du défunt, ou du nouveau-né.

Du nouveau-né à une autre vie ?

Certes. L'accueillir, accueillir sa présence. Certains d'entre eux se présenteront à des proches, vibratoirement, afin de leur transmettre ce qu'ils ont saisi, ce qu'ils ont compris de la vie, dans toutes les dimensions. Les Êtres physiques sont partis, mais pas leur vibration. Souvent, ce qu'ils offrent par leur vibration, c'est une sensation d'ouverture du cœur, d'ouverture de l'Esprit. Les défunts vont souvent, durant les premiers jours, quelquefois pendant les quelques semaines qui suivent leur départ, se manifester aux Êtres qui leur sont chers pour leur livrer un message de ce qu'ils captent, un message qui sert les Êtres incarnés.

Comment reconnaître qu'il s'agit d'un message du défunt ?

Certains vont le sentir, d'autres vont l'entendre de leurs voix intérieures, ou d'un médium, ou bien ils vont voir la vibration se présenter à eux. Certains défunts, lorsqu'ils vivent le premier niveau de conscientisation, vont déjà suggérer qu'un Être humain puisse en éclairer un autre. Par exemple, un père décédé demandera à son fils de livrer un message à sa conjointe. Si la conjointe est trop troublée, pas suffisamment présente à ses voix intérieures ou à l'espace vibratoire, le père utilisera un canal différent pour livrer son message, soit le fils qui, lui, est ouvert à ressentir sa présence, à reconnaître le message.

Puis, pendant une longue période, l'Être vivra dans ces différentes salles dont nous vous avons parlé et il se peut qu'un jour, l'on ressente de nouveau sa présence. Lorsqu'il se trouve dans la salle bouddhique, alors il peut manifester sa présence comme une guidance, un éclairage. C'est ce que vous appelez souvent « un ange gardien ».

Ah, c'est ça l'ange gardien !

C'est une sensation d'une présence qui vous accompagne, qui teinte vos voix intérieures, qui vous inspire et, de là, vous protège par ses inspirations. L'Ange gardien, le Guide individuel, existe. Chaque Être humain a une dimension christique et divine, qui est l'expression de l'Âme associée à l'Esprit, et il est accompagné de présences lumineuses, d'Êtres qui existent ailleurs dans l'Univers.

Est-ce qu'on a un seul ange gardien qui se présente à partir de la naissance, ou on peut en avoir plusieurs ?

Vous pouvez avoir plusieurs anges gardiens, bien sûr. Quelquefois, ce sont des Êtres qui vous ont connu et, bien souvent, non. Ces mêmes guides vous accompagnent durant votre vie terrestre et ils vous accompagneront aussi durant le parcours transitoire des six paliers après la vie terrestre vers votre réincarnation.

Chapitre 15

La réincarnation

Le processus de réincarnation est en soi la continuation toute naturelle de la vie dans l'au-delà. Dans l'au-delà, l'Être expérimente d'autres formes de vie à travers différentes dimensions, tout en étant dans la conscience de ce qu'il a vécu sur la Terre et de ce qui s'est cristallisé sur les plans émotionnel et mental. Il vit bien sûr des épurations, tout comme lorsque vous êtes en voyage dans un autre pays. Vous découvrez un Nouveau Monde, mais vous êtes toujours dans la sensation de qui vous êtes. Si vous avez un caractère fort, il est toujours présent. Toutefois, les expériences vécues dans ce nouveau pays font en sorte que vous constatez peut-être davantage certains effets de votre caractère. Vous pouvez alors choisir d'en adoucir certains aspects. Puis, après avoir vécu plusieurs expériences dans ce nouveau pays, vous avez rencontré qui vous êtes sous différents angles, puisque les situations et les Êtres y sont différents. Cette expérience fait que vous avez tout à coup envie de revenir vers votre pays pour vous exprimer différemment. Vous savez, bien sûr, que tout n'est pas résolu, mais que vous pourrez explorer de nouvelles façons d'être et de faire.

Il en est de même pour la vie après la mort. L'Être se retrouve dans de nouvelles dimensions. Il vit des expériences, tout en ayant conscience des éléments qui se sont cristallisés dans la dernière incarnation. Il n'est pas limité par eux. Il les porte toutefois comme un voile autour de lui. Puis, ces nouvelles expériences de l'au-delà lui permettent de faire certains détachements et d'aller vers certaines expansions. À un moment donné, il va ressentir qu'il est aspiré à nouveau vers une porte multidimensionnelle, comme il le fut lors de sa mort. Le même processus, mais à l'inverse.

D'accord, mais on dit aussi qu'on choisit notre vie. Comment cela se produit-il?

Certes, nous vous avons dit que l'Être choisit sa vie, qu'il choisit ses parents. Ce n'est pas un choix intellectuel, bien sûr. Il est parti dans un certain état et cet état s'est transformé à travers les différents niveaux d'expérience et les différentes formes de vie qu'il a vécues. L'Être continue d'évoluer. À un certain niveau d'évolution, il se sent tout à coup aspiré vers l'incarnation – une porte multidimensionnelle –, comme il a été aspiré vers la vie cosmique au moment de sa mort et comme, durant tout son parcours cosmique, il a été aspiré vers d'autres dimensions.

Si on poursuit l'analogie avec le voyage, imaginons que vous soyez en Afrique. Vous avez ressenti un appel, et vous voilà en Afrique centrale. Cela vous met en rapport avec des inscriptions émotionnelles et mentales et aussi avec votre caractère. Il y a de nouvelles situations, de nouveaux paysages, de nouveaux Êtres. Vous vous redécouvrez, vous vous révélez à vous-même sous de nouvelles formes. Et puis, il se peut que vous soyez aspiré vers l'Afrique du Sud, puis ensuite vers l'Afrique du Nord. Ce sont des expériences totalement différentes.

Un jour, vous vous sentez appelé, aspiré de nouveau vers votre pays, et des Êtres ressentant votre retour proche préparent votre accueil.

Ainsi, lorsque le moment de la réincarnation est venu, tout ce qui est associé au duo Âme-Esprit que vous êtes contribue par ses vibrations à provoquer la rencontre, puis la relation entre l'homme et la femme qui vont s'unir pour procréer et vous accueillir. En clair, au moment où vous vous sentez aspiré, toutes vos caractéristiques, tout ce que vous êtes en vibration peut faire en sorte que deux Êtres soient attirés l'un vers l'autre sur cette Terre.

Toujours dans mon premier livre, mon père dit qu'il a fait en sorte que le père des mes enfants et moi, on se rencontre, pour qu'il se réincarne. Je comprends que ce n'est pas un scénario romantique de film hollywoodien, mais comment cela fonctionne-t-il au juste?

Votre père, dans tout ce qu'il est vibratoirement dans les autres dimensions, a fait en sorte qu'il y ait déjà une disponibilité à s'incarner. Imaginez un parfum. Tout ce qu'il est, son essence, crée un parfum qui lui est propre. Son parfum sera émis sur la Terre, et un homme et une femme, attirés par le même parfum, se rencontreront. Bien sûr, de façon romanesque, le défunt a fait en sorte qu'un homme et une femme se rencontrent. Dans votre cas, votre père a fait en sorte, certes, que vous rencontriez un homme. Non pas n'importe lequel, toutefois. L'homme qui était vraiment approprié pour que vos inscriptions génétiques correspondent exactement à l'Être dans lequel il voulait s'incarner.

Est-ce que vous nous suivez bien?

Oui. Et c'est moins romanesque, vu de cet angle.

Donc, le défunt va choisir une femme et un homme pour que l'union des deux permette la création d'un germe dont les inscriptions génétiques sont en relation avec ce qu'il a, lui, à vivre comme expériences. Il va choisir ses nouveaux parents pour créer une relation qui fera émerger une partie de ce qu'il a à vivre.

Parlez-vous des mémoires de ses vies passées?

Certes, de ses mémoires. Ses parents sont choisis par un processus d'attraction. L'Être attire les parents qui, en fonction de ce qu'ils portent en eux, pourront participer dans des situations de vie précises (généralement inconsciemment) à faire émerger à la fois le meilleur de lui-même, mais aussi les parties plus ombrageuses pour qu'il les transcende.

Et cela va très loin. Cela signifie que cet homme et cette femme ensemble ont la propension à s'unir et à se heurter pour créer des situations qui vont provoquer l'enfant, par exemple. Il sait déjà tout cela. Il ne le sait pas intellectuellement, bien sûr. C'est toute sa vibration qui le sait. C'est l'intelligence universelle, la même intelligence qui, dans vos cellules, fait en sorte que vous êtes attiré vers le mets qui est le plus juste pour vous. Cette même intelligence cellulaire existe pour attirer l'homme et la femme à se rencontrer, puis à s'unir pour la procréation à un moment très précis. Puis, dans l'union, le germe va accueillir certaines inscriptions génétiques en provenance de l'homme et de la femme.

En d'autres termes, l'Être choisit ses parents, il les fait se rencontrer, il favorise leur union physique, il intervient dans la création du germe et les inscriptions génétiques.

Tout ça dans une espèce de grand calcul matriciel extrêmement complexe qui dépasse notre entendement, si je résume?

Voilà! La forme que vous citez est tout à fait juste. L'Être va influencer les inscriptions dans ce germe et sa croissance, à partir d'une intelligence cellulaire qui est libre dans le cosmos.

On se suit bien? *[rire]*

Une « intelligence cellulaire libre dans le cosmos », c'est quand même un peu abstrait, mais disons que oui!

Dès que nous parlons de réalités hors de cette Terre, vous voyez des éléments abstraits. Prenons un exemple. Lorsqu'il y a une fleur, cette fleur émet un pollen. Ce pollen pourra fertiliser une autre fleur ou une plante.

C'est simple, n'est-ce pas?

Ça, oui.

Qu'est-ce qui fait en sorte que le pollen passe d'une fleur à une autre fleur ?

Les éléments, le vent, les oiseaux, les abeilles, peu importe.

Non, pas « peu importe », chère Âme. Voilà la nuance. Voilà la faille.

[rire]

Ce n'est pas « peu importe ». C'est une intelligence cellulaire cosmique. C'est soit des abeilles, des oiseaux ou le vent, mais ce n'est pas le fruit du hasard. On s'entend bien ?

D'accord.

Alors, vous avez compris. Pourtant, cette intelligence se manifeste dans un phénomène que vous pouvez voir. Il en est de même pour l'enfantement. Ce n'est pas le fruit du hasard. Il y a là une intelligence. Certains appellent cela « l'Esprit Saint ». Or, ce n'est pas religieux. Vous pouvez l'appeler « l'Esprit cosmique », « l'Intelligence cosmique », c'est l'Esprit Saint, le Saint-Esprit. C'est cela que les hommes ont toujours reconnu, sans tenter de comprendre.

Pourquoi l'abeille passe-t-elle d'une fleur à l'autre ? Sans les abeilles, la Terre est en difficulté. Vous le saviez ?

Oui, je l'ai lu dernièrement.

En grand danger de dépollinisation. Or, c'est une intelligence cosmique. Il y a un instinct dans l'abeille qui fait qu'elle va exactement au bon moment vers une plante puis vers une autre plante. Alors, il en est de même pour les humains. Un homme va vers une femme. Ils se rencontrent. Pourquoi se rencontrent-ils à ce moment ? Pourquoi lui, pourquoi elle ? Pourquoi cette abeille sur cette fleur ? Il y a une attraction. La loi qui permet tout ça, la loi cosmique, est la loi de l'attraction. Cette loi de l'attraction est associée au mécanisme de synchronicité. Les éléments s'attirent en fonction de leurs caractéristiques. Tout ce qui vit, tout ce qui existe dans l'Univers, quelles que soient les dimensions, diffuse ses vibrations, ses caractéristiques. Vous pourriez imaginer un grand ordinateur qui accueille les émanations de tout ce qui vit dans l'Univers et qui fabrique des duos, des agencements. Vous saisissez ?

C'est plus clair.

Alors, telle abeille ira vers telle fleur, et pas une autre. Comment ? « L'Ordinateur » lui injectera une impulsion. De la même manière, telle femme ira vers tel homme. Pourquoi ? Parce que cette entité émet telle caractéristique qui l'amènera à vivre telle expérience. Et pour vivre telle expérience, cette femme doit présenter tels types de caractéristiques, et cet homme, tels autres types de caractéristiques.

Alors, on est bien naïfs de penser que c'est d'abord une question d'attraction physique ou d'intérêts communs. C'est beaucoup plus complexe que ça?

Bien sûr. Pourquoi ne serait-ce que l'attraction physique ? Imaginez que vous alliez dans un bal. Dix hommes y sont, qui sont vraiment élégants, dont la beauté vous fait vibrer. Ils sont différents, vous les trouvez tous beaux, et pourtant, vous ne cherchez pas à déceler lequel se distingue. Cependant, il y en a un qui vous attire. Ce n'est pas nécessairement le plus élégant ou le plus beau, selon vos normes. Ce n'est pas nécessairement celui qui répond à vos critères intellectuels ou émotionnels. Mais il vous attire, et quelquefois, vous vous dites : « Mais l'autre, pourtant, semblait plus correspondre à mes critères. » C'est une attraction, et cela défie le raisonnement. D'ailleurs, lorsque vous choisissez en fonction de la raison, vous êtes souvent déçue. Pourquoi ? Parce que, avec le raisonnement, tous vos critères sont remplis, mais vous n'avez pas la sensation.

Comment l'expliquer d'un point de vue plus scientifique?

La loi de l'attraction, c'est magnétique. L'Être qui va s'incarner diffuse tout ce qu'il est. Ce n'est pas simplement une couleur, vous savez. De la même façon, lorsque vous rencontrez un Être, il ne sent pas que votre parfum. Il ne voit pas que la couleur de vos vêtements ou votre visage. Il sent tout votre Être. Tout ce que vous êtes, toute votre vibration émane de vous vers l'autre.

Ainsi, l'Être qui va s'incarner dégage tout ce qu'il est et tout ce qu'il a à explorer dans cette vie. Ces émanations feront en sorte de favoriser la rencontre d'un homme et d'une femme. Ces mêmes émanations vont favoriser leur union intime. Ces mêmes émanations feront en sorte de l'aspirer vers eux au moment le plus juste, le moment opportun pour que tout se vive, et pour lui, et pour eux. Il y a là une synchronicité. Car cinq ans plus tôt ou plus tard, ses parents ne sont pas dans la même situation, et l'Être ne vivra pas les mêmes expériences.

Il y a vraiment une mise en corrélation de tous les éléments pour en arriver au moment de la conscientisation, ce grand passage multidimensionnel qui se produit lorsque les vibrations du duo Âme-Esprit sont projetées dans le fœtus.

Sommes-nous suffisamment clair ?

Oui, sauf que ça soulève la question du libre arbitre. En lisant ces lignes, plusieurs auront peut-être l'impression que tout est orchestré par la matrice universelle, ce qui ne laisse aucun choix aux Êtres humains. Est-ce le cas ?

Mais non, au contraire, vous avez tous les choix. C'est-à-dire que rien n'est orchestré par qui que ce soit. C'est vous, c'est votre parfum qui attire un homme. Ce n'est pas orchestré à l'avance.

Mais on dirait que c'est orchestré, quand vous dites que l'Âme, qui veut s'incarner, favorise la rencontre des parents.

Mais l'Âme, c'est aussi vous ! C'est vous qui choisissez d'aller au bal, chère Âme. Si vous n'allez pas au bal, vous ne rencontrez pas cet Être en particulier, mais vous allez en rencontrer un autre dans un autre bal. Cet autre Être aura la propension à vous faire vivre des expériences différentes, mais qui feront émerger les mêmes thèmes. Il n'y a pas simplement un homme et une femme sur toute la Terre qui ont la possibilité de vous faire vivre une expérience qui est importante pour vous.

Je veux bien comprendre, là. Admettons que j'aie décidé de ne pas être en couple avec le père de mes enfants, comment l'Âme qui avait favorisé notre rencontre aurait-elle réussi à se réincarner?

Il y aurait eu un autre homme et une autre femme qui se seraient unis et dont les caractéristiques, différentes des vôtres, auraient tout de même eu une propension à ce que cette Âme vive une expérience de même type. Les situations, les personnages seraient tous différents, mais ce qui émergerait serait la même chose.

Imaginons, par exemple, que vous alliez en voyage en Égypte et que vous y éprouviez une insécurité profonde et de la peur, faisant en sorte que vous voulez revenir dans votre pays. Mais si vous aviez choisi d'aller plutôt en Turquie, vous auriez rencontré des Êtres différents, et peut-être qu'eux n'auraient pas provoqué chez vous de l'insécurité, mais vous auriez peut-être rencontré un voyageur qui vous aurait fait vivre cette insécurité, au point de vous donner l'envie de retourner dans votre pays. Le scénario global est le même : explorer l'insécurité. Toutefois, le scénario détaillé est totalement différent. Vous êtes ailleurs avec des Êtres différents.

Alors, vous auriez pu ne pas rencontrer cet homme, mais plus tard, que ce soit deux jours, trois semaines, un mois ou deux années plus tard, vous auriez rencontré un autre Être avec une personnalité, un caractère différent et dont l'union avec vous aurait permis des expériences différentes, mais qui auraient soulevé les mêmes thèmes pour cet Être qui se réincarne.

Bon, la grande question que j'ai toujours, et ce n'est pas la première fois que je vous la pose, est celle-ci : si on choisit notre incarnation, comment peut-on choisir d'aller naître dans un pays où il y a la guerre et où des enfants finissent violés, assassinés et vivent des existences de misère?

Vous ne choisissez pas intellectuellement. Il y a certaines femmes qui vivent avec des hommes violents, n'est-ce pas ? Pourquoi les choisissent-elles ?

C'est une bonne question.

Elles sont attirées par eux. Pourquoi sont-elles attirées par eux ?

Pour guérir de vieilles blessures ?

Parce que la relation va les amener à retrouver leur force, leur autonomie, leur pouvoir. Elles sont attirées par eux d'abord parce que, au fond d'elles-mêmes, elles ont l'impression de ne pas être à la hauteur. Elles sont dans le déni d'elles-mêmes. Elles sont attirées vers des hommes qui semblent avoir un pouvoir et une puissance, parce qu'elles ont l'impression de ne pas en avoir. Mais ce pouvoir va faire rebondir sur elles tant de douleur qu'elles vont tôt ou tard s'éveiller.

Ceux qui s'incarnent dans des corps qui seront, par la suite, mutilés sont des Êtres qui viennent vivre une expérience. Elle vous semble douloureuse parce que vous établissez des comparaisons, comme vous comparez l'enfant qui meurt en bas âge, mutilé, avec un enfant de 15 ans qui se suicide et un Être de 80 ans qui laisse son corps se détruire à la suite d'innombrables frustrations pendant huit décennies. Dans l'Univers, une année, quinze années ou quatre-vingts années sont un souffle, chère Âme. L'Être qui se mutile pendant quatre-vingts années, en refusant de se rencontrer et d'être dans l'amour, ne vit pas moins ou plus de douleurs qu'un enfant mutilé en bas âge, chère Âme.

C'est une question de perspective.

Est-ce qu'un Être qui se suicide à 15 ans, c'est plus grave qu'un Être qui se laisse mourir en quatre-vingts ans ?

Il n'y a pas de réponse. Pourquoi ? Parce que vous ne voulez pas juger, n'est-ce pas ?

Non, je ne veux pas et, surtout, je ne peux pas juger.

Alors, vous avez bien compris. Ne jugez pas. Il y a là une expérience. Pourquoi une fleur sera-t-elle coupée avant même de s'ouvrir, tandis que l'autre va s'ouvrir, s'épanouir, exhaler tout son parfum, sans jamais être coupée? Chacun a son expérience, et l'expérience de l'enfant mutilé est associée à ses expériences passées, chère Âme.

Le problème est que, présenté comme ça, il devient facile de se déresponsabiliser face à la douleur et à la misère des autres. Certains vont entendre ça et se dire : « Ah, de toute façon, c'était son karma. »

Si vous dites cela, cela signifie que vous-même, vous n'êtes pas à l'écoute de votre voix à vous. En vous désunissant de l'autre, nécessairement vous vous désunissez de vous. Alors, vous êtes en train de vous suicider en faisant cela. Pourquoi ? Parce que, à l'intérieur de vous, il y a une pulsion d'union et d'amour. Cette pulsion vous pousse, chaque jour, à faire en sorte que la fraternité humaine puisse se recréer et que cet enfant, malgré sa propension karmique, puisse être sauvé. Si vous vous déresponsabilisez, cela signifie que vous vous suicidez.

C'est la meilleure réponse que j'ai eue jusqu'ici ! Merci. Je dis toujours : « Si, un jour, je comprends la souffrance humaine, j'aurai tout compris. »

Ne la comparez jamais, chère Âme. Imaginez un Être richissime qui possède tout ce qu'il peut se permettre et qui a en plus la santé et toutes les relations affectives qu'il veut. Pourtant, il se sent seul et se noie dans l'alcool. Il souffre parce qu'il n'a pas son verre d'alcool, aujourd'hui. Cela vous paraît si superficiel, comparativement à l'enfant qui a été mutilé, n'est-ce pas ?

Un peu.

Soyez si amour que vous ne compariez pas la souffrance. L'enfant mutilé quelquefois va quitter ce plan avec un moment de souffrance, certes, et pourtant, son passage très bref sur la Terre aura pu conscientiser une multitude d'Êtres. L'autre, par contre, dans toute sa souffrance de décennie en décennie, sent l'inutilité de sa vie et il se détruit progressivement. Ce n'est qu'une façon de l'explorer, et ces façons sont infinies, chère Âme.

Vous êtes fort touchée par les enfants parce que vous avez été témoin dans plusieurs vies d'enfants qui étaient dans la souffrance. Vous avez été vous-même dans la souffrance et vous avez été aussi dans des expériences où vous avez collaboré à cette souffrance. Elle vous touche particulièrement, alors que d'autres sont touchés par les Êtres qui sont submergés, envahis par la drogue ou l'alcool, n'est-ce pas ?

Oui.

Comment pouvez-vous expliquer que des Êtres se déploient avec tant d'intensité et d'amour pour un animal, alors qu'ils laissent des Êtres humains mourir de froid et de faim ? C'est étonnant tout de même, n'est-ce pas ?

Du point de vue de plusieurs, oui.

Et pourtant, il y a des Êtres qui consacrent leur vie aux animaux et leur offrent vraiment des richesses importantes. Comment les gouvernements peuvent-ils déployer des sommes incroyables pour protéger des animaux, alors qu'ils laissent des Êtres mourir de faim dans le monde ? C'est incroyable, n'est-ce pas ?

Encore une fois, c'est une question de point de vue.

Nous pourrions ici faire un livre complet uniquement avec des questions comme celles-là... Des questions sans réponse ! « Comment osez-vous donner de la nourriture à un chat, alors qu'un enfant va mourir de faim non loin de chez vous ? », dira-t-on. Et un Être répondra : « Un chat est aussi un Être vivant. » Mais nous le savons, bien sûr. Nous ne vous disons pas de ne pas donner de nourriture au chat. On vous dit : « Donnez aussi de la nourriture à l'enfant. » Et l'Être nous dira : « Mais je ne peux pas faire les deux. » Pourtant, il y a de la nourriture pour tous les Êtres humains sur cette Terre.

Alors, combien de fois, collectivement, vous êtes-vous manifestés à voix haute ? Combien de fois vous êtes-vous écriés auprès des hommes pour qu'il y ait des changements et que la nourriture soit répartie équitablement entre tous les Êtres? Combien de fois dans votre vie? Combien de fois l'avez-vous manifesté intérieurement, vibratoirement? Il vaut mieux ne pas répondre, n'est-ce pas, pour ne pas vous juger vous-même...

Alors, vous voyez? Si nous disions: «Ah, mais voilà, c'est son karma», nous ne pourrions pas vous parler ainsi. Nous vous disons: «Dans chaque Être, il y a aussi le karma lumineux de l'union amoureuse et fraternelle à laquelle chacun doit répondre. Parce que si vous n'y répondez pas, vous vous suicidez. Vous êtes venu sur cette Terre pour créer et pour vivre dans la joie, dans l'amour et dans l'union. Sur cette Terre, le but ultime est de vous unir. Alors, si vous laissez un Être mourir parce que c'est son karma, vous vous suicidez aussi.

Qu'est-ce qui détermine qu'un Être se réincarne après trois jours, vingt ans ou un million d'années?

C'est le même temps, vous savez. Une année, vingt années, c'est la même chose. Tout cela est en termes terrestres, dans la réalité de la troisième dimension. Au-delà de votre monde, tout est simultané.

D'accord. Maintenant, plusieurs personnes peuvent-elles porter la vibration d'un même Être qui se réincarne?

Certainement.

Est-ce que cela pourrait expliquer le fait que nous soyons six milliards d'Êtres humains aujourd'hui sur la Terre, alors qu'il n'y en avait qu'un milliard il n'y a pas si longtemps? D'où proviennent toutes ces Âmes?

Dans tout organisme vivant, les cellules se reproduisent. Une cellule se divise, crée une autre cellule, puis deux cellules créent chacune une cellule et il y a quatre cellules, et le processus continue. C'est exponentiel. Les Êtres humains, comme tout dans l'Univers, se déploient de cette façon. Lorsque les Êtres se réincarnent, nous pourrions vous transmettre, pour simplifier, qu'il y a une dominante, c'est-à-dire une majeure et des mineures. Par exemple, votre père se présente en majeure dans votre fils et en plusieurs mineures dans d'autres enfants.

Pour que vous compreniez bien, utilisons l'analogie suivante. Admettons que la majeure soit la majorité. Disons donc que deux tiers de la vibration de votre père se sont présentés dans votre fils, et que le tiers de ses vibrations s'est réparti dans d'autres enfants.

Est-ce que vous nous suivez ?

Est-ce nécessairement dans la même famille ?

Non, pas du tout. Et cela ne signifie pas que c'est simultané.

Lorsqu'une fleur émet son pollen, celui-ci se dissémine dans toutes les directions, mais il se peut qu'on en retrouve une concentration dans un lieu de telle sorte que plusieurs fleurs poussent à cet endroit, tout en se disséminant ailleurs aussi. Vous saisissez ?

Oui.

Lorsqu'un Être vit sur cette Terre et qu'il aime, son amour est ressenti. Vous aimez la vie, vous aimez votre enfant ? Il le ressent, n'est-ce pas ? Eh bien, le fait que vous aimiez votre enfant ainsi est ressenti par plusieurs enfants, parce que votre amour ne peut pas être unique. S'il était unique, il ne serait pas amour. C'est magnifique, n'est-ce pas ? Alors, lorsqu'un Être, ou votre père, est aspiré pour se réincarner, sa vibration peut se déployer dans plusieurs Êtres.

Pouvez-vous imaginer qu'un Être se présente sur cette Terre pour une première incarnation ?

Pourquoi pas ? Mais d'où provient-il ?

Les Âmes se sont démultipliées. C'est ce que nous vous disions : une cellule en crée une autre. Elle se scinde et crée une autre cellule et, de là, vous aurez des Âmes jumelles, par exemple, ou vous aurez des Âmes sœurs.

Quelle est la différence entre les deux ?

Les Âmes sœurs viennent d'une même famille d'Âmes, c'est-à-dire des Âmes qui ont la même vision, la même orientation, la même expression de la vie, alors que les Âmes jumelles viennent de la même Âme. C'est une seule et même Âme qui émet sa vibration dans deux ou plusieurs Êtres. Une vibration qui se scinde en deux ou plus, donc, tout comme des jumeaux de la même mère, comparativement aux sœurs et aux frères.

Vous êtes maintenant conscient des enjeux de la période de transition vers la réincarnation. Elle influencera toute la nouvelle incarnation.

Chapitre 16

LA GESTATION

Il est souvent difficile pour les Êtres humains de ressentir où se situe l'Être lorsqu'il est entre deux incarnations puisque nous affirmons, d'une part, qu'il est énergie et qu'il répond à des stimuli d'ordre magnétique et, d'autre part, qu'il est une individualité qui a aussi son libre arbitre. Entre ces deux extrémités se trouve une réalité difficilement compréhensible pour l'Être incarné. Voilà un préambule pour que vous puissiez peut-être mieux comprendre la suite.

Nous en étions donc à vous dire que l'Être qui existe dans l'Univers, dans une expression multidimensionnelle de lui-même, allait s'incarner. Lorsque, dans son périple cosmique et ses expériences multidimensionnelles, il ressent l'appel à l'incarnation, il influence déjà, par sa vibration, l'environnement terrestre qui participera à sa venue. C'est ainsi qu'il collabore à la rencontre de l'homme et de la femme, qu'il influence leur accouplement. S'il exerce une influence, c'est qu'il y a aussi une influence du champ magnétique de la Terre et du champ magnétique que compose l'humanité, pour qu'il y soit attiré.

Ainsi, de l'union de l'homme et de la femme, un germe est généré. Ce germe est constitué d'une dimension universelle de l'homme et de la femme, et bientôt, il sera conscientisé par un duo que nous appelons « l'Âme et l'Esprit unis ». L'Âme et l'Esprit sont lumière et ils vont se projeter vers le fœtus pour que la lumière s'inscrive dans la chair. Ce moment est exaltant, intense, et provoque dans le fœtus des éclatements de lumière générant une extase. Cela fait en sorte que, tout autour de lui, ses émanations sont ressenties. La future mère, si elle n'est pas trop tracassée ou sollicitée par son environnement, ressentira qu'il y a un passage. Il y avait un fœtus, il y a maintenant, en plus du corps, un Esprit et une Âme. Il y a une sensation de puissance de vie en elle.

C'est aussi, très souvent, à cette période que lui viendra l'inspiration du nom de l'enfant. Ce que nous entendons ici est que la vibration du duo Âme-Esprit transmettra une sonorité à la mère, qui correspond à sa fréquence vibratoire individuelle. La mère va décoder ce qu'elle reçoit en un prénom. Il est très intéressant que ce soit la mère qui puisse choisir ce prénom pour son enfant. Toutes les mères sont invitées à faire ce choix. Leur environnement, le père, les frères et sœurs, toute la famille de cette femme, sont aussi invités à respecter le choix de la mère, lorsqu'il est un choix ressenti profondément. Parce que l'enfant qui naîtra s'y reconnaîtra et aura encore plus de propension à vivre en équilibre et en harmonie. Son nom deviendra une puissance énergétique lui permettant de se reconnaître, lorsqu'il est prononcé. C'est donc un élément fascinant qui mérite l'attention de tous.

Lorsqu'il y a ce moment extatique de rencontre de la lumière et de la chair, un champ magnétique se crée autour de l'enfant, et tous les Êtres conscients près de cette femme pourront ressentir qu'il y a une nouvelle force en présence qui croît dans la mère.

Cet Être obtiendra de la mère non seulement une nourriture physique, mais aussi une nourriture lumineuse et prânique (nous vous rappelons que le prâna est l'énergie vitale présente dans toute forme de vie qui favorise la régénérescence cellulaire). Tout ce qui lui est nécessaire pour croître transitera par cette femme qui est sa mère. Il faut bien comprendre que le duo Âme-Esprit de cet enfant vibrait dans l'Univers d'une dimension à l'autre, dans un monde vaste et infini, et qu'il se retrouve maintenant associé à un fœtus dans un environnement qui est bien balisé.

Ainsi, l'Être fera de sa mère son nouvel univers et il se fusionnera avec elle. Ce nouvel univers le nourrit, influence sa croissance et le met en relation avec l'extérieur. Ainsi, ce qui va influencer la croissance physique et psychique de cet enfant durant la période de gestation n'est pas seulement la nourriture physique qu'il obtient de par sa mère, mais aussi tout ce qui lui est transmis vibratoirement par la mère et son environnement.

De quoi parlez-vous, plus précisément ?

Nous parlons d'émotions, de croyances, de sentiments. Tout ce que la mère vit est ressenti par l'enfant.

Lorsque la mère vit des tristesses, l'enfant ressent la tristesse et il apprend ce qu'est la tristesse. Lorsqu'elle vit de grandes joies, il ressent de grandes joies et il apprend ce que sont les grandes joies. Lorsque la mère vit la peur, elle expérimente la peur dans son corps, et l'enfant apprend ce qu'est la peur. Ainsi, l'enfant entre en relation avec la vie à travers sa mère, parce que la mère agit et réagit à son environnement familial, social, religieux, économique et politique. Ses réactions, ses vibrations sont autant d'enseignements pour l'enfant. L'enfant va donc apprendre comment être en relation avec tout cet environnement à travers sa mère.

Pour ces raisons, il est intéressant que la femme enceinte, lorsqu'elle vit des expériences, puisse parler à son enfant et lui expliquer davantage ce qu'elle a vécu, ce qu'elle a ressenti, et cela sans attendre. Ne croyez pas que l'enfant soit un vase vide. Il entend, il comprend, et l'influence que sa mère a sur lui est grande. Il est aussi intéressant que la mère puisse vivre différents états d'être pour que l'enfant puisse distinguer ce que sont la paix, la légèreté, l'intensité, l'effervescence, l'euphorie, soit tout un ensemble d'états qui lui permettent déjà d'apprivoiser son environnement.

Nous suggérons souvent aussi que la mère puisse chanter et s'exposer à des musiques qui favorisent la joie. Parce que les sons qui passent par elle vont particulièrement toucher l'enfant et favoriser déjà chez lui des états d'expansion.

Bien entendu, l'enfant sera également en relation avec les Êtres qui s'approchent de sa mère. Il est suggéré à la mère d'être dans la compassion, d'être amoureuse de la vie qui anime tous les Êtres humains. Si, par exemple, un Être est plus rude avec elle, mais qu'elle voit en lui sa beauté, sa lumière, l'enfant apprend à voir et à sentir au-delà des apparences. Sinon, il sentira intensément la rudesse dans la vibration de cet Être. Si, par contre, la mère est dans un état de réception et de compassion envers cet Être, l'enfant pourra capter sa rudesse, mais il ressentira aussi, de par sa mère, la façon d'entrer en relation avec lui. Si la mère n'est pas dans cette conscience, l'enfant apprendra ce que sont la rudesse et la colère. Même s'il est sain qu'il puisse connaître cela, des programmations négatives peuvent s'inscrire si la mère est dans la peur plutôt que dans la compréhension et l'amour.

Par ces exemples, nous voulons dire ici que la mère est vraiment le canal de transmission pour son enfant. Elle est l'intermédiaire entre les manifestations de la vie et son enfant, et sa façon de rencontrer la vie est totalement transmise à l'enfant.

À quel moment les mémoires de vies antérieures s'inscrivent-elles dans l'enfant?

Après cette grande période d'extase provoquée par la rencontre de la lumière et de la chair, les inscriptions génétiques et mémorielles prennent place. D'abord, certains éléments en provenance du père, d'autres en provenance de la mère et certains éléments nés de l'union des deux vont influencer le développement physique et psychique de cet enfant. Ce sont les inscriptions génétiques. Puis, durant cette même période, la vibration du père, de la mère, de leur environnement, ainsi que les répercussions du retour du duo Âme-Esprit dans un Être de chair et au monde terrestre vont faire émerger à nouveau tout un ensemble de mémoires. Des interprétations causant des nœuds, associées à des vies antérieures, vont ainsi se loger dans l'Être.

Ce que nous entendons ici est que les mémoires d'expériences passées s'inscrivent pendant la grossesse dans les cellules de cet enfant en croissance. Par la suite, lorsqu'il sera né, ces inscriptions génétiques et mémorielles conditionneront ses états, ses attitudes et ses comportements. Elles influenceront sa façon d'être, d'agir et de réagir. À ces inscriptions s'ajoutent aussi toutes les influences de l'environnement, la façon dont sa mère rencontre la vie et ce qu'il en capte à travers elle. En clair, cet enfant, lorsqu'il va naître, arrivera dans le monde avec un profil déjà en grande partie établi, programmé.

C'est une lourde charge! Comment la mère peut-elle le préparer?

Pendant la grossesse, la communication avec la mère est non seulement essentielle, mais peut aussi favoriser des transformations d'inscriptions. Par son amour et sa puissance énergétique, elle peut déjà accompagner l'enfant à dissoudre des mémoires, et même d'éventuelles inscriptions génétiques. Par sa conscience, son amour et sa puissance, la mère peut entrer en relation avec les cellules de cet enfant pour les accueillir et en faire émerger toute la puissance et la lumière.

Si je comprends bien, la mère peut même favoriser la transcendance de mémoires karmiques pendant qu'elle porte son enfant?

Certes.

De quelle façon? Disons que je suis arrivée, moi, avec une mémoire de trahison. Qu'est-ce que ma mère aurait pu faire pendant sa grossesse pour m'aider à transcender la trahison?

La mère ne saura pas nécessairement quelles sont les mémoires à dissoudre, parce que les facultés de réception des Êtres humains actuellement ne sont pas encore suffisamment développées pour capter l'information avec ce niveau de précision.

Je comprends. Alors, prenons un exemple plus simple.

La mère ne doit ni appréhender les difficultés de son enfant, ni souhaiter que tout aille bien pour lui, ce serait naïf. « Souhaiter » n'a pas de pouvoir. Il s'agit, ici, d'entrer en contact avec cet enfant, d'entrer en complicité avec ses cellules, comme elle le fait pour elle-même. Qu'elle parle à cet enfant, à ses cellules, et qu'elle l'accueille. C'est d'abord l'accueil de la mère, non pas qu'un accueil affectif, mais aussi une reconnaissance que cet enfant est un Être de lumière universel qui vient sur cette Terre avec sa propre façon de créer. Qu'elle lui transmette cela, qu'elle lui parle. Qu'elle lui transmette aussi que ses expériences passées, qui ont provoqué des blessures dans des vies antérieures, appartiennent au passé et que, maintenant, il peut exprimer qui il est avec amour.

Par ce dialogue avec son enfant, et avec les cellules de son enfant, elle permettra une décontraction, même une dissolution de certaines mémoires qui s'inscrivent pendant la grossesse. L'enfant à naître peut ainsi voir les mémoires d'abandon et de trahison se dissoudre, parce qu'il est accueilli. En exprimant qu'elle va le reconnaître dans son individualité, toutes les blessures de non-écoute et les blessures de ne pas être à la hauteur peuvent être dissoutes.

Je reviens à ma question : comment ?

En prenant conscience de toutes les blessures types des Êtres humains autour d'elle, la mère va communiquer, par exemple : « Mon enfant, tu es respecté dans ce que tu es, et non pas dans ce que nous voulons ou ce que la société veut que tu sois. Tu seras entendu, tu seras écouté. Tu l'es dès maintenant. »

Dans cette ouverture, la mère entend le nom de son enfant, elle se rend disponible à lui, elle le reconnaît dans sa nature universelle, elle reconnaît son individualité propre, qu'il aura ses propres dons et talents. Vous savez, lorsqu'une mère affirme, par exemple : « Mon fils, ou ma fille, sera une grande danseuse, un grand chanteur ; il sera le plus beau et le plus intelligent », cela peut vous sembler anodin, mais il y a une certaine charge qui est mise sur l'enfant, avant même qu'il naisse. Déjà, la notion de performance ou de comparaison existe. C'est très subtil. Même ceux qui croient être dans la conscience en souhaitant que leur enfant soit un missionnaire, en disant, par exemple : « Mon enfant sera un Être de lumière qui va agir pour la paix dans ce monde », créent une charge sur l'enfant.

Vous saisissez ?

Même avec la meilleure intention, cela crée une charge ?

Voilà ! Ce n'est pas mauvais, bien sûr, qu'un Être ait envie que son enfant soit lumineux, mais la façon de l'exprimer doit permettre à l'enfant d'entendre qu'il est accueilli comme il est, dans sa propre lumière. Déjà, permettre à l'enfant de délaisser ses mémoires en l'accueillant dans ce qu'il est va relâcher les contractions mémorielles. Attention, ce n'est pas dans l'esprit : « Bon, voilà, j'ai une technique à appliquer pour qu'une mémoire de trahison se relâche. » Non, la mère manifeste son amour au-delà de l'affectivité, avec une conscience de ce qui est en jeu. La mère joue véritablement son rôle d'accueil.

D'accord. Au tout début du chapitre, vous avez parlé d'un champ magnétique de la Terre et de l'Univers qui favorise l'attraction. Quelle est cette attraction ?

Il s'agit de l'attraction de cette Âme à s'incarner sur la Terre. Imaginons que vous voguiez sur l'océan vaste et infini et qu'au loin, tout à coup, vous voyiez un phare. Vous êtes attiré vers ce phare, évidemment. Or, nous disons que la Terre elle-même a un champ magnétique, et l'humanité qui y vit a aussi une puissance d'attraction. La vie sur Terre va créer ainsi une force qui attire le duo Âme-Esprit à s'y incarner.

Et l'extase qui est vécue par le fœtus au moment de la conscientisation, comment ça se passe ? Qu'est-ce que vous pouvez nous dire que nous pourrions comprendre à notre niveau ? « La rencontre de la lumière avec la chair », c'est un peu difficile à imaginer !

Pas du tout. Imaginons, par exemple, que vous viviez dans une cité où l'eau, l'air et l'atmosphère sont plus ou moins souillés. Vous avez toujours vécu dans cette cité et, un jour, vous êtes invitée à vous rendre à l'étranger sur un haut sommet, pour assister au lever du soleil, chose que vous n'avez jamais faite. Le jour venu, vous voyez, avant même qu'il ne se lève, le soleil teinter tout le ciel. Vous êtes ébahie. Il y a une euphorie qui est en vous. Ce n'est pas intellectuel. Vous ne vous dites pas : « Tiens, les couleurs sont jolies. » Vous dites : « Mais c'est merveilleux ! » Vous cherchez en vain les mots pour traduire la sensation de joie, de bien-être, que crée cette lueur dans le ciel. Puis le soleil fuse, sa couleur et ses rayons se projettent vers vous. Vous avez l'impression de découvrir un nouveau monde.

Alors, voilà une inscription de la lumière et de la beauté, quoiqu'elle ne soit pas extatique encore. Toutefois, vous pouvez imaginer que, pour certains Êtres, un tel paysage crée une grande intensité.

Maintenant, si nous voulions aller un pas plus loin, nous vous dirions que lorsqu'il y a une rencontre entre deux Êtres humains, qui est à la fois physique, amoureuse, énergétique et spirituelle, il y a une attraction. Il y a une attraction que les mots n'arrivent pas à définir, à juste titre. Toutefois, les deux s'unissent au niveau du corps et de l'Esprit, et cette union élève l'énergie, le rythme vibratoire. C'est l'énergie sexuelle, dites-vous. Or, ce peut être beaucoup plus que l'énergie sexuelle. C'est toute l'énergie de chacun des deux Êtres qui semble s'élever vers le cœur et créer une explosion, comme un feu d'artifice.

Nous pouvons bien tenter de décrire cette expérience en mots, toutefois vous savez vous-même que c'est le ressenti qui est important, et que, pour celui qui est ignorant de cette expérience, les mots ne parviendront pas à décrire réellement ce dont il s'agit. Mais lorsqu'il y a l'explosion, le paroxysme dans les corps provoqué par la rencontre entre deux Êtres, la rencontre de la chair, vous ressentez ce que cela signifie comme sensation d'euphorie, d'extase, lorsque le paroxysme est élevé, n'est-ce pas ?

Est-ce que vous nous suivez bien ?

C'est un exemple que la majorité des gens peuvent comprendre, je crois !

Alors, vous pouvez comprendre que, quelquefois, dans l'union des corps, il y ait une grande intensité. Or, lorsqu'il y a plus que l'union des corps, lorsqu'il y a l'union de deux Êtres dans leur essence, dans leur nature, c'est indéfinissable, parce que cela se passe sur le plan énergétique. Ce ne sont pas que les corps, ce sont les deux Êtres dans leur entièreté qui s'unissent dans l'amour. C'est bien au-delà de l'affectivité ou de l'attraction physique, et l'éclatement est aussi beaucoup plus que physique. Il y a une puissance qui se manifeste et, autour de chaque Être, il semble y avoir des émanations d'énergie. C'est son champ magnétique qui s'est intensifié, amplifié.

Lorsque vous fermez vos yeux, que vous vous détachez de vos tracas, de vos soucis, de vos préoccupations quotidiennes et que vous faites en sorte de ressentir qui vous êtes, alors vous ressentez une force en vous. C'est cela, la lumière qui est ressentie dans la chair. Tout Être qui médite quotidiennement éprouve, un jour ou l'autre, cette sensation de rencontre de la lumière, de l'énergie pure dans la matière.

Et à quel moment se produit cette « conscientisation » ?

Cela se passe généralement avant la quinzième semaine de grossesse.

Maintenant, parlons du comment. Comment la lumière pénètre-t-elle la matière ? Peut-on le comprendre ?

Tous les Êtres qui sont trop attachés à l'extérieur ont de la difficulté à comprendre. Il faut qu'un Être puisse s'intérioriser, respirer, se détendre, pour se rendre compte qu'il y a vraiment, dans cette ouverture ainsi créée, une sensation de pénétration de lumière, d'énergie qui produit l'extase.

Vous rappelez-vous, lorsque nous avons dit qu'une lumière blanche s'élève dans le ciel après la mort ?

Oui.

Alors, cette lumière redescend. Voilà l'image la plus simple. L'Être est une Âme et un Esprit, une lumière qui redescend dans le corps. Et cela est extatique.

Plus que cela, il ne reste plus qu'à le vivre, chère Âme.

C'est ça. [rire]

Nous comprenons bien votre question. Toutefois, elle est d'ordre intellectuel alors que nous parlons de sensation. Nous pouvons utiliser des images. Mais lorsque les Êtres s'accrochent intellectuellement aux images, cela demeure inaccessible. Si vous voulez tout de même une image, au moment où l'Être va quitter son corps, il y a là tout son fluide énergétique qui s'élève. Nous dirons que l'Esprit s'élève. Il suit son parcours cosmique et, lorsqu'il va revenir, vous pouvez imaginer ce fluide lumineux qui pénètre le corps, et c'est à ce moment-là qu'il y a une extase.

Que pouvons-nous vous dire de plus ? Cette extase est du même ordre que la sensation de l'énergie sexuelle qui s'élève en vous. Pouvez-vous nous dire que c'est intellectuel ou que ce n'est que physique ? Il y a là une sensation de bien-être au-delà de la sensation physique, n'est-ce pas ? Nous utilisons le paroxysme sexuel comme comparaison uniquement pour que vous imaginiez ce que peut représenter un éclat de lumière intérieure. Toutefois, au moment de la conscientisation, une multitude d'éclats de lumière se produisent, provoquant l'extase et générant un champ d'énergie autour de l'Être. Et là se termine l'analogie. Bien sûr, de la joie pure à l'extase à l'état de grâce, l'intensité augmente considérablement.

Que provoque, pour le reste de sa vie sur Terre, cette extase ressentie par le fœtus?

Une recherche d'intensité. Votre question est si importante.

La conscientisation, ou la rencontre de la lumière et de la chair, signifie l'unification de tout ce qu'est l'Être. L'extase ressentie alors est d'une telle intensité qu'il la recherchera toute sa vie. En d'autres mots, il voudra la vivre de nouveau et il nommera cela « la recherche du bonheur ». Il cherchera dans tout ce que la vie lui offre les éléments qui pourraient créer la même intensité de satisfaction. L'Être va quelquefois trouver certains objets qui lui apportent un plaisir, mais non pas le bonheur. Il va vivre une union avec un Être qui lui apporte une grande joie, mais non pas l'intensité souhaitée. Il va quelquefois chercher une reconnaissance dans un statut social qui lui apporte une satisfaction, mais pas encore l'intensité souhaitée. D'autres fois, sa recherche va passer par des abus alimentaires ou de drogues, mais cela ne lui apporte toujours pas l'intensité souhaitée.

Que cherche-t-il? Il cherche l'extase déjà ressentie et inscrite dans ses cellules, même si, intellectuellement, il n'en a pas pris conscience. Il cherche un état si intense que seule l'union de l'Être incarné et de l'Être de lumière peut lui faire ressentir. C'est cela qu'il cherche durant toute sa vie, et il le nomme « bonheur » ou « pure joie ».

Vous voyez des Êtres qui, selon vos critères, ont tout dans cette vie et qui pourtant continuent à chercher. Ils cherchent sans répit l'intensité extatique de l'union de l'Être de lumière, qu'ils sont, à la matière. Certains Êtres vont chercher cette intensité dans la sexualité et ils voudront en faire l'expérience de plus en plus pour faire durer cette sensation. Certains vont plutôt la chercher dans des « actions extrêmes », dites-vous ?

Le sport extrême, oui.

Ils tentent de recréer cet état de manière plus continue.

Est-ce que c'est forcément un leurre de chercher l'extase à l'extérieur ?

C'est un leurre. Toutefois, l'extérieur peut amener l'Être à conscientiser qu'il y a en lui la force, l'énergie pour la recréer de l'intérieur. Lorsque nous vous disons : « Tout est à l'intérieur de l'Être », cela ne signifie pas que l'Être doit s'intérioriser de façon permanente et faire fi de l'extérieur. La sensation qu'apporte la vie extérieure lui permet de faire renaître la sensation de la vie en lui, de ce qu'il est. Donc, la recherche à l'extérieur mène nécessairement l'Être à l'intérieur de lui-même, un jour ou l'autre. À partir des sensations de la vie en lui, il pourra s'unir à toutes les formes de vie par la méditation ou la contemplation. La sensation du Tout vécue durant certains moments de méditation l'invite non seulement à méditer davantage, mais aussi à utiliser chaque instant pour s'unir à la vie qui l'entoure.

Est-ce que cette extase continue dont vous parlez, c'est l'illumination ?

Certes. Mais ce n'est pas l'extase explosive, comme vous l'imaginez, c'est un état de grâce. Un état extatique, c'est-à-dire un état de joie pure. L'état des Maîtres.

Cet état de grâce, que l'on nomme aussi *the bliss*, le fœtus va le vivre pendant un instant, mais tout le milieu dans lequel il est va par la suite faire aussi ressurgir ses inscriptions et ses mémoires. Toutefois, il porte en lui l'inscription fondamentale de l'état de grâce, ce qui fait en sorte que tous les Êtres humains sur cette Terre recherchent, qu'ils en soient conscients ou non, un état amoureux pur, une joie pure.

Même ceux qui disent vouloir être seuls, ne plus croire en rien, cherchent le bonheur et la joie pure. Ils peuvent être quelquefois désillusionnés de ce qu'ils ont expérimenté. Ce qui fait en sorte qu'un Être continue, malgré les obstacles, les entraves, les efforts vains qu'il a fournis, c'est qu'il y a déjà en lui cette intensité. C'est cette intensité qui l'accompagne pour aller retrouver l'état de grâce.

Est-ce cette même recherche d'intensité, cette même énergie, qui va provoquer les crises de 29, de 39 et de 49 ans, pour nous réaligner dans notre voie?

Disons-le différemment, si vous le voulez bien. C'est la recherche d'intensité qui fera en sorte que l'Être ne voudra pas se limiter à des joies superficielles, et cela l'amènera à des transformations, à vouloir changer ce qu'il a créé, parce que cela ne lui permet pas de vivre l'intensité, l'état de grâce qu'il sait, consciemment ou non, porter en lui.

D'accord. Revenons un instant à l'inspiration du prénom. Les gens qui vont lire ça peuvent être un peu choqués de voir qu'il revient à la mère de prénommer son enfant. Bien des pères aussi pensent avoir des inspirations. D'ailleurs, quand j'ai rencontré le père de mes enfants, il m'a dit: « Mon fils va s'appeler Albert. » On a eu un fils et il s'appelle Albert.

Parce que vous avez aussi choisi de l'appeler Albert.

Parce que je trouvais ça beau, mais ce n'est pas une inspiration qui m'est venue quand j'étais enceinte.

Bien sûr, nos propos doivent être entendus sous un autre angle, chère Âme. Lorsqu'une femme est près d'elle-même, près de l'enfant, l'inspiration est là. Si elle est troublée par son environnement, agitée, ou si elle cherche plutôt l'inspiration à l'extérieur, elle n'entendra pas. C'est tout. D'autres Êtres autour d'elle entendront mieux qu'elle.

Notre propos n'est pas de condamner les Êtres qui ont fait autrement. Il est plutôt d'amener à observer ce qu'est la réalité. Voilà pourquoi nous l'amenons sous cet angle. Plutôt que de dire: « Vous n'avez pas entendu ? Vous n'étiez pas présente. Vous étiez plus préoccupée par autre chose », nous disons: « La

mère, si elle n'est pas trop sollicitée, ou submergée par l'environnement, entendra. » Évidemment que cette femme est en
relation avec un homme. Si cette relation est un amour
profond, et que la femme est inspirée, alors elle communiquera
sa sensation. L'homme qui reçoit communiquera aussi sa
sensation. Ils seront tous les deux heureux d'avoir entendu. Et
si la femme, pour tout un ensemble de raisons, n'a pas entendu
et que l'homme, lui, a ressenti une inspiration, il la communique. Comme le père de vos enfants vous l'a communiqué.
Si vous n'aviez rien reçu, vous auriez dit : « D'accord, j'accueille
ton inspiration, parce que moi, je n'ai rien ressenti. »

De façon générale, la mère entend la vibration du nom
de son enfant et, dans la complicité avec son partenaire,
elle peut choisir le prénom. Toutefois, entendez simplement
que c'est l'enfant qui émet une vibration. Si le père la reçoit,
nécessairement, la mère la reçoit aussi.

Nous allons faire une analogie. Vous allez comprendre.
Imaginons qu'ici, présentement, nous émettions un signal
sonore. Vous, vous êtes ici et il y a un Être sur le trottoir. Si nous
émettons le signal sonore et que l'Être sur le trottoir à l'extérieur
de votre maison l'entend, vous aussi êtes dans la capacité de le
recevoir. Si vous ne l'avez pas entendu, c'est que vous étiez
distraite, puisque lui l'a entendu. On se suit bien ? Alors, il en
est de même pour l'inspiration du prénom. Si l'enfant émet
la vibration et que le père la reçoit, c'est que la mère peut aussi
la recevoir, mais il se peut qu'elle soit distraite.

L'objet de ce livre n'est pas de condamner les Êtres ou de
leur faire vivre des jugements, des culpabilités. Nous disons
simplement que l'enfant émet. Si la mère n'est pas distraite,
elle va recevoir cette vibration. Si elle est distraite, pour tout un
ensemble de raisons que nous pouvons bien comprendre
durant cette période – il peut y avoir des malaises –, elle ne
l'entendra pas, même si elle est très sensible et très sensitive.
Il se peut qu'il y ait des influences importantes, voire des

exigences de l'environnement. Nous pourrions vous parler des influences de sa famille, de sa mère ou de son père, qui voudrait que cet enfant porte tel nom plutôt qu'un autre, et puis voilà, il y a une agitation qui cause la distraction.

L'entendre ne signifie pas que vous recevez une missive! C'est une inspiration, bien sûr. On se suit bien?

Oui, je comprends qu'il n'y pas de ligne directe! C'est subtil, encore une fois.

Il n'y a pas de jugement envers qui que ce soit, mais il faut bien dire les choses telles qu'elles sont.

D'accord. Autre sujet maintenant. C'est devenu une norme, dans nos sociétés, de provoquer les accouchements pour différentes raisons, plus ou moins justifiées. Il y a même des femmes qui se font provoquer plusieurs semaines d'avance pour ne pas avoir un trop gros ventre. Quel est l'impact de provoquer une naissance?

De façon générale, provoquer la naissance ou la retarder, dans certains autres cas, produit des inscriptions chez l'enfant que vous pourrez observer dans ses attitudes, dans ses états ou dans ses comportements. Par exemple, il pourra être en réaction face à l'autorité. Il peut se sentir abusé, non écouté, non entendu, trahi. Il peut se sentir forcé. Vous allez voir des Êtres qui sont toujours en retard à un rendez-vous, quel qu'il soit. Nous vous dirons que, inconsciemment, non pas pour tous mais pour plusieurs, ils réagissent.

À quoi?

À une obligation qu'ils ont déjà eue, c'est-à-dire que l'on a provoquée pour qu'ils se présentent à un moment précis. C'est une forme de réaction pour exprimer leur liberté.

Et quand c'est nécessaire?

Bien sûr, il y a des cas médicaux où une telle intervention va favoriser la vie de l'enfant. Mais nous vous entretenons, pour répondre à votre question, de tous les cas où, pour satisfaire la mère ou, souvent, pour satisfaire l'équipe médicale, on provoque ou retarde légèrement la naissance. Alors là, on ne respecte pas l'enfant dans son rythme et il pourra se sentir trahi. Il pourrait adopter, en grandissant, des attitudes comme celle de vouloir imposer son rythme en se faisant attendre. D'autres, au contraire, pourraient inscrire en eux à la naissance qu'ils ne seront pas aimés s'ils n'arrivent pas au moment désiré et créer le comportement inverse en vieillissant. C'est pourquoi il faut faire attention aux interprétations. Un Être peut être toujours en retard et l'autre, toujours en avance.

Ils ont la même inscription, mais des réactions différentes ?

Voilà, exactement. Vous avez saisi.

Pourquoi, Maître Saint-Germain, vient-on au monde dans l'inconscience totale de ce qu'on a vécu dans nos vies antérieures ?

Vous ne venez pas au monde dans l'inconscience totale. Comme nous l'avons souligné au début de ce livre, vous venez au monde avec des mémoires qui sont rapidement voilées par l'expérience que vous vivez ici et par les réactions de votre entourage. Si vous observez les enfants, à l'âge de 4 ans environ, alors qu'ils ont suffisamment développé leur vocabulaire mais qu'ils ne sont pas encore trop influencés, vous serez étonné de les entendre faire référence à ce que vous croyez être leur imaginaire. Écoutez attentivement, lorsqu'ils vous parlent d'un ami qui n'est pas venu les rejoindre ou qu'ils vous parlent d'un pays qu'ils connaissent.

Nous vous dirons ceci : « Vous rappelez-vous tout ce que vous avez vécu il y a quatre ans ? »

Pas grand-chose !

Certains épisodes, tout de même, n'est-ce pas ?

Certains épisodes.

Pourquoi ? Parce que l'important, c'est l'intensité de ce que vous vivez maintenant, c'est votre pulsion créatrice. La pulsion est la mémoire principale. Ce dont vous avez vraiment à vous souvenir est l'envie de vivre, l'envie d'aimer, l'envie d'être uni, et cela, c'est toujours présent.

Est-ce que, par exemple, quand on a atteint une certaine sagesse dans une autre vie, on a toujours cette sagesse quand on revient?

Certes.

Alors, ce qu'on a acquis reste acquis, ou ce peut être à refaire?

Non, c'est acquis, mais ce peut être voilé. Par exemple, vous, chère Âme, avez acquis une capacité de vous exprimer clairement avec une grande transparence. Cependant, cela ne signifie pas qu'il n'y a pas eu aussi des blessures de trahison ou d'abandon qui font en sorte qu'aujourd'hui, par peur d'être abandonnée, vous ne vous exprimiez pas. Comprenez notre exemple. La force de la transparence est inscrite en vous. Toutefois, il y a un autre voile qui est la peur d'être rejetée. Cette peur fera en sorte qu'il se peut que vous vous taisiez, par moments. Mais lorsque vous parlez, vous êtes transparente.

Est-ce qu'on se suit bien?

Très bien.

De façon générale, il s'est inscrit en vous la connaissance, la beauté, la force, la pureté. Toutefois, il faut la faire émerger. Tout comme si vous aviez appris une autre langue. Vous avez appris, par exemple, l'espagnol. C'est inscrit en vous, vous connaissez parfaitement cette langue. Toutefois, pendant deux ou trois décennies, vous ne la parlez pas. Après deux ou trois décennies, elle est toujours en vous, mais il vous faudra un peu d'exposition, de conversation en espagnol pour faire émerger de nouveau vos connaissances.

Alors si, par exemple, dans une expérience de vie passée, un Être a développé une complicité avec la nature et des aptitudes pour créer des élixirs, cette connaissance est toujours en lui. Maintenant, il se présente au cœur de cette incarnation-ci, dans un environnement où les plantes sont différentes, où le monde est différent aussi, mais son intérêt pour les plantes est toujours présent. Il peut raviver certaines connaissances, les remettre à jour en d'autres termes, et il va se rendre compte que cela se produit plus rapidement que chez un autre Être qui n'a pas vécu ces expériences passées.

Est-ce qu'on peut dire qu'un jeune prodige, par exemple, qui joue du piano comme un virtuose à l'âge de 4 ou 5 ans a une mémoire de pianiste d'une autre vie?

Certes, mais l'inverse n'est pas vrai. Un enfant peut avoir une mémoire de grand pianiste sans être un virtuose dans cette vie-ci.

Maintenant, à votre question, ajoutons un autre élément de réponse. Votre vie actuelle sera teintée de toutes vos mémoires. Pourquoi? Parce que vos mémoires se sont inscrites en vous. Il n'est pas nécessaire que vous ayez la mémoire des situations. Imaginons, par exemple, que vous n'aimiez pas une épice dans un mets en particulier. Vous ne voulez pas le goûter parce que vous ne l'aimez pas. Mais pourquoi ne l'aimez-vous pas? Vous ne vous rappelez plus, mais vous savez dans vos cellules que vous l'avez goûtée il y a longtemps et que cela vous a rendue malade. Vous ne vous souvenez plus vraiment de la circonstance, avec qui vous étiez, vous vous souvenez simplement que vous ne l'aimez pas. Plusieurs Êtres ne se souviennent même pas qu'ils ont été malades. Ils savent simplement qu'ils n'en veulent pas, qu'ils n'aiment pas ça, et cela est suffisant.

Les mémoires se présentent ainsi, c'est-à-dire qu'elles sont inscrites en vous et qu'elles vous conditionnent. Un Être, par exemple, peut avoir peur de ceci ou cela, peur d'être trahi, peur de l'abandon. Il peut réagir fortement, être colérique face à un certain type de paroles, à une certaine façon qu'ont les autres de s'adresser à lui. C'est inscrit en lui, comme un programme, à cause de ses mémoires.

Alors, lorsque vous nous dites: « On ne s'en souvient pas », nous vous répondons: « Les mémoires sont non seulement présentes, mais encore beaucoup trop présentes, parce qu'elles conditionnent votre quotidien à chaque instant. » Plus vous en êtes conscient, plus vous vous observez et plus vous allez vous rendre compte que vous réagissez souvent, plutôt que d'agir. Vous êtes réactif au lieu d'être actif. Et même s'ils prétendent agir spontanément, même s'ils se disent inspirés, une multitude d'Êtres sont dans des réactions conditionnées.

Prenons un exemple simple et naïf. Vous entendez aboyer et vous changez de direction, sous prétexte que vous avez écouté votre voix intérieure. Certes, vous avez entendu une voix, la voix de vos mémoires qui vous a dit que vous aviez peur des chiens. Pourquoi ? Vous ne vous rappelez plus que vous avez été mordu. Toutefois, vous avez peur des chiens, et en réaction à cette mémoire, vous changez de direction ou vous empruntez un autre chemin.

Cet exemple est simple, pourtant très explicite, n'est-ce pas ?

Alors, nous vous disons que la mémoire est là, très présente, même trop présente, parce qu'elle conditionne et brime votre liberté réelle. Or, puisqu'elle est aussi présente, elle va attirer vers vous des situations qui vont vous permettre de la transcender. En d'autres termes, si vous avez peur des chiens, vous allez attirer des chiens. Vous pouvez changer de direction continuellement, jusqu'au jour où vous vous dites : « Mais je ne pourrai jamais atteindre mon but, si je change toujours de direction ! » Et vous allez choisir de rencontrer le chien pour changer votre interprétation.

Notre exemple est-il suffisamment clair ?

Très clair. Et on peut l'appliquer à toutes les situations de notre vie qui se répètent pour les transformer.

Voilà !

Y a-t-il autre chose que vous voudriez ajouter ?

Nous voulons simplement transmettre que la grossesse est une période merveilleuse pendant laquelle la mère retrouve son rôle en tant qu'Être d'accueil. Le père peut aussi trouver son rôle en tant que père, c'est-à-dire que, par sa vibration, par son contact avec la mère, il fait déjà goûter l'environnement extérieur à cet enfant. Le père a également la possibilité d'aller retrouver un rôle d'accueil, qui est le principe féminin en lui, et déjà, s'harmoniser, s'équilibrer dans ces deux principes féminin-masculin.

Aux rôles de la mère et du père en émergence peut s'ajouter celui de la marraine de naissance. Nous avons décrit son rôle et l'importance de sa présence, tant à la naissance que durant la petite enfance. Elle accompagne la mère et l'enfant. Il y a un réel avantage qu'elle soit choisie dès le début de la période de gestation. Elle facilite l'éveil de la mère et du père à leurs rôles respectifs à la naissance. Elle favorise l'adaptation de la mère à la grossesse. Elle aide la mère pour faire en sorte que son corps soit souple, fort, en équilibre et en harmonie, et qu'il soit le vase d'accueil le plus adéquat possible pour le développement de l'enfant. Surtout, elle crée une complicité avec la mère et une relation intime avec l'enfant. Ainsi, à la naissance, l'enfant reconnaîtra sa vibration, appréciera sa présence, se sentira plus en sécurité, et accompagné si la mère n'est pas en état de l'accueillir comme prévu.

La grossesse est déterminante pour l'enfant à naître. L'énergie de vie, d'amour et de conscience présente en lui peut être intensifiée par sa relation avec les Êtres qui l'accompagnent. Selon l'amour et la guidance qu'il reçoit, les effets des inscriptions génétiques et mémorielles peuvent aussi être atténués durant cette période pour permettre à l'enfant de transcender des voiles qui l'emprisonneraient après sa naissance.

Ainsi, la gestation est la période de rencontre d'un nouvel Être. C'est la période pendant laquelle les parents peuvent redécouvrir le vrai sens de la compassion, le vrai sens de l'amour. Il y a toujours le piège de l'affectivité, de la possessivité affective. Mais il y a aussi un rendez-vous avec la possibilité de donner sans condition, par amour, à un Être qui s'offre à vous, totalement libre. Il se donne à vous. Sans vous, il ne pourrait pas croître. Quelle confiance !

N'est-ce pas ?

Cela est extraordinaire parce que, pour lui, vous êtes la vie et il vous offre toute sa confiance. Alors, que l'amour en vous s'éveille, sans condition, et que vous en profitiez pour délaisser vos peurs. Il y a une compréhension de la vie que vous pouvez transmettre à l'enfant, mais il y a surtout l'amour de la vie. Voilà la période de la grossesse : l'émergence de l'amour dans trois Êtres.

C'est merveilleux, n'est-ce pas ?

Ça part bien une vie, en effet !

Les états, les attitudes et les comportements de la mère et du père peuvent se transformer complètement s'ils en sont conscients. C'est une grande période de transmutation. Quelle merveille que la croissance !

Les grands enjeux de vie pour l'enfant et les parents se présentent tous pendant la grossesse. Les Êtres conscients seront très présents, non seulement à l'enfant, mais à eux-mêmes pour exprimer le meilleur d'eux pendant cette période. S'ils sont accueillis et accompagnés, les nouveaux Êtres nourriront par la suite la société de leur amour et la transformeront pour qu'elle en soit le reflet. Ainsi, le travail de la femme et toutes ses activités doivent s'adapter à son nouveau rôle de mère. Les environnements conflictuels, compétitifs, ou avec des exigences physiques inappropriées, qui ne sont en soi pas sains pour tout Être humain, le sont encore moins pour la femme enceinte. Il est fondamental que la femme puisse être active, tout comme il est fondamental que les milieux dans lesquels elle se déploie reconnaissent l'importance et la beauté de sa création pour tous.

Qu'il en soit ainsi.

Merci, Maître Saint-Germain.

Épilogue

Tout se joue à chaque instant est né d'une idée que je caressais depuis plusieurs années, celle de faire le grand tour de piste de la vie d'un Être humain, de sa naissance dans cette vie-ci à sa renaissance dans une autre. Je voulais, en fait, comprendre le grand cycle de la vie d'un point de vue spirituel, en admettant d'emblée que la réincarnation est une réalité incontournable. Mais comme toujours avec le Maître Saint-Germain, on part d'une idée et le livre que j'imaginais avant de commencer à écrire se transforme complètement au fil des rencontres et des enseignements sans que j'en contrôle ni l'orientation ni le contenu ! Tellement que ce livre aurait pu contenir des centaines de pages supplémentaires, tant ces échanges soulèvent une foule d'autres questions laissées sans réponse. Par exemple, j'aurais aimé aller beaucoup plus loin sur le sujet de la mort et de l'entre-deux, mais cela aurait pu donner un autre ouvrage en soi. D'ailleurs, un livre complet sur la mort, guidé par le Maître Saint-Germain, verra sans doute le jour dans les prochaines années ainsi que plusieurs autres, dont certains seront écrits par Pierre seulement.

Quoi qu'il en soit, le but n'était évidemment pas de répondre à toutes les questions, mais plutôt de soulever le doute, de susciter la réflexion et de nous donner l'envie à tous de redevenir les créateurs conscients de nos vies et, par conséquent, les créateurs conscients de ce Nouveau Monde qui se profile à nos portes. À partir d'idéaux et de notions universelles qui résonnent quand on nous les soumet, j'ai moi aussi été en constant questionnement sur mes propres actions et intentions, et ce, tout au long du processus. On dit souvent qu'on enseigne ce qu'on a le plus besoin d'apprendre. Je peux ainsi affirmer être en plein apprentissage et intégration de ces enseignements, tout en étant souvent bien loin de pouvoir les mettre en application. Mais j'ai envie de m'y consacrer dans les prochaines années, parce que je sais que ma vie d'adulte aurait été grandement facilitée si on m'avait transmis graduellement cette belle sagesse depuis ma plus tendre jeunesse !

Alors, tout se joue à chaque instant... à partir de maintenant !

Lexique

N.B. Chaque terme de ce lexique pourrait faire l'objet d'un ouvrage complet. Nous vous proposons donc ici un énoncé très sommaire pour faciliter la lecture du livre.

1. Mandat d'incarnation (p. 19)
Raison véritable pour laquelle l'Être s'est incarné, ce qu'il est venu créer sur la Terre, à quoi il est venu participer.

2. Duo Âme-Esprit (p.26)
Expression du Maître Saint-Germain pour désigner la partie divine et universelle de l'Être.

3. Corps subtils (p.45)
Parties invisibles de l'Être humain composées d'énergie, de lumière.

4. Personnage (p.153)
Aspect de l'Être humain créé à partir des peurs et des croyances, et à partir duquel il réagit en exprimant ses attentes, ses caprices et ses limites.

5. « Je suis véritable » (p.158)
Dimension divine de l'Être. La présence « Je suis » est la dimension lumineuse de l'Être humain, le Maître en lui, l'expression de son Âme.

6. Famille d'Âmes (p.183)
Personnes qui ont les mêmes orientations, la même vision de la vie que soi.

7. Le Soi (p.295)
Le Soi représente l'énergie universelle et se distingue du soi qui, lui, représente l'Être vrai (celui qui crée en fonction de son essence et non pas qui réagit selon son personnage).

8. Forme matricielle (p. 295)
Forme dans l'espace multidimensionnel, multidimensionnalité.

9. Égrégore (p.301)
Force énergétique créée par un ensemble de pensées. Par exemple, un égrégore de lumière est une force énergétique créée par le regroupement d'un ensemble d'énergies lumineuses et amoureuses. Un égrégore de peur est une force créée par l'ensemble des peurs individuelles et collectives. L'égrégore influence l'individu et la collectivité.

Remerciements de France

Je tiens d'abord à remercier Pierre Lessard pour son talent, sa foi en la Vie et sa foi en moi. Cet ouvrage n'aurait pu voir le jour sans sa capacité extraordinaire d'atteindre des états altérés de conscience, propices aux échanges avec le Maître Saint-Germain, et son dévouement à en partager les enseignements.

Des remerciements tout spéciaux également à Suzanne Anfossi, éditrice déléguée, et à Lily Monier, pour la transcription et la correction. Vous avez non seulement été nos premières lectrices, mais aussi de précieuses conseillères.

Merci à nos éditeurs de La Semaine, Annie Tonneau et Claude J. Charron, de continuer à croire en nous et surtout, à croire qu'on peut changer le monde... un lecteur à la fois!

Remerciements de Pierre

Je veux avant tout remercier les Énergies du Maître Saint-Germain pour ce nouveau livre de précieux enseignements. Depuis plus de vingt ans, je me sens choyé de pouvoir collaborer à la transmission de cette connaissance universelle, afin que nous puissions tous, dans l'amour, accueillir ce que nous avons le plus besoin d'entendre. Ce bouquin est donc incontestablement le leur, auquel nous apportons chacun notre contribution humaine.

Je tiens aussi à témoigner tout mon amour et toute ma gratitude à Josée Clouâtre, ma fidèle compagne de vie et de création. Jour après jour, sa présence à mes côtés sur notre parcours me nourrit et me stimule. Son effervescence, son dynamisme, sa générosité et sa simplicité bienveillante me permettent de continuer à diffuser sans relâche les éclairages du Maître Saint-Germain malgré tous les obstacles.

Je remercie également France Gauthier de contribuer de façon si déterminée et convaincue à rendre accessible l'enseignement du Maître Saint-Germain. Sa manière de démystifier et de vulgariser ce qui est pourtant si naturel pour les Êtres humains fait qu'elle contribue elle aussi à l'ouverture de conscience sur différentes réalités de notre monde et de notre Univers.

Je suis aussi reconnaissant envers Claude J. Charron pour la confiance qu'il me témoigne en publiant un livre marginal dont le but est de favoriser les changements de notre société, ainsi qu'envers notre éditrice Annie Tonneau pour ses encouragements et sa conviction tout au long du parcours des canalisations.

Enfin, c'est avec joie que je remercie Lily Monier pour les transcriptions et Suzanne Anfossi pour son adaptation du texte des canalisations afin d'en faciliter la lecture. Leur implication, bien au-delà d'un simple travail, se ressent partout dans le livre.

TABLE DES MATIÈRES

Introduction 7

Chapitre 1   L'émergence du principe féminin........... 11
Chapitre 2   La naissance................................... 25
Chapitre 3   La petite enfance (0-7 ans)....................... 45
Chapitre 4   L'enfance (7-14 ans)................................. 71
Chapitre 5   L'adolescence (14-17 ans)......................... 93
Chapitre 6   Jeune adulte (18-21 ans) 123
Chapitre 7   La vingtaine (21-28 ans)......................149
Chapitre 8   La trentaine (29-38 ans)........................167
Chapitre 9   La quarantaine (39-49 ans).....................197
Chapitre 10   La cinquantaine (49-59 ans)...................225
Chapitre 11   Le début de la soixantaine (60-65 ans)..245
Chapitre 12   La suite du parcours 257
Chapitre 13   Préparation à la mort 269
Chapitre 14   Le passage de la mort............................287
Chapitre 15   La réincarnation.................................309
Chapitre 16   La gestation.....................................323

Épilogue 345
Lexique 347
Remerciements 349

REJETE
DISCARD